文物保护管理及技术研究

燕晴山 任水霞◎著

吉林科学技术出版社

图书在版编目（ＣＩＰ）数据

文物保护管理及技术研究 / 燕晴山，任水霞著. --
长春：吉林科学技术出版社，2023.7
ISBN 978-7-5744-0779-4

Ⅰ．①文… Ⅱ．①燕… ②任… Ⅲ．①文物保护－研
究 Ⅳ．①G26

中国国家版本馆 CIP 数据核字(2023)第 157590 号

文物保护管理及技术研究

著　　　燕晴山　任水霞
出 版 人　宛　霞
责任编辑　张伟泽
封面设计　皓麒图书
制　　版　皓麒图书
幅面尺寸　185mm×260mm
开　　本　16
字　　数　250 千字
印　　张　18.5
印　　数　1–1500 册
版　　次　2023年7月第1版
印　　次　2024年2月第1次印刷

出　　版　吉林科学技术出版社
发　　行　吉林科学技术出版社
地　　址　长春市福祉大路5788号
邮　　编　130118
发行部电话/传真　0431-81629529 81629530 81629531
　　　　　　　　　81629532 81629533 81629534
储运部电话　0431-86059116
编辑部电话　0431-81629518
印　　刷　三河市嵩川印刷有限公司

书　　号　ISBN 978-7-5744-0779-4
定　　价　84.00元

　　燕晴山，男，汉族，1981年1月出生，东营市广饶县人，毕业于中央党校山东大学，现任东营市历史博物馆文物管理科副主任。长期从事文物保护、博物馆研究工作，参加过南河崖盐业遗址群1号遗址、申盟亭古墓、牛家遗址等多处遗址发掘工作，配合省考古研究所完成s227河辛线输油管道广饶段文物分布情况勘探工作，公开发表论文《北魏马鸣寺碑考略》、《清代石雕插屏和八仙过海小座屏》等多篇论文，曾获"第一届国际孙子文化节先进工作者"称号。

　　任水霞，女，汉族，1973年11月生，山东滕州人，毕业于山东师范大学。就职于滕州市墨子研究中心，从事墨学文化研究、宣传。1996年起编辑、校对《墨学研究》《墨子研究论丛》等系列丛书；发表论著《墨子鲁班校本教材》《滕州历史文化丛书》等。参与墨子研究博物馆申报、墨子纪念馆建设布展等多个项目。

前　言

　　《文物保护管理及技术研究》主要介绍文物材质与制作工艺、文物保护与修复的理念和原则、美术馆藏品管理、博物馆藏品数字化管理概述、博物馆藏品数字化管理具体方法、馆藏文物防震保护研究、考古发掘管理和文物保护制度、国家收藏文物保护制度、民间收藏文物管理制度等内容。文物藏品保护即研究历代各种质地文物和自然标本，在内外因素影响下的质量变化规律，应用科学技术手段，维护藏品质量，对抗一切形式的质变，阻止延缓质变过程，控制降低质变速度，对藏品的劣化进行综合防治。保护藏品的实质是保持藏品的历史价值、艺术价值和科学价值。燕晴山负责 9 到 13 章节，共计 12 万字，任水霞负责 1 到 8 章节，共计 13 万字，两人均为本书的顺利出版做出较大的贡献。

目录

第一章 文物的基本概念

文物以一种特殊的形态存在，它不仅承载着历史的变化，而且是历史长河中的重要组成部分，也是十分珍贵的文化资产，是弘扬中华优秀文化的必要载体。基于此，本章主要介绍了文物的基本概念。

第一节 文物的定义

中国是历史悠久的文明古国，拥有5000多年的文明史，有着光辉灿烂的古代文化，是世界文明史的重要组成部分。在漫长的历史进程中，中华民族创造了丰富的科学文明，留下了许多珍贵的文化遗产，如中国古代的四大发明，即火药、指南针、造纸术和印刷术，对世界文明的发展做出了巨大的贡献。除四大发明外，中国古代还有许多重要的发明，如木构古建筑、瓷器制造、丝绸织造和漆器制作等。这些珍贵的文化遗产是中国古代劳动人民的伟大创造和智慧结晶，是研究中国古代历史、文化艺术和科学技术发展的极其重要的实物资料，是国家的宝贵财富，是人类文明发展史的重要见证，是人类历史遗留下来的珍贵财产，是证明古代人民勤劳智慧的有力证据。

古代所说的文物与现代的含义不同，旧为礼乐、典章制度的统称。《左传·桓公二年》中记载："夫德，俭而有度，登降有数，文物以纪之，声明以发之；以临照百官，百官于是乎戒惧，而不敢易纪律。"

《现代汉语词典》将"文物"称为"历史遗留下来的在文化发展史上有价值的东西，如建筑、碑刻、工具、武器、生活器皿和各种艺术品等"。

《辞海》中对"文物"的解释是：遗存在社会上或埋藏在地下的历史文化遗物，一般包括：

1.与重大历史事件、革命运动和重要人物有关的，具有纪念意义和历史价值的建筑物、遗址、纪念物等；

2.具有历史、艺术、科学价值的古文化遗址、古墓群、古建筑、石窟寺、石刻等；

3.各时代有价值的艺术品、工艺美术品；

4.革命文献资料以及具有历史、艺术和科学价值的古旧图书资料；

5.反映各时代社会制度、社会生产、社会生活的代表性实物。

《中华人民共和国文物保护法》中规定：

（1）具有历史、艺术、科学价值的古文化遗址、古墓葬、古建筑、石窟寺和石刻。

（2）与重大历史事件、革命运动和著名人物有关的，具有重要纪念意义、教育意义和史料价值的建筑物、遗址、纪念物。

（3）历史上各时代珍贵的艺术品、工艺美术品。

（4）重要的革命文献资料以及具有历史、艺术、科学价值的手稿、古旧图书、资料等。

（5）反映历史上各时代、各民族的社会制度、社会生产、社会生活的代表性实物。

符合以上规定的都属于文物。

《文物保护法》第二条同时还规定："具有科学价值的古脊椎动物化石和古人类化石同文物一样受到国家的保护。"

联合国教科文组织在对文化遗产的定义中指出，文化遗产这一术语包含了以下几种类别的遗产：

1）物质文化遗产

可移动文物（画作、雕塑、钱币、手稿等）、不可移动文物（纪念碑、考古遗址等）、水下文物（沉船、水下遗迹等）。

2）非物质文化遗产

口述的传统，行为艺术、仪式等。

3）自然遗产

具有文化内涵的自然遗址，如文化景观、地质形态等。

第二节 文物的分类

一、文物分类的目的和意义

文物分类既是文物研究的重要内容，也是文物研究的主要方法，其本身也是一门学科，它是按照一定标准对各种类型文物进行科学分类，以便对文物从个体到群体、从微观到宏观，进行深入的科学研究，探讨它的发展规律，认识它的价值，充分发挥它的作用。由于文物种类繁多，不同种类的文物相互排斥、互不相容、彼此混杂，若不对其进行分类，则难以进行保护、保管与科学研究。

在西方，各博物馆采用的分类并未完全统一，而是按照博物馆自身文物的种类和特点，因地制宜地制订分类标准和方法，并采用不同的分类软件对文物进行管理。目前，西方博物馆文物管理和分类中应用较多的软件主要有：Past-perfect 软件、Spectrum 文物管理软件、Info-muse 文物分类软件等。但无论采用何种方法或软件，西方博物馆在文物分类上都严格遵循使用规范性术语的原则，并建立了包括主题词表（thesauri）、权威词表（authorities）和分类体系（clas-sification system）在内的词汇标准（term standard）。

对文物进行分类的目的主要包含以下几点：

1.便于文物的科学管理

首先，未分类的文物处于一种无序状态，对文物进行科学的分类可以加强对文物的区分和认知；其次，不同文物具有不同特点，管理需要采用不同的方法、措施进行管理；最后，这也是实行计算机管理的客观需要。

2.便于文物的整理研究和利用

这有助于诠释、理解文物的内涵和追踪藏品的生命周期。

3.便于更好地保存文物

组成文物的材质不同，其理化性质有明显差异，因而对存放环境的要求和所采用的保护方法、措施也不同。只有在对文物进行合理分类的基础上，才能针对不同材质的文物构建适宜的保存环境。

4.便于建立数字化博物馆，更好地为观众服务

例如，观众可以通过互联网查询文物的信息、理解文物的内涵，并且找到类似属性的其他文物，增加对藏品的了解。

文物分类对文物研究的重要性自不待言，其对文物保管也具有十分重要的意义：

（1）有利于馆藏文物的科学保护和保管

因文物质地不同，其物理性能和化学成分亦不相同，所以对温度、湿度、光照、生物（微生物）的反应和要求也各不相同，从而给文物保管工作带来很大困难。但馆藏文物按质地分类后，就可以根据文物质地对保管的要求，设置专门的文物库房，然后将同一质地的文物保存于同一库房内，按需要对温度、湿度进行必要的调控。反之，把不同质地的文物混放于同一库房内，就无法做到这一点。此外，按质地对馆藏文物进行分类，还可以对某些具有较高研究价值和经济价值的文物进行专库、专柜保存。

（2）有利于分级保管

按文物的等级进行分类，针对不同等级的文物采取相应的措施，有利于对文物加强保护和管理，如一级文物须配备文物专柜进行保管。而文物史迹则分为全国文物保护单位、省（自治区、

直辖市）和县（市）级文物保护单位，分别由国家和省、县级人民政府核定公布。这既说明它们的价值有高低之分，又说明对它们的保护管理须采取不同的办法。关于保护管理方面的重大问题，则分别由公布文物保护单位的人民政府及其主管部门决定，常规的保护工作均由其所在地人民政府负责。

当代西方博物馆将文物分类归属于文物管理的一个重要分支-文物编目（cataloguing）中的一项工作。由经过培训的专业人员根据分类的原则开展文物的区分和管理工作。

因此，只有对庞杂的文物进行科学分类，才能便于管理，这样既能确保文物的安全，又能方便文物的查找、整理、研究和合理利用。

二、文物分类的原则

在对文物进行分类时，首先需要制订文物分类的标准，进而选择相应的分类方法，而后遵循一定的分类原则进行分类。文物分类的原则有四点：

1.遵循统一标准。

2.按一定标准将同类型文物归为一类。

3.一种分类法只能有一个统一的标准。

4.对复合体文物进行分类，以约定俗成为原则。

三、文物分类的方法

文物是人类的历史文化遗存。在不同的历史时期，人类社会生产和社会生活各个方面的物体或物品以不同的形式保存和流传至今，品类庞杂，内容极其丰富，可谓无所不包、无所不有，这就导致了文物具有复杂性。文物的复杂性表现为：时代或年代不同，质地不一，种类众多，功能各异。仅就质地而言，就有石器、玉器、陶器、铜器、铁器、瓷器、骨角牙器等。

文物虽然种类复杂繁多，但像世间其他物品一样，仍然可以对其进行分类，其原因在于：第一，文物有其产生的时代或具体年代，即历史性；第二，文物有其产生的地点或地域；第三，文物由一定的物质构成，即由不同的物质材料制作而成；第四，文物在它产生的时代，都是为了一定目的而创造的，也就是具有各自的功用；第五，文物是有形的，以一定的形态出现，这与文物的物质性和功用密切相关。

把复杂的文物按照一定的标准进行分类，有利于进一步的研究、保护和宣传。对文物进行分类或归类时，首先要确定针对具体的文物对象应以什么作为分类的标准。标准是衡量事物的准则。有了明确的准则，对事物的衡量才能有出发点和要求。凡是符合同一标准的文物，就可以归为一类。取舍均从标准出发，归类的标准不仅具有可行性，还具有较强的科学性。确定一种分类标准之后，按标准去筛选文物、集合文物，不属于该标准规定范围之内的文物，都要清理出来，这是分类过程中必须遵循的原则。而在历史遗物遗迹中，还有大量采用多种物质材料制作而成的文物个体，这也体现了文物的复杂性。用不同材料制作的文物，一般称为复合体文物（不包括文物史迹，即不可移动文物）。对复合体文物进行分类的一条重要原则就是约定俗成，它是在文物分类的长期实践中形成的，具有一定的科学依据，即视器物的主要质地而定，或视复合材料中某种材料对器物功能所起的决定性作用而定。

目前常用的文物分类方法主要有时代分类法、区域分类法、存在形态分类法、质地分类法、功用分类法、属性（性质）分类法、来源分类法、价值分类法等。此外，还有其他分类法，如收藏方式分类法、存在形式分类法、历史事件分类法、地域国别分类法、人物分类法、组织阶级（层）分类法、形状分类法、制作技术分类法等。

（一）时代分类法

时代分类法是以文物制作的时代为标准，对文物进行分类的方法。任何文物都产生于一定的时代，这是对文物按时代进行分类的依据。把同一时代的文物集合到一起，进行归类，可为进一步研究各个时代的文物打下基础。

按时代对我国文物进行分类，总体上可分为古代文物和近现代文物。

古代文物，是指古代历史发展进程中遗留下来的遗迹和遗物，也称古代物质文化和精神文化遗存，范围十分广泛。古代文物分为两部分，一是文物史迹，即古文化遗址、古墓葬、古建筑、石窟寺、石刻等；二是文化遗物，其包含的内容很多，主要是各种古器物、古书画和古文献。就古器物而言，包括石器、玉器、陶器、骨角牙器、铜器、铁器、金器、银器、铅锌器、瓷器、漆器、竹木器、纺织品、工艺品等，而每一类器物中又包括若干种器物。这些文物反映着社会发展、社会生产、社会生活、社会文化等各方面的情况，是科学研究的重要实物资料，也是博物馆等文物收藏机构的主要藏品。

近现代文物，相比"古代文物"来说，存在时间较短。虽然种类多，但由于这些文物产生于我们生活的时代，分类相对要直观、理性一些。近现代文物主要有革命文物、民族文物和民俗文物等。

革命文物是中国人民革命中遗留下来的具有重要纪念意义、教育意义和史料价值的建筑物、遗址和纪念物。它是在特定历史条件下形成的具有特殊内涵的文物，是革命斗争最生动、最真实的记录，是革命历史的见证，是对广大人民群众进行爱国主义教育和革命传统教育的好素材。

民族文物是反映一个民族物质文化和精神文化的遗迹和遗物，具有本民族的特色。它们从不同侧面反映了一个民族近现代的社会发展、社会生产和社会生活，是研究民族历史，特别是研究少数民族历史的实物资料。有些少数民族由于历史原因，没有本民族的文字或关于本民族历史的文字记载。在这种情况下，一个民族的遗迹和遗物就成为了研究该民族历史可依据的唯一资料，具有极其重要的价值。民族文物还具有重要的教育意义，能够帮助各族人民认识自己民族的历史和创造力，提高和增强民族自信心和自豪感，激发各族人民的爱国主义精神，有利于各民族的团结和祖国的统一，有利于社会主义现代化事业的发展。

民俗文物是反映民间风俗、习惯等民俗现象的遗迹和遗物，是文物的文化诠释，文物是民俗文化的物证载体。民俗文物对于反映一定时空的民俗文化具有特殊的实证作用，其涉及范围很广，包括衣食住行、生产、信仰、节日活动等各个方面，涉及全部的社会生活和文化领域，既反映了经济活动和相应的社会关系，又反映了，上层建筑的各种制度和意识形态。民俗文物作为不同风俗的代表性实物，可使人们了解到一个民族或本民族某个地区风俗文化的发展和变化，以及这些民俗现象是怎样规范、促进和改变人类的社会与生活的。民俗文物中时空、人、物三元素结合得十分紧密，有的需要经过演绎才能使人们认识其文物价值。脱离了时空和人的背景，往往很难了解文物的内涵，甚至无法判断其是否为文物，因为它看上去与日常生活中的物件没有太大区别。因此，民俗文物的展现一定离不开场景（时空和人）。同样，对于民俗文物的分类，必须将场景要素考虑进去。例如，婚礼类民俗文物，在分类时可以把婚礼进行的过程分为若干个场景，将每一个场景中相关的时空、人和物件作为一个整体收录。这就是民俗文物的场景化分类方法。

（二）区域分类法

区域分类法是以文物所在地点为标准，对文物进行分类的方法。文物有产生地点、出土地点、收藏地点、埋藏与发掘地点。总的来说，文物都有它所在的位置，离开了具体的地点，文物就无法存在。区域分类法，就是以此为根据的。

按照文物所在的区域进行分类的优点是，可使人们对某个区域的文物有比较全面的了解，为研究该地区的历史提供比较全面的资料，尤其有利于加强对文物实行分区域的管理。

以区域分类法对文物进行归类，首先要对区域进行范围界定。通常有的以行政区进行划分，即国家权力机关或政权机关批准的行政区域，这些区域有严格的划分界线；还有以自然地理位置进行区域划分，即地理（自然）区域，这个区域的界线是模糊的。

从行政区域来看，全国分为32个省、市、自治区，再划分地（市）、县级行政区，以此来对文物进行归类。只要是某省、市、自治区范围内的文物史迹和馆藏文物及流散文物，都应分别归入该省、市、自治区，即一般所称的北京文物、河北文物、山西文物、内蒙古文物等。再进一步区分文物史迹与馆藏文物，可分为北京文物史迹、北京馆藏文物、河北文物史迹、河北馆藏文物等，以此类推。

这种区域分类法在文物调查、保护、管理、研究工作中早已存在，如省、直辖市、自治区以及市、县级文物部门编写文物志时，通常就是根据该行政区域的文物史迹和馆藏文物等资料来编写，称为某省（市、自治区）文物志，某市（县）文物志等。

还有一种方法是以自然地理的相对位置来划分区域，如中原与边疆，因此过去有中原文物和边疆文物的说法。由于没有明确的界线，在实际归类中难以操作，除了在文物研究或考古学研究中用于对比外，一般不使用此方法。

（三）存在形态分类法

历史上遗留至今的文物都以一定的形态存在于某个地方。这里的"存在形态"是指文物体量的动与静、直观的存在与隐蔽的存在、存于收藏处所与散存于社会。以文物体量的动与静分类，一般分为不可移动文物和可移动文物。不可移动文物基本上都是文物史迹，古建筑、纪念建筑、石窟寺、石刻、古遗址、古墓葬、近现代重要建筑、纪念地等都属于此类。这些史迹一般体量大，不能或不宜整体移动，不能像馆藏文物那样收藏于馆内并可轻易移动。文物史迹不能或不宜整体移动，是从文物史迹整体的角度来说的。至于个别文物史迹，若有特殊情况，可考虑迁移。例如，一通石碑，原处已无其他建筑，其又与周围环境无关，且不便保护，迁移之后不影响它的价值，又利于保护，经批准可以移动，则可迁往他处。在基本建设工程范围内，因工程建设的特殊需要，而必须把一处文物史迹迁走时，经过法定程序，获批准后，可采用科学的办法进行拆迁，按原状复原。山西省芮城县永乐宫、河北省平山县西柏坡旧址，都是依照这样的方式迁移的。

可移动文物主要是指馆藏文物和流散文物，有石器、陶器、铜器、金银器、瓷器、漆器、玉器、工艺品、书画、古文献等。它们体量小、种类多，可根据其体量的大小和珍贵程度，分别收藏于文物库房，甚至文物囊匣内，并可根据保管、研究、陈列的需要移动，变换地点，这对其本身的价值不仅没有影响，反而能够更好地使其发挥功用。

（四）质地分类法

质地分类法是以制作文物的材料为标准，对文物进行归类。文物是由一定的物质材料制作而成的文化遗物，由于所用物质材料具有多样性，因此根据材质的不同对文物进行归类，是文物质地分类法的出发点。

质地分类法主要用于对古器物进行归类，这种方法有着悠久的历史。在馆藏文物的分类法中，此方法的运用较为普遍。按质地对文物进行分类有利于文物的保管，一般可将器物分为：石器、玉器、骨器（含骨器、牙器）、木器、竹器、铜器、铁器、金器、银器、铅锌器、锡器、瓷器、漆器、玻璃器、珐琅器、纺织品、纸质文物等。博物馆的文物库房一般也是按文物的不同质地来分区。

质地分类法也有其不足之处，即器物的制作材料有时并非一种，有的主体与附件分别采用两种材料，有的本身就是由复合材料制作而成，这就需要按照约定俗成的办法加以区分。同时也须指出，通常所说的某种材料质地是相对而言的，是指主要材料，至于材料的物理化学成分的复杂性在此不做考虑。

（五）功用分类法

功用分类法是以文物的功用作为标准进行分类的方法。文物作为社会生产和社会生活的遗存，都曾在人类活动的历史中起过或多或少的作用，人类在制作它们的时候，都具有一定的目的。任何一种文物，都有它的用途。在对文物进行分类时，可通过对其功用的研究，把功用相同或相近的文物归为一类，形成不同的类别。但文物的功用与其形制、种类是分不开的。形制是文物的外在，较为形象、具体，看得见、摸得着；功用是其内涵，通过其外在的形制发挥作用。

功用相同的文物产生的历史时期、质地未必完全相同。例如，农具中既有石质农具、木质农具，又有青铜质农具和铁质农具；兵器也有石制、骨制、铜制、铁制等。这些质地不同的农具和兵器，其产生的历史时期也不完全相同。

此种分类法可把不同时期某一功用的不同质地的文物聚集到一起，对研究其产生、发展、变化以及在不同的历史时期所处的地位和所起的作用十分有利，并且对研究专门史具有重要意义。

（六）属性分类法

属性分类法是以文物的社会属性以及科学文化属性作为标准对文物进行归类的方法。在运用此种方法对文物进行分类时，首先要研究文物的用途及其深层含义。例如，古器物中礼器的社会属性是供大典、祭祀等使用；明器是古代专为随葬而制作的各种器物，又称"冥器"或"盟器"，常模仿各种礼器、日用器皿、工具、兵器等制作而成，也有人、家畜、禽兽的形象以及车船、家具、建筑物等模型。而制作明器的材料又有木、石、陶、瓷等，虽材质不同，但其本质属性仍为"明器"。天文图、圭表、漏壶、日晷、浑仪、简仪、古地图、砭镰、金银医针等，都是以直接表现科学技术为内容的器物，被称为科技文物，这也是此类文物的属性。

供宗教活动的场所、用具及表现宗教内容的物品，如寺庙、法器、宗教绘画等，称为宗教文物，是具有宗教性质的遗存。

而民族文物、民俗文物、革命文物也都是按其属性划分的。

（七）来源分类法

来源分类法是以馆藏文物的来源为标准对文物进行归类的方法。该分类法只适用于博物馆、纪念馆和其他文物收藏单位。这些单位藏品的来源主要包括拨交、征集、拣选、交换、捐赠、发掘。

1.拨交

在一个单位建立伊始，收集藏品是件大事。拨交的文物是其藏品的重要来源之一。不论是老馆、新馆，在建馆之初，或多或少都接收了拨交的文物。所谓的"旧藏"，严格来说是不存在的。至于拨交文物的来源，具体情况往往十分复杂，只能在具体文物的档案与卡片上有所反映。

2.征集

包括收购，是文物收藏单位丰富馆藏的主要渠道之一。许多单位为了增加、丰富馆藏，而加强征集工作，并设立了征集机构。

3.拣选

在废旧物资和金银器中常掺杂有许多文物。文物部门与银行、冶炼厂、造纸厂和废旧物资回收部门等共同负责拣选，为文物收藏单位提供藏品。

4.交换

文物收藏单位可依据国家文物法规，开展馆际之间的文物藏品交换，是调节余缺，丰富藏品的办法之一。

5.捐赠

即文物收藏单位接受文物鉴藏家或文物收藏者的捐赠。

6.发掘

考古发掘获得的大批文物，为博物馆等文物收藏单位提供了丰富的出土文物，是增加、丰富历史类博物馆馆藏的重要途径。

在实际分类中，来源分类法并不常用。文物的各种来源多在文物的档案或卡片上加以记载。

（八）价值分类法

价值分类法是以文物价值为标准对文物进行归类，主要根据文物价值的高低来区分。根据中国文物法规规定，文物史迹，即古建筑、石窟寺、石刻、古遗址、古墓葬、纪念遗址或建筑物等，依据其价值的高低，由各级人民政府公布为全国重点文物保护单位、省（自治区、直辖市）和县（市）级文物保护单位。馆藏文物，即石器、玉器、陶器、铜器、铁器、金银器、瓷器、漆器、工艺品、书画等，依其价值高低分为珍贵文物（一级文物、二级文物、三级文物）和一般文物。

第三节 文物的来源

文物藏品是博物馆存在的基础，藏品征集是增加博物馆藏品的重要途径，不断丰富文物藏品是博物馆得以可持续发展的重要保证，更是管理国家文物资源的一种重要手段。

文物是人们见证历史过程中不可或缺的关键媒介之一，其能够为社会各界提供挖掘历史的渠道，进而实现对中华优秀传统文化的传承。博物馆在文化弘扬中占据重要地位，因而需要增强文物管理意识并做好文物保护工作，减少外界因素给文物带来的不良影响及破坏。此外还要在群众中做好文物保护知识的宣传普及，激发群众保护文物的积极性，形成文物保护合力，从而全面体现文物的价值，促进社会文化建设事业的有序发展。

博物馆等国有收藏机构征购藏品的主要来源有考古发掘、田野采集、民族学调查征集、社会征集、收购、捐赠、交换、调拨、移交等。

1.考古发掘

是通过科学的方法，发掘埋藏在地下（如古墓葬、古遗址、灰坑等）或水下的文物遗存和古生物化石。一切考古发掘工作，都必须履行报批手续。出土的文物和标本，除根据需要交给科学研究部门进行科学研究以外，应由当地文物行政主管部门指定的单位保管，任何单位和个人不得侵占。

2.田野采集

主要是指自然历史博物馆或地方志博物馆在田野进行的岩石、土壤、矿物、动物和植物等标本的采集活动。

3.民族学调查征集

主要是指博物馆为收集民族文物而进行的工作。其主要工作方法是深入民族地区，进行实地调查和文物征集。

4.社会征集

在我国，私人收藏文物的历史十分悠久，民间流散着众多文物珍宝，特别是近现代文物，更是广泛散存在个人和机关团体手中。由于社会生活的变革使大量的近现代文物不断被淘汰，进而消失，又因这些文物中有许多正被当代人使用，因司空见惯而不被重视，从而很容易造成损毁。因此，社会征集就是本着"为未来而征集"的思想，收集当代文物。

5.收购

博物馆通过付出一定的经济代价，换取私人收藏或文物商店中的传世文物和标本。收购的原则是属于国家所有（国家机关、部队、国有企事业单位）的文物和受国家保护的动、植物标本不得买卖，包括考古出土物、石窟寺、石刻、壁画等。

6.捐赠

博物馆可以接受机关单位和私人的捐赠，并应根据捐赠文物的价值给予适当的精神和物质奖励，重要的捐献还应报请政府部门，由国家给予嘉奖。相关捐赠信息应在藏品档案中详细注明，公开展出时，应向观众说明是由某人捐赠，这也是一种表彰方式。

7.交换

交换是博物馆之间在自愿互利的原则下，以本馆藏品中的重复品或与本馆性质不符合者，去换取本馆所需要的藏品。

8.调拨

主要有两种情况，一是由上级主管部门按各馆的性质与需要，有计划地拨给；二是博物馆之间一方支援另一方，拨给对方所需的藏品。当然，馆际交换和调拨必须具备合法手续，依规呈报上级文物主管行政部门；如果是一级品的交换、调拨，则需呈报国家文物行政主管部门。

9.移交

博物馆接收公安、海关、法院、工商管理等部门依法没收的文物，并在一定条件下进行移交。

第二章 传统博物馆与非物质文化遗产保护

博物馆具备公益性特征，同时也是政府管理为社会大众提供历史、文化、影像资料、教育的面对社会的机构。在非物质文化遗产内容保护传承工作中需要充分发挥自己的优势和条件，积极拓展工作领域确保博物馆可以在这个过程中发挥重要作用。

第一节 传统博物馆参与非物质文化遗产保护的优势

随着新博物馆学发展，博物馆的形式不断丰富，博物馆也被划出两大"阵营"，即传统博物馆和新型博物馆。因相对新型博物馆的数量有绝对优势，传统博物馆也被称为主流博物馆。传统博物馆的特征也是在和新博物馆的比较中彰显出来的，根据学者的比较归纳，传统博物馆：建筑+收藏+专家+观众。法国博物馆学者将传统博物馆的特征归为三点：建筑、收藏、展示。由此可见，传统博物馆有固定的建筑，以收藏实物为目标，定期举办展览；传统博物馆一切工作的中心为有形的实物。

说其传统，主要是从博物馆工作对象、工作内容和工作方法的传统性而言的，是与生态博物馆、社区博物馆等新型博物馆相对而言的称谓。虽然传统博物馆理念、工作方法等都为新博物馆学所"诟病"，但目前世界上传统博物馆的数量也是最多的，传统博物馆经过几百年的发展已经形成了相对完整的工作体系和科学的工作方法，依旧在文化遗产保护工作中扮演着十分重要的角色。

一、传统博物馆在非物质文化遗产传承与保护的优势

1.博物馆是非物质文化遗产的宣传者

博物馆是一个公开展览文化的机构，公开展示社会教育资源是其本身的基础职责。在博物馆不断展示和教育的影响下，必然会使全社会对非物质文化遗产的认知和了解进一步提升，从而带动非物质文化遗产在社会的中宣传与推广，让广大人民群众更加透彻地了解和认可，也为非物质文化遗产的发展与传承提供了方便快捷的道路，其中博物馆的宣传作用是不容忽视的，应当得到全社会的支持和大力发展。非物质文化遗产能走进博物馆展示是一种历史的进步，很好地为非物质文化遗产展示，构建了一个大舞台，也为传承人的交流提供了一个大平台，以传承人为核心的

非物质文化遗产项目展示，向观众展示了最真实，最原汁原味的非物质文化遗产，也展示了非物质文化遗产的相关知识和现今的生存状态。

2.博物馆是非物质文化遗产的证实者

从实际工作中看，非物质文化遗产的项目评估者是当地的非物质文化遗产保护机构和管理部门。在非物质文化遗产的申报与评审过程中，一定要有相应的制品与藏品为其证实，还要有充实的文学史料来说明非物质文化遗产的谱系，探讨文化遗产的文化价值和历史价值还需博士专业人员参与，所以在非物质文化遗产项目的申报和评估中，博物馆理应提供其丰富的藏品和资源为申报者提供史实材料，成为非物质文化遗产的证实者。

3.博物馆是非物质文化遗产的研究者

在大部分情况下，非物质文化遗产所内藏的文化内涵和文化底蕴是不可估量的，这些信息对国家的民俗学、社会学、历史学、人类发展学都有很深的帮助及科研意义。博物馆为保护非物质文化遗产作出了巨大贡献，肩负着收藏、保护、展示、佐证的工作责任，还要拥有其对应文化史学资料的专业性人才，通过文化遗产的文化底蕴进行深入深刻的研究，为非物质文化遗产的保护工作提供了有力支持。

4.博物馆是非物质文化遗产的保护者

在非物质文化遗产中，一些传统文化是通过口传心授来传授的，例如民间文学、民间音乐、民间舞蹈、传统戏剧、曲艺等民间传统文化形式，还有一些是通过手传心授来传承的，如民间美术、传统手工技艺、传统医药、杂技与竞技等。民间手工技艺则是通过手传心授来传承的物质形式，是非物质文化遗产的载体，而通过物质文化的形式来体现手工制作技艺，就是非物质文化遗产的体现。现代科学技术的发展对传统文化的传承提出了更多的挑战，并在以某种形式悄悄地替代传统文化经济，持续发展。社会不断进步，使非物质文化遗产面临逐渐消失的危险，如传统印染、蜡染花布、刺绣等传统技艺在生产生活中逐渐淘汰，从人们的视线中逐渐消失。随着工业化，数字化的进程的加快，非物质文化遗产的保护任务显得更加艰巨，而博物馆的性质和地位决定了其将在非物质文化遗产保护中负有重要的职责。

博物馆有专业的保护体系和安全的科学环境，还有专业的人才力量和保护技术，在规章制度上也能对非物质文化遗产的保护提供积极可靠的作用。博物馆的建设目的是纯粹的，完全是从保护国家历史文化、弘扬民族优秀传统的根本利益出发，没有任何功利性的行为，所以在收集、查证、宣传、保护等功能上对历史遗迹和古代文明都能起到保护者应有的职能职责，也为发展科学研究和弘扬民族文化提供了坚实的基础。

二、文化遗产普查方法和经验的借鉴

经过一百余年的发展，我国博物馆事业和博物馆学获得了长足发展，博物馆的工作方法和理念也取得了巨大进步。1980 年代以来，我国博物馆学界积极参与国际博协的有关活动，传统博物馆工作与国际博物馆工作逐渐接轨，在相互交流过程中不断提高自身能力。目前，我国博物馆在文化遗产调查、保护、保存方面形成了一套完整的工作方法，对传统文化遗产保护积累了丰富经验，这些方法和经验对新形势下非物质文化遗产普查、调查和保护具有积极的借鉴意义。

目前，对非物质文化遗产普查主要借助民俗学、人类学、民族学等学科的方法。传统博物馆的文化遗产调查主要通过田野采集、民族学调查、社会调查征集等手段，这些方法与非物质文化遗产实地调查方法既有一定的差别，也有相同之处。虽然非物质文化遗产是无形的、不可触摸的，但这类文化遗产不是孤立存在的，它仍与一定的环境、实物联系在一起，一些非物质文化遗产项目在完成自身的表达过程中借助了大量的实物，而有些非物质文化遗产，尤其是传统技艺类非物质文化遗产项目在展演结束后也会生产出大量的手工艺品，而实物正是传统博物馆工作的内容，因此，将传统博物馆的相关工作方法引入非物质文化遗产的普查中来，与民俗学、人类学等学科方法结合，对非物质文化遗产进行从物质到非物质、从有形到无形的全方位、多角度的深入普查，能够更全面地了解和掌握该项非物质文化遗产的历史、文化、艺术等价值，凸显该项非物质文化遗产在不同学科研究中的学术价值。

第二节　非物质文化遗产保护释义

20 世纪中期以来，联合国教科文组织及相关国际组织一直致力于推动文化遗产保护，并将文化遗产保护发展为全球性的共同行动和国家间的广泛互动。纵观国际社会文化遗产保护历程，其包含着两条线索的演进：一是文化遗产保护类型的演进，文化景观、工业遗产、非物质文化遗产等遗产类型的出现使文化遗产保护范畴越来越丰富，进而呈现多层次、多元化发展态势。二是文化遗产保护理念的演进，如从单体建筑保护发展到整体性保护，从静态保护发展到活态保护，从物质层面保护发展到精神层面保护等。面对文化遗产保护日益繁杂化的趋势和非物质文化遗产保护的特殊性，文化遗产保护工作者既要注意文化遗产保护内容的发展趋势，也应廓清非物质文化遗产保护与以往文化遗产保护的区别，尽快构建和完善非物质文化遗产保护理论体系。

在文化遗产保护领域，联合国教科文组织早期重点关注自然遗产和物质文化遗产保护，先后通过多个文件推动自然遗产与物质文化遗产保护实践深入开展，《保护世界文化和自然遗产公约》（1972）的诞生成为联合国教科文组织推动该类遗产保护的里程碑。20 世纪 70 年代之后，随着文化遗产保护实践走向深入和一些国家在民俗文化、无形文化遗产保护领域取得成功，联合国教科文组织也逐渐重视并推动非物质文化遗产保护，《保护民间创作建议案》和《宣布人类口头与非物质遗产代表作条例》两个文件是该类文化遗产前期保护的重要文件，联合国教科文组织通过《保护非物质文化遗产公约》，非物质文化遗产正式被纳入世界文化遗产保护框架体系中来，对其保护也演变为全球行动。

上述两个《公约》都是联合国教科文组织主导通过的、旨在促进国际社会文化遗产保护共同行动的国际法律文书，也是各缔约国在国际层面开展合作和国家层面开展保护实践的行动指南。不可否认，《保护非物质文化遗产公约》的出台时间相对较晚，但其对国际文化遗产保护格局影响是巨大的，这种影响不仅仅体现在文化遗产类型的丰富与范畴的扩大，也使国际文化遗产保护理论体系呈现不同的发展方向：即在从物质文化遗产和自然遗产保护向更繁杂的精神文化遗产保护拓展过程中，自然遗产和物质文化遗产保护理论沿着原有路径继续深化发展，而非物质文化遗产保护理论则呈现与物质文化遗产保护迥异的发展方向。

《保护非物质文化遗产公约》提及的保护措施和保护工作的开展进行都有一个前提：必须确保非物质文化遗产的生命力，即各项措施针对的项目必须还在民众生产生活中发挥作用，在民众文化生活中仍是鲜活存在的，而保护措施的实施必须是为了促进遗产项目的生命力，促进其弘扬和延续。联合国教科文组织在《保护非物质文化遗产公约》中进一步指出了各缔约国实施保护所应采取的措施，"为了确保其领土上的非物质文化遗产得到保护、弘扬和展示"，各缔约国应努力做到：

制定一项总的政策，使非物质文化遗产在社会中发挥应有的作用。并将这种遗产的保护纳入规划工作；

指定或建立一个或数个主管保护其领土上的非物质文化遗产的机构；

鼓励开展有效保护非物质文化遗产，特别是濒危非物质文化遗产的科学、技术和艺术研究以及方法研究；

采取适当的法律、技术、行政和财政措施，以便：

1.促进建立或加强培训管理非物质文化遗产的机构以及通过为这种遗产提供活动和表现的场所和空间，促进这种遗产的传承；

2.确保对非物质文化遗产的享用，同时对享用这种遗产的特殊方面的习俗做法予以尊重；

3.建立非物质文化遗产文献机构并创造条件促进对它的利用。同时各国应该制订宣传计划、教育计划和科学研究等活动，鼓励社区和个人参与到非物质文化遗产保护和振兴中来，促进非物质文化遗产的弘扬和传承。

综上所述，非物质文化遗产保护包含的几个环节内容不同，参与主体和主导也不尽相同，不容置疑的是，文化主管部门、社区和传承人在其中所扮演的角色最为丰富，责任也最为重大，这也恰恰符合这类遗产的存在特点和发展规律。

第三节 博物馆职责的转变和当代使命

20世纪中叶以来，博物馆功能和职责也在不断发展的社会实践中不断拓展，尤其是新博物馆学诞生之后，博物馆工作理念从关注"物"的发展到关注人和服务社会的发展，并诞生诸多新的现代博物馆形态，"现代博物馆在价值取向上的最大变化就是推倒思想围墙，使博物馆勇敢地融入于社会发展的洪流中去，面向社会大众，表达他们在文化上的期盼；面向城市生活，展示文化的多样性；面向发展着的实际，不断地更新理念"。

一、博物馆的定义与职责转变

"博物馆"一词源起于希腊语 mouseion，意即"供奉缪斯（muse 是掌管学问与艺术等的九位女神）及从事研究的处所"。17世纪英国牛津阿什莫林博物馆建立，museum 才成为博物馆的通称。博物馆的出现是人类对自身文明进程认识和不断反思的结果，随着人类在对自身文化和客观世界的认识和反思中所积累的知识不断增加，各国和国际博协对博物馆定义、形式和功能的认识也在逐渐丰富。

20世纪中叶以来，各国文化事业的发展也促进了博物馆事业蓬勃发展，人们对博物馆的认识也逐渐丰富和不断深化，其中对博物馆认识最为突出的表现就是对其定义认识的不断深化。

目前，各国博物馆的机构设置和分工日益细致和明确，所承担的任务和发挥的功能也比较明确，但世界各国对博物馆的定义到现在还没有形成一个统一的认识，不同国家对博物馆的定义有着不同的认识和理解。以博物馆事业较为发达的几个国家为例，美国现行的博物馆定义为："非营利的永久性机构，存在根本目的不是为组织临时性展览，享受豁免联邦和州所得税，代表公众利益进行管理并向社会开放，而是为公众教育和欣赏的目的保存、保护、研究、阐释、收集和展览具有教育和文化价值的物体和标本，包括艺术的、科学的（无论有生命的或是无生命的）、历史的和技术的材料。此博物馆定义包括具备上述必要条件的植物园、动物园、水族馆、天文馆、保存历史记忆的街区、古建筑和遗址。"韩国1991年12月发布的《博物馆和艺术博物馆促进法》中将博物馆定义为："博物馆是收藏、保护、陈列有关人类、历史、考古、民族习俗、艺术、动物、植物、矿物、科学和工业的物品的机构，为文化、艺术和科研的发展以及一般民众的社会教育的目的而探查和研究这些物品。"

比较上述两国对博物馆的定义，虽然表述不同，但对博物馆功能的认识基本相同，各国都以管理、保护、保存、研究、阐释为基本任务，但在博物馆定义表述上各不相同，其原因主要是国情的不同和文化背景的差异。由于各国文化发展历程、文化遗产的认识和保护进程都存在很大的差异，对文化遗产认识深刻，保护工作比较到位的国家，其博物馆定义中涵盖的内容比较多，对博物馆的功能和在社会发展中的作用认识也比较全面。以韩国为例，韩国对文化遗产的认识在19世纪60年代已经突破了物质文化遗产，提出了对"民族习俗"这类文化遗产保护，在制定《文化财保护法》时也包含了非物质文化遗产的保护工作，因此，在博物馆定义和博物馆工作内容的规定中，已经有现代文化遗产保护理念中的非物质遗产因素，这比其他国家的文化遗产保护理念先进了几十年。

国际博物馆协会（ICOM）成立于1946年，是促进国际博物馆事业发展和理论研究的专业机构，是代表博物馆和博物馆专业的学术性国际组织，肩负保护、延续和向社会传播世界的自然遗产和文化遗产、有形遗产和无形遗产的重任。在成立至2007年的60多年间，国际博协先后多次对博物馆的定义进行了界定和修改。

1946年，国际博协制定的章程中将博物馆定义为：博物馆是指向公众开放的美术，工艺、科学、历史以及考古学藏品的机构，也包括动物园和植物园，但图书馆如无常设陈列室者除外。

1951年，国际博协对博物馆定义进行了修订：博物馆是运用各种方法保管和研究艺术、历史、科学和技术方面的藏品以及动物园、植物园、水族馆的具有文化价值的资料和标本，供观众观赏、教育而以公开开放为目的的，为公共利益而进行管理的一切常设机构。

1961年，国际博协对博物馆又进行了新的定义：以研究、教育和欣赏为目的，收藏保管具有文化或科学价值的藏品并进行展出的一切常设机构，均应视为博物馆。在博物馆的定义之外，还有几条对博物馆的补充说明，其中公共图书馆和档案馆拥有的用于永久展出的艺术陈列室；向公众开放的历史纪念馆和历史纪念馆的部分机构或附属机构如宗教遗存、历史、考古学和自然遗址；植物园、动物园、水族馆和人工生态园，以及其他展示活标本的机构；自然保护区等都属于博物馆范畴。

1974 年，国际博协在哥本哈根召开第 11 届大会，其章程规定：博物馆是一个不追求营利、为社会和社会发展服务的公开的永久性机构。它把收集、保存、研究有关人类及其环境见证物当作自己的基本职责，以便展出，公之于众，提供学习、教育、欣赏的机会。国际博协对博物馆的定义进行了补充说明，在说明中除了 1961 年的四项补充说明外，还增加了科学中心和天文馆，这是博物馆定义的一次新发展，博物馆的内涵进一步丰富。

1989 年，国际博物馆协会在海牙召开第 16 届大会，通过的《国际博物馆协会章程》第 2 条再次将博物馆定义修改为："博物馆是为社会及其发展服务的非营利性的永久机构，并向大众开放。它为研究、教育、欣赏之目的征集、保护、研究、传播并展示人类及其人类环境的见证物。"这次的定义描述与 1974 年相比，在对博物馆内涵的概括和功能及职责的界定上又有新提升。

1995 年，国际博协修改章程，在 1989 年博物馆定义的基础上，将博物馆定义为：博物馆是一个以研究、教育、欣赏为目的而征集、保护、研究、传播和展出人类及人类环境的物证的、为社会及其发展服务的、向大众开放的、非营利性的永久性（固定性）机构。博物馆定义的文字没有变化，只是对成为博物馆的补充说明变得比以前更加丰富，增加了"认为其具有博物馆的部分或全部特征，支持博物馆及博物馆专业职员从事博物馆学研究、教育或培训的其他机构；从事与博物馆和博物馆学相关的文物保护、研究、教育、培训、记录和其他事务的非营利性机构或组织；符合前述定义的国际、国家、区域或地方性博物馆组织、负责博物馆管理的政府部门或公共机构"三个机构，这使得博物馆的内容变得更加丰富起来。

2001 年 7 月，在西班牙巴塞罗那召开的国际博物馆协会第 20 次会议上对博物馆的定义又重新修订，此次概念的修订总体上保持 1995 年的原样，只有对博物馆定义的补充说明中将用于保存、延续和管理有形或无形遗产资源的文化中心和其他实体纳入了博物馆的范畴，有形或无形遗产包含活的遗产和数字创造行为。这一范畴的纳入是国际博物馆协会适应国际文化遗产保护形势的发展，注意到非物质文化遗产的重要性和博物馆在非物质文化遗产保护领域所应有的作用的结果。

2007 年 8 月，在维也纳召开的国际博协会议上，博物馆的定义又有了新的发展；博物馆是以教育、研究和娱乐为目的而征集、保存、研究、传播和展示人类有形的和无形的文化遗产及其环境的、为社会及其发展服务的、面向大众开放的非营利性永久机构。

从国际博物馆协会对博物馆定义的发展来看，国际社会对博物馆功能的认识也在逐渐加深，从博物馆早期定义看，博物馆主要功能是开放的收藏机构，到 20 世纪 60~70 年代，博物馆功能演变为收藏、保管和研究等；最新的博物馆定义则将博物馆的功能定位在征集、保护、研究、传播、展示等多重功能上，博物馆定义反映出博物馆功能的演变趋势是从单一向多元方向发展，从单一的收藏向征集、保护、传播、研究和展示等功能迈进，尤其是国际博协最新的博物馆定义中突出的传播功能，传播作为知识爆炸后的时髦用语，其包含了多方面的含义，不可否认以前博物馆的展示过程中也有传播的隐含功能，但目前把传播作为一项功能单独提出，在特定的环境下具有特殊的意义。

博物馆定义不断丰富的历程是和博物馆的类别不断丰富的过程相统一的。博物馆从美术、工艺、科学、历史以及考古学藏品的收藏机构逐步扩大到人类及自然环境的见证物保存和收藏机构，从动物园、植物园和水族馆到科学中心和天文馆，从收集有形藏品的展出馆到从事保护、传承和管理有形和无形遗产（活的遗产和数字创造性活动）的文化中心和其他实体，国际社会对博物馆的类型界定越来越详细，这是人类对自身遗产认识不断加深的结果，也是对博物馆作用与功能不断延伸拓展和赋予博物馆更多价值期盼和要求的结果。尤其是 2001 年国际博协对博物馆的定义中，将从事保护、传承和管理有形和无形遗产（活的遗产和数字创造性活动）的文化中心和其他实体列入博物馆范畴，说明国际博协认识到非物质文化遗产在人类文化遗产中的重要位置和所发挥的积极作用，尤其是其对促进世界文化多样性和区域内文化认同的重要意义，因此将非物质文化遗产也纳入博物馆的保护范畴，并多次以其为主题召开会议，探讨博物馆在非物质文化遗产保护中的作用和非物质文化遗产如何实现博物馆化保护的问题。2004 年的国际博协大会和国际博协亚太地区会议的主题着重探讨非物质文化遗产及其保护问题，国际博协对非物质文化遗产保护发挥了重要的推动作用。

二、博物馆的当代使命

博物馆功能与使命的不断丰富和职责的转变与 20 世纪 70 年代博物馆学界兴起的一场运动—新博物馆学运动—有着密切的关系。像研究考古学发展史上不能回避新考古学运动一样，回顾博物馆学发展史同样也不能回避新博物馆学运动。新博物馆学运动兴起于 20 世纪 70 年代中后期，随着博物馆学理论和实践的不断发展，人们对传统博物馆的作用、功能、定位和目的等越来越不满意，20 世纪 70 年代末期，西方博物馆学界出现了对博物馆作用的反思，对博物馆功能和目的提出了新要求的思潮，因其对博物馆收藏、保存和展示理论、方法和侧重点等都与以往博物馆理论不同，因此被称为"新博物馆学"。新博物馆学侧重博物馆的社会功能，改造博物馆与社会的关系，因此，也称为"博物馆社会学"。

新博物馆学的主要理论基础是 1984 年发表的《魁北克宣言》，在《魁北克宣言》中，新博物馆学明确指出"文物鉴定、保护和教育已经是博物馆学的传统作用了，当今的博物馆学则需寻求一个远较上述目标深远的宗旨，以其使它的活动与人类社会及自然环境更加协调一致"。《魁北克宣言》指出，新博物馆学包含生态博物馆学、社会博物馆学以及其他各种形式的现行博物馆学。新博物馆学的主要内容包括：以人为本、强调以观众为博物馆的导向；强调博物馆在终身教育中的独特作用；关注人类的可持续发展，提倡环境教育；主张博物馆陈列应该有贯彻博物馆功能的非常明确的主题，一切内容都是为了突出主题；要尽可能使用高科技的传播手段；反对单元文化，强调宣扬文化的多样性，保护土著居民文化；主张博物馆博大精深，随着社会的发展，博物馆学的内涵将与更多的学科交叉，要加强博物馆工作人员培训，除提高学术水平外，更要重视个人的伦理规范。新博物馆学在博物馆的展示手法、发展策略和侧重点上都提出了不同于传统博物馆学的理论。但是我们看到，虽然新博物馆学的许多主张彰显了与传统博物馆学的不同，但追溯新博物馆学理论，很多在传统博物馆学中可以找到，它所宣称的很多理念与很多当代博物馆，特别是地区博物馆、艺术博物馆和自然历史博物馆遵循的理念有相同之处，一些理念是对这些博物馆原有理念的抽出和扩大。

新博物馆学的诞生促进了博物馆类型的丰富和形态的分化，尤其是生态博物馆大大不同于传统博物馆，有学者对其进行了具体的区分：

传统博物馆=建筑+藏品+专家+公众参观者

生态博物馆=区域+遗产+技艺+居民

不可否认，新博物馆学思潮的出现是人类反思自身行为和博物馆工作者对博物馆在社会及发展中作用认识的提高，尤其是其主张保护土著居民文化，以及生态博物馆、社区博物馆对文化风俗等内容的保护，恰恰是今天所要保护的非物质文化遗产的内容，当前和今后相当长的阶段，非物质文化遗产的保护也恰恰需要生态博物馆、社区博物馆等新博物馆学所包含的博物馆形式参与进来，促进非物质文化遗产的"活态保护"。

博物馆不断丰富的功能和职责是时代发展赋予博物馆的使命。现今，随着人类文化遗产观的深入发展，人类对文化遗产的认识已经突破了原有物质文化遗产限制，从物质层面上升到精神层面，非物质文化遗产已经被人们纳入视野，保存和拯救濒危非物质文化遗产是摆在人类面前的又一课题，博物馆作为专业文化遗产保护机构，有着丰富的物质文化遗产保护经验和文化研究、传播、教育功能，因此，博物馆无论在工作理念上还是工作对象上，应超越"围墙"，发挥自身优势，积极投入到非物质文化遗产保护中去，利用物质文化遗产保护中积累的经验，探寻非物质文化遗产的普查方法、保护方法和展示方法，将非物质文化遗产纳入到博物馆的收藏体系中来，同时发挥自身的展示、传播的功能，将富有历史、文化和艺术价值的非物质文化遗产呈现在观众面前，促进非物质文化遗产的传承和传播。

第四节 博物馆参与非物质文化遗产保护的必然性

博物馆自诞生至今一直是文化遗产保存的重要机构，在现代博物馆三百多年的发展历程中，博物馆逐步从"精英"走向"平民"，从关注"物"拓展到关注人和社会发展，其角色和使命的不断变化是与时代发展紧密联系的，而伴随着非物质文化遗产的出现，被赋予更多功能和肩负更多职责的博物馆势必要将目光聚焦到该类文化遗产的保护上来。

一、专业组织的推动

作为保护人类非物质遗产建设性合作伙伴关系的推动者，博物馆应：

1.确认亚太地区文化的丰富多样性，包括种族、民族、肤色、类别、年龄、阶级、信仰、语言、性别差异和地区性特点。

2.创立跨学科、跨行业的方法，使可移动与不可移动、物质与非物质、自然与文化的遗产融为一体。

3.迎接全球化带来的挑战与威胁，制定办法以最大限度地利用文化、技术和经济全球化所带来的机遇。

4.制定全面开展博物馆和遗产保护实践活动的档案记录方法与标准。

5.开展试点项目，为建立社区参与制定非物质遗产资源清单的方法做出示范。

6.努力确保以符合地方特色的方式，真实地保护、展示、诠释遗产资源。

7.制定符合重要遗产资源保护法、公约和法规的公众活动项目和游客管理对策，并尊重社区团体作为非物质遗产的保管者、监护者和看守者的规定和礼仪。

8.鼓励不同文化之间的相互理解和有益交流，以促进和平与社会和谐。

9.利用印刷品、视听、影视、数字化和电子通信技术等各种媒体形式。

10.评估并着手开展物质与非物质遗产统一管理所需的培训和能力培养。

11.用恰当的语言提供全面解说，并尽可能聘用非物质遗产资源当地的保管人员。

12.促进公共与私人部门的积极参与，以最大限度地利用当地的专家、资源和机遇，实现资源的多元化，从而有效地保护所有遗产资源。

13.为博物馆和其他遗产机构建立一套物质与非物质遗产相结合的标准与方法。

14.支持联合国教科文组织通过各种活动项目为保护与宣传非物质遗产所做出的努力，并强调在拟订国际非物质文化遗产保护公约过程中专业机构参与的重要性。

博物馆作为专业文化遗产保护机构一直致力于有形的物质文化遗产保护，这两次大会的召开表达了国际博物馆界对非物质文化遗产保护的关注，是专业文化遗产保护机构介入到非物质文化遗产保护领域并将其作为自己工作的重要内容，是博物馆界对自己肩负使命与职责的进一步明确。

与此同时，非物质文化遗产保护也需要博物馆作为研究机构、文化遗产保护机构、展示与传播机构的积极参与。联合国教科文组织在《实施<保护非物质文化遗产公约>操作指南》中明确指出："研究机构、专业中心、博物馆、档案馆、图书馆、文献中心和类似实体，在收集、记录、建档和保存非物质文化遗产资料数据，以及在提供信息和提高对其重要性认识等方面，发挥着重要作用。"联合国教科文组织注意到博物馆的功能和职责可以在非物质文化遗产保护中发挥作用，因此，也积极鼓励博物馆等实体：

（1）让非物质文化遗产从业者和持有者参与组织关于其遗产的展览、讲座、研讨会、辩论会和培训的工作；

（2）引入并发展参与式办法，展示非物质文化遗产是不断演进的鲜活遗产；

（3）注重非物质文化遗产保护所需知识和技能的持续创新和传承，而非仅注重与之相关联的实物；

（4）在适当情况下利用信息和传播技术，传播非物质文化遗产的意义和价值；

（5）使从业者和持有者参与管理，将促进地方发展的参与性体系落实到位。

我国"以国家级博物馆为龙头、省级博物馆为骨干、国有博物馆为主体、民办博物馆为补充，类别多样化、举办主体多元化的博物馆体系初步形成"。但各级博物馆实力参差不齐、能力大小不一，不能按照理想的目标对所有博物馆提出同等的要求，可以肯定的是，不同性质、不同类型、不同规模的博物馆都可以在非物质文化遗产保护中发挥作用，但能发挥什么作用，承担多大职责还要区别对待。

二、学界的声音

非物质文化遗产的保护需要全社会通力合作，密切配合，不是单靠一个机构或一个职能部门就能解决所有问题，博物馆作为文化遗产的专业保护和保存机构应该在非物质文化遗产的保护中发挥自己的优势作用，为非物质文化遗产的保护探索新方法，提供新思路。为此，在博物馆的实践启动之时，博物馆学界和学者也发出了声音，从理论上支持实践的开展。

1.博物馆在非物质文化遗产保护中的作用

国内博物馆学界对非物质文化遗产进入博物馆普遍是一种接受的和乐观的态度，认为非物质文化遗产进入博物馆为博物馆"注入了新活力"，扩大了博物馆的收藏范围，"给博物馆的诠释带来新的视觉和生动的内容"，有学者明确地指出，博物馆在非物质文化遗产保护过程中应起的三个作用：启蒙阶段的居于倡导地位和应当发挥推动作用；博物馆特定组织者地位和社会各方面联系的"领头羊"的作用；博物馆在非物质文化遗产保护中的参与者地位和对物化载体的保护管理作用。

2.非物质文化遗产保护对博物馆工作影响

博物馆对非物质文化遗产的保护应肩负也必须肩负起保护的重任，但应该看到博物馆在非物质文化遗产保护的命题没有提出来之前，一直致力于有形文化遗产的保护，在保护有形文化遗产上积累了大量的经验，而非物质文化遗产与有形文化遗产有着本质的不同，二者分属不同领域，尤其是非物质文化遗产大部分"融"于民间和民众生活，对非物质文化遗产的保护在技术、方法和手段上势必要与有形文化遗产的保护不同。非物质文化遗产进入博物馆是必然的趋势，新的命题给博物馆工作带来的冲击和影响已经引起博物馆领域深刻的变革。"几乎与文化遗产理念的进化过程同步，博物馆正经历着从重机构到重功能转化。"

对可移动文物的保护一般是在博物馆内进行。非物质文化遗产的鲜活性决定了非物质文化遗产保护方法的变革，如何将鲜活的非物质文化遗产在博物馆中进行保护？专家认为："博物馆接纳无形遗产从理论上到实践上还是一个新课题。博物馆必须在理论上把无形遗产与有形遗产从博物馆本质上统一起来，博物馆才能顺利地接纳无形遗产。"也就是说非物质文化遗产要转化为有形存在才能进入博物馆，也只有这样博物馆才能吸纳它。

非物质文化遗产记录后的有形存在不同于传统文物，这在管理和展示上对博物馆都提出了新要求。宋向光就非物质文化遗产保护对博物馆工作的影响进行了全面剖析，通过宏观（有形遗产与非物质文化遗产普适的性质和特点的认识）和微观（有形文化遗产与非物质文化遗产之间的差异的认识）两个方面对包容了非物质文化遗产保护的博物馆工作观念的变化进行了讨论；并详尽分析了非物质文化遗产进入博物馆产生的影响和变革，这些变革不仅是博物馆工作体制上的，同时给博物馆工作方法带来了新气象。

博物馆对非物质文化遗产的保护也不是尽善尽美的，专家在《非物质文化遗产对中国博物馆工作的影响》一文中除了分析博物馆在保护非物质文化遗产方面的优势外，也指出"尽管博物馆可在保护非物质文化遗产中发挥积极作用，但我们也不能忽视博物馆对非物质文化遗产保护的负面影响"。负面影响体现在传统的博物馆工作观念和工作方式与非物质文化遗产保护存在很多不适应的方面，如藏品与其产生时空的分离、与其原生"语境"的分离、文物的孤立性、线性的展示方式，以及博物馆的历史感和消亡感在藏品上的映射。

也有学者认为目前博物馆在非物质文化遗产保护上应"有所为，有所不为"，"为"主要是对馆藏有形遗产内涵的发掘和提炼，对民间无形遗产进行收集、整理和保管，对社会各学界对非物质文化遗产研究成果进行征集和收藏；"不为"是指在专业人才资源没有补充完成之前，暂时淡化研究功能。这一观点是不无道理的，在做非物质文化遗产保护时，既要看到保护的迫切性，也要对保护进行理性的思考，要从科学的、规范的角度对非物质文化遗产进行研究。

三、政府的行动

博物馆是文化遗产保护与传播的积极力量。在当今社会环境下，博物馆也已经成为地区文化进步的积极力量，加强社会教育的积极力量，改善民众生活的积极力量，促进社会发展的积极力量。我国政府也采取多种措施积极发展多类型的博物馆。博物馆免费开放是博物馆事业发展史上的一次变革，它不仅符合国际博物馆发展的趋势，也是我国博物馆主动承担社会责任的体现，它大大提高了博物馆的公益属性、文化属性和群众属性，强化了博物馆服务社会发展的职责，使得博物馆更易融入社会和社区，更易走近广大群众，也使更多人走进博物馆。民众、文化、遗产、社区、城市与博物馆的关系也因此而日益紧密。

浙江是我国非物质文化遗产保护较好的省份。在前四批国家级非物质文化遗产名录申报中，浙江省所占项目位居前列。在非物质文化遗产保护实践中，积极推进非物质文化遗产展示馆建设。随着博物馆事业和非物质文化遗产保护工作蓬勃发展，各类非物质文化遗产展示场馆建设成为浙江博物馆建设的重点和增长点，杭州、宁波、湖州等地纷纷把非物质文化遗产展示馆建设与遗产保护、乡村文化生态建设和新农村建设等结合起来，并取得了重大进展。如杭州市新建改建各类非遗馆23处（座），湖州市安吉县就已新建非物质文化遗产展示馆32处。根据浙江省文化厅非遗馆建设安排，浙江省文化厅计划重点扶持全省非遗馆100座，每年重点扶持20个场馆建设，争取打造10个在全国有重大影响的非物质文化遗产馆。到2014年，浙江全省市、县两级已经建成和正在规划建设的非遗馆共有443座。这443座非遗馆中，既有较为大型的综合性非物质文化遗产展示馆，也有单独的非物质文化遗产项目展示馆（展示厅、传习所），有政府投资，也有企业和个人投资，有公益性质，也有收取一定费用的，有以展示为主的，也有展示与体验相结合的。浙江非遗馆的建设与发展体现出"类型多样、主题多样、门类多样、功能多样"的特色。

《浙江省非物质文化遗产保护发展规划》明确提出："立足建设文化强省，切实加强以非物质文化遗产展示馆建设为重点的基础设施建设，推动保护工作深入推进，使珍贵资料和实物得到有效保护、生动展示、活态传承、全民共享。根据非物质文化遗产保护事业发展及公共文化服务体系建设要求，加快探索全省非物质文化遗产馆建设的标准和规范，加快推进浙江省非物质文化遗产馆建设，全面推进市县综合非物质文化遗产馆建设。"到实现："11 个设区市全部建成具有一定规模的综合性非物质文化遗产馆，全省三分之一的县（市、区）建成综合性或专题性非物质文化遗产馆。建成民办非物质文化遗产馆、传习所 500 家。有条件的地方建设国家级非物质文化遗产名录项目展示馆（传习所）。"

四、博物馆的使命

无论是国际博物馆协会这样的专业机构，还是博物馆从业人员与研究学者，他们都从多个角度表达了博物馆参与非物质文化遗产保护的可能性，"博物馆的资源从广义而言包括了人类的文化遗存，无论它们是有形的（物质的），还是无形的（非物质的）。博物馆工作的内容涵盖了整个文化遗产的信息体系和价值体系"。而博物馆学的发展和博物馆形式的丰富也能为博物馆参与非物质文化遗产保护提供多元化的支撑，博物馆参与各类非物质文化遗产项目的保护主要有三方面的必然性：

一是博物馆功能和社会职责的转变促使博物馆不断地参与到社会及社区发展中来。随着国际博物馆协会和学者对博物馆功能和角色的深入思考，博物馆专家指出博物馆未来面临着"五个方面的扩大：

1.博物馆概念的扩大，把博物馆看作一种现象而不仅仅是一种机构；

2.物品概念的扩大，超越人类创造物而包容了人类社会及自然环境之间的所有证据，收藏行为要作为发展的一个优先考虑。收藏不是手段，而是博物馆的一种最终目的；

3.遗产概念的扩大，超越了有形文化遗产，包含了文化的无形证据；

4.社会概念的扩大，包含所有人类群体平等地融入博物馆中；

5.发展与可持续性概念的扩大，21 世纪必须研究发展的多元模式共生的可能性、可持续发展的不同模式"。

与此同时，新博物馆学运动及新兴的各类博物馆要求参与到社会及社区发展中来，尊重文化的多样性。生态博物馆、社区博物馆等新型博物馆正是将上述要求作为自己的发展理念，积极参与社会及社区的发展，促进地区文化保护，维系社区的文化情感，促进共同体的文化认同，延续文化中蕴含的民族精神，进而实现文化的多样性。

二是作为传统的文化遗产保护机构，在长期的物质文化遗产收集、整理、保护和研究中积累丰富的经验，博物馆应充分发挥自身优势，将这些经验运用到非物质文化遗产保护中，实现非物质文化遗产的博物馆化保护，从而促进各类非物质文化遗产的保护、传承和传播。需要指出的是，博物馆参与非物质文化遗产保护要双向思维：一方面是博物馆如何沿用传统方式使非物质文化遗产走进博物馆，即如何为"活态"的文化遗产"赋形"，以适应非物质文化遗产保护与展示的要求。另一方面是博物馆如何采取多种形式走近非物质文化遗产，即博物馆形式增加，内涵丰富，通过博物馆文化遗产形式和保护理念的"进化"实现对非物质文化遗产的保护。

三是博物馆展示手段多元化为非物质文化遗产展示与传播提供支持。随着多媒体技术发展，博物馆的展示手段已经突破传统的文字和实物陈列，在多媒体技术支持下，声音、图像和影像都可以展示和呈现在观众面前。

通过互动的多媒体系统，观众可以进一步延伸阅览相关知识，对展览内容进行纵深拓展。博物馆不断发展的展示技术能够满足非物质文化遗产展示的需求和要求，借助这些手段，博物馆可以与非物质文化遗产走得"更近"。

最新统计，截至2016年底，全国登记注册的博物馆已达到4873家，比2015年度增加了181家，保持稳定增长的态势。博物馆体系更加健全，行业博物馆和非国有博物馆如雨后春笋般蓬勃发展。目前，文物部门所属博物馆2818家，其他部门所属行业博物馆758家，非国有博物馆1297家。全国共有4246家博物馆向社会免费开放，占全国博物馆总数的87.1%。近年来，全国博物馆每年举办展览超过3万个，举办约11万次专题教育活动，参观人数约9亿人次，博物馆在传承中华优秀传统文化、弘扬社会主义核心价值观方面发挥的作用更加突出。目前，国内博物馆的主流仍以传统博物馆为主，新博物馆类型正在兴起，生态博物馆在我国已经生根，在贵州、广西、云南、内蒙古、浙江等省、自治区都已经安家落户；数字博物馆、社区博物馆等相关理论也积极探索，我国博物馆发展正经历悄然的变革。同时，新的文化遗产保护理念也给博物馆带来了新的发展契机，自觉探索传统文化传播模式的博物馆多了起来，博物馆在自觉背起"载道"的责任。很多地方开始新建非遗馆，非遗馆同博物馆、图书馆一样，成为地级市的"标配"。很多传统博物馆开始探索中华大地上非物质文化遗产保护模式，希望能借助博物馆在物质保护方面的经验，尽快摸索出一条适合中国国情的行之有效的多种保护方式。

基于非物质文化遗产保护和博物馆的现代转变，本课题主要围绕国内博物馆开展非物质文化遗产保护的实践情况，同时也会借鉴和列举国外典型博物馆，展开调查和研究，探讨多类型的博物馆介入非物质文化遗产保护的利弊，寻找博物馆参与非物质文化遗产传承与复兴的方式与方法等，构建博物馆与非物质文化遗产保护的"中程理论"。本研究不仅有助于丰富非物质文化遗产保护的理论，同时也可以进一步"诠释"出博物馆的当代职责和使命。

第三章　可移动文物的保护

文物，伴随人类的出现而产生，是人类活动的遗留物，与人类的社会活动有着密不可分的联系，是人类历史的实物见证，是不可再生的资源。文物从出现的那一刻起，就开始走向衰老灭失，这是不以人的意志为转移的自然规律。怎样延缓文物的衰老，尽可能延长文物的生命，是摆在我们每一个文物保护工作者面前的课题。

可移动文物是相对于不可移动文物而言的，习惯上，可移动文物也被称为馆藏文物。文物是有生命的，既然它有"生命"，就必然会遭遇各种病害。这些病害因人为的或自然的因素而产生，包括破损、老化、腐蚀、虫蛀、风化等各种状况。有些病害可能是突发性的自然灾害如地震、洪涝等所造成的损伤；有些是不易察觉的缓慢侵蚀，如青铜器的锈蚀，书画老化、褪色、虫蛀，石刻的风化等；还有一部分病害是因文物的取放搬运过程、存放环境的安全、陈列展示的技术等人为因素造成的。因而，如果不注重对文物平时的维护保养，不注重对文物存放环境的有效控制，不注重对提升陈列展示的安保技术手段，馆藏文物有可能加快灭失。因此，文物的日常保管显得尤为重要。按照"预防为主、抢救第一"的原则，对文物进行预防性保护，是做好或防止馆藏文物继续出现各种病害的有效途径。

第一节　馆藏文物病害的主要成因

一、文物病害类型

文物经历了漫长的历史进程，其材料难免会损坏变质，进而产生病害。病害的产生主要受两个因素的影响，即文物本身材质的理化特性以及文物的保存环境。无论是地下文物、田野文物，还是馆藏文物，能否保存下来在很大程度上取决于它们的抗腐蚀能力和所处的环境条件。文物的材质、制作工艺、保存状况千差万别，保存环境多种多样，作用机理错综复杂，不仅各种因素可以单独对文物构成危害，多种因素的协同作用又会对其造成更为严重的危害。因此，对环境中可能影响文物寿命的因素进行研究探讨，主动采取有效措施抑制或者减少环境因素对文物的损害，对于文物的科学保护具有重要意义。当然，事物总有其复杂性和多面性，很难绝对地确定什么样的特定环境对某种材质文物的保存最为理想。但总体而言，对于地下埋藏的文物，影响文物保存状况的因素主要有氧气、温度、土壤中的水分、土壤酸碱度、各种盐类和土壤的氧化还原电位等。

而影响馆藏文物保存的环境因素主要是馆库的温度、湿度、光照、空气状态、昆虫微生物等。

（一）纸质文物

纸质文物的病害是指因物理、化学、生物及人为等因素对纸质文物造成的损害。纸质文物病害主要分为纸张病害及写印色料病害两种。纸张病害主要有水渍、污渍、皱褶、折痕、变形、断裂、残缺、烟熏、炭化、变色、粘连、微生物损害、动物损害、糟朽、絮化、锈蚀、断线、书脊开裂等；写印色料病害主要有脱落，晕色、字迹扩散、字迹模糊及字迹残缺等。

1.水渍

水渍是指纸张因受到水的浸润后而产生的痕迹。

2.污渍

污渍是指纸张受污染而形成的斑迹。污染源主要有大气中的有害气体、尘埃以及其他人为污染等。

3.皱褶

皱褶是指各种因素作用在纸张表面而形成的凹凸不平的皱纹。

4.折痕

折痕是指纸张由于折叠或挤压而产生的痕迹。

5.变形

变形是指纸张因水浸或保存不当而导致的整体形状的改变。

6.断裂

纸质文物断裂是指纸张由一个整体断为两个甚至多个部分。

7.残缺

残缺是指由于使用或保管不当等，导致纸张出现缺失，无法保持其原本的完整性。

8.烟熏

烟熏是指纸张受烟雾熏染而产生的痕迹。

9.炭化

炭化是指纸质文物因火烧等导致纤维素完全降解的现象。

10.变色

变色是指受物理、化学或生物因素等导致纸质文物的化学结构发生变化，进而导致纸张的颜色发生改变。

11.粘连

粘连是指因受潮、霉蚀、虫蛀等造成纸张之间的黏结。

12.微生物损害

纸质文物的微生物损害是指微生物的滋生对纸张造成的损害。

纸质文物的载体是纸张，其主要化学成分是纤维素、半纤维素、木质素，此外还包括少量蛋白质和脂质，而用糨糊装裱或是修补过的纸质文物上还有淀粉，这些有机物都有可能成为微生物的营养源，致使纸张容易受到微生物的侵蚀。

对纸质文物起破坏作用的霉菌有黑霉、青霉、曲霉、大孢霉等，细菌有杆菌、球菌、螺丝菌等。这些菌类以空气为介质，传播到纸质文物上，并以各种有机物为营养源生存、繁殖。在繁殖过程中，它们又会导致纤维素的分解，使纸质文物的机械强度大大下降，并同时分泌出各种酶和色素对纸质文物造成更严重的危害。

霉菌分泌的酶会生成多种有机酸，酸会成为催化剂加速纤维素的水解反应，这些有机酸长期积累在纸张上，会使纸张的酸度增加、机械强度降低。另外，霉菌的孢子大多有颜色，且颜色较深，会在纸质文物上形成黄、绿、青、褐、黑等多种色斑。这些色斑会遮盖字迹，严重的还会影响阅读和观赏。

有些微生物在代谢过程中还会分泌黏液、蛋白质、果胶、果糖等，当纸质文物受潮时就会发生粘连，长期无人翻阅后就会形成"书砖""画棒"，从而失去使用价值。

13.动物损害

昆虫、鼠类等动物活动对纸张造成的污染或损害称为动物损害。虫蛀鼠咬会使纸质文物千疮百孔、缺页少行，严重时会成为一堆碎纸屑。破坏纸质文物的害虫，据相关资料显示有30多种，主要包括书鱼、书虱、书蛾、毛衣鱼、烟草甲、白蚁等。这些害虫在纸质文物上产卵，孵化的幼虫又会咬烂纸张，并躲在纸中结蛹变为成虫，进一步危害纸质文物。有些害虫还会排泄有色污物，污染纸质文物。而它们的尸体又会成为某些菌类的营养源，从而引发另一种对纸质文物极具杀伤力的祸患-霉害。

14.糟朽

糟朽是指因化学结构严重降解，导致纸张疏松，力学强度大幅度降低的现象。

15.絮化

絮化是指因物理、化学或生物原因而造成的纸张呈棉絮状。

16.锈蚀

锈蚀是指铁钉等对纸张造成的腐蚀。

书籍装订所用的铁钉锈蚀后会产生 Fe^{3+}，微量的 Fe^{3+} 会吸收光能并且将其传递给纤维素和半纤维素，从而导致纸张发生光氧化降解。在反应中，金属离子起到了敏化剂的作用，扩大了纤维素分子的吸收光谱，同时快速将光子的能量传递给纤维素分子，使其迅速发生降解，从而导致图书档案的纸张泛黄。

17.断线

断线是指线装书的装订线、纸捻遭到损坏。

18.书脊开裂

书脊开裂是指书脊由于脱胶、线断等原因而导致的开裂。

（二）纺织品文物

纺织品文物病害，以丝织品为例，主要有结晶盐、金属锈斑、霉、血迹、尸体分解物、水迹、泥土污染，虫蛀，粘连，炭化，表面涂覆物的脱落晕色、破裂等。

1.结晶盐

主要是棺椁四周的填充物、石灰浆，经地下水的渗透与丝织品结合，生成结晶盐，附着于织物纤维上。通过扫描电镜观察，会发现织物纤维表面附着有很多颗粒状物质，这些大多是钙、铁的碳酸盐和硫化物。

2.金属锈斑

主要指在埋藏的过程中，因丝织品与金属类文物叠压或接触而产生的，附着于织物纤维上的锈斑。

3.霉

主要指肉眼可以观察到的、丝织品文物表面形状不规则的污渍，颜色有由灰到黑不等，或由黄到红，同时带有霉臭味。

4.血迹

当尸体流出的血液沾染到丝织品上时，会在其表面形成轮廓清晰的黑色块状物质，通过扫描电镜观察发现，这些黑色物质呈柿饼状。年代久远的、沾染了血迹的丝织品，其块状物边缘会因为脆化而部分脱落。

5. 尸体分解物

肉眼观察为蜡状物，扫描电镜观察为白色斑点，高倍率下可观察到部分絮状物。此类污染物斑点的大小一般在 1μm 左右，结构较为疏松。

6. 水迹

年代久远的丝织品表面保留着各种物质，在干燥状态下，表面色泽均匀，而一旦遇到水，在水的作用下，这些物质便会向四周扩散形成水迹。

7. 泥土

来自棺椁内外的多种物质，如风化的木材、服饰的粉末和泥土混合后，或镶嵌或覆盖在丝织品上，肉眼即能观察到。

8. 虫蛀

肉眼观察能看到的、丝织品上经由害虫咬噬而形成的破洞。

9. 粘连

出土的多层丝织品呈相互黏结、难以分离的状态。粘连物大多来自墓葬埋藏环境。

10. 炭化

肉眼可观察到丝织品文物颜色变黑、纤维枯朽，并且弹性尽失，触之即粉。

11. 表面涂覆物的脱落

由于长期埋藏于地下，受到各种有害物的侵蚀，表面装饰如彩绘、印金等由于所使用的黏结剂失效，而从丝织品文物的表面脱落。

12. 晕色

经染色而呈现不同色彩的丝织品，在遭受了光照、潮湿甚至水的作用之后，出现的褪色、晕色等现象。

13. 破裂

由于各种因素的作用，织物的强度出现了不同程度的下降，在外力的不当作用下，丝织品文物会顺着经纬线方向裂开。

（三）金属文物

金属文物病害，以青铜器为例，主要包含残缺、裂隙、变形、层状堆积、层状剥落、孔洞、瘤状物、表面硬结物、通体矿化、点腐蚀、全面腐蚀。

1.残缺

该病害通常表现为，器物因电化学腐蚀而造成的基体局部严重缺损，或因某种历史原因和不当发掘而造成的基体缺失。

2.裂隙

裂隙是指青铜器表面或内部开裂形成的缝隙。

3.变形

变形是指青铜器因受外力作用导致形状发生改变。

4.层状堆积

层状堆积是指青铜器因发生层状腐蚀而导致其腐蚀产物分层堆积的现象。

5.层状剥落

层状剥落是指青铜器因物理、化学等因素造成腐蚀产物的体积比原金属体积大，从而导致表面覆盖物分层脱落。

6.孔洞

孔洞是指青铜器因腐蚀而形成的穿孔现象。

7.瘤状物

瘤状物是指青铜器表面的瘤状凸起物。

瘤状物也被称为结瘤腐蚀，是青铜器表面分散的瘤状凸起产生的局部腐蚀，对器物的危害较大。瘤状物的特点是在有限的面积上集中了危害较大的侵蚀性物质。瘤状物多发生在腐蚀严重的青铜器上。

8.表面硬结物

表面硬结物是指青铜器表面遮盖住了铭文和花纹的硬质层。青铜器表面硬结物覆盖层通常由墓室土与铜锈组成，坚硬的土锈或全面覆盖在鎏金层、错金银纹样和彩绘颜料上，或附着于素面青铜器的表面。

9.通体矿化

通体矿化是指青铜器因过度腐蚀而导致的器物整体矿化，并呈现酥松、发脆的状态。

10.点腐蚀

点或孔穴型的小面积腐蚀叫做点腐蚀，是一种局部的高度腐蚀形态。点腐蚀是局部腐蚀的一种，又称孔腐蚀，其产生与介质中活性阴离子的存在有关。形成的孔有大有小，一般孔的表面直径等于或小于它的深度，但小而深的孔可能会使金属产生穿孔。孔蚀通常发生在表面有钝化膜或有保护膜的金属上。

11.全面腐蚀

青铜器的全面腐蚀是一种常见的腐蚀形态，可分为较均匀的和不均匀两种，其特点是腐蚀分布于整个青铜器的表面。

（四）石质文物

石质文物在长期使用、流传、保存过程中由于环境变化、应力侵蚀、人为破坏等因素导致的石质文物在物质成分、结构构造，甚至外貌形态上发生的一系列不利于文物安全或有损文物外观的变化。主要病害类型有生物病害，裂隙与空鼓，表面污染与变色，彩绘石质表面颜料病害，表面风化等。

1.文物表面生物病害

文物表面生物病害是指文物因生物或微生物在其表面生长繁衍而导致的各类病害。常见的生物病害可以分为植物病害、动物病害及微生物病害三大类，如下所示：

（1）植物病害

树木、杂草生长于石质文物的裂隙中，通过生长、根劈等作用破坏石材，导致石质文物开裂。

（2）动物病害

昆虫、鼠类等在石质文物的表面、空鼓及其裂隙部位筑巢、繁衍、排泄分泌物，导致石质文物被污染或侵蚀。

（3）微生物病害

苔藓、地衣、藻类菌群与霉菌等微生物在石质文物的表面及其裂隙中繁衍生长，导致石质文物表面变色及风化。

2.裂隙与空鼓

（1）裂隙

裂隙分为浅表性风化裂隙、深入石质文物内部的机械裂隙和石质文物石材本身存在的原生性构造裂隙三种。

（2）空鼓

空鼓主要是指石质文物表层鼓起、分离，形成空腔，但表层并未完全剥落的现象。

3.表面污染与变色

石质文物表面由于灰尘、污染物和风化产物的沉积而导致的表面污染和变色现象，如大气及粉尘染污、水锈结壳、人为污染等。

4.彩绘石质表面颜料病害

彩绘石质表面颜料病害指彩绘石质文物由于彩绘层胶结物老化及自然风化等而导致的彩绘层脱落、酥粉现象。

5.水泥修补

水泥修补指采用水泥类材料对石质文物进行黏结、加固、修补等改变文物原貌的行为。

6.表面风化

表面风化指石质文物由于外界自然因素的破坏而导致的表面病害，如表面粉化剥落，表面泛盐，表面片状剥落，鳞片状起翘与剥落，孔洞状风化等。

（五）竹木漆器

竹木漆器的病害主要有胎体病害、漆膜病害、彩绘病害、字迹病害、饰件病害等。

1.胎体病害

竹器、木器、漆器胎体的病害类型包括饱水、糟朽、残缺、断裂、裂隙、变形、变色、动物损害、微生物损害及盐类病害等。

（1）饱水

饱水是指竹器、木器和漆器胎体的组织结构内饱含水分。器物被埋藏在含水土层中时，竹木材中的水分不仅达到了纤维饱和点（平均为30%），游离水也达到最大含水状态。饱水木材的含水率与竹木材的材种和材质劣化程度有关。出土的饱水竹木材在自然环境中干燥时，通常会产生收缩、变形和开裂等破坏性病害。

（2）糟朽

糟朽是指在长期埋藏或保存过程中，由于物理、化学和生物因素的影响，构成竹器、木器、漆器胎体的纤维素、半纤维素、木质素等大分子物质的化学结构发生严重降解而导致的生物结构疏松，力学强度大幅度下降的现象。

（3）残缺

残缺是指竹器、木器、漆器胎体原器型出现缺失。

（4）断裂

断裂是指竹器、木器、漆器胎体因种种原因从一个整体分离为两个或多个部分。

（5）裂隙

裂隙是指竹器、木器、漆器胎体开裂而产生的缝隙。

（6）变形

变形是指竹器、木器、漆器胎体因种种原因而发生的形状和尺寸的改变。

（7）变色

变色是指竹器、木器外观颜色的改变，通常与埋藏环境、出土环境，保存环境，不当保护及其他人为因素有关。

（8）动物损害

动物损害是指竹器、木器、漆器胎体，因昆虫或其他动物的活动而产生的各种破坏。

（9）微生物损害

微生物损害是指竹器、木器、漆器胎体，因真菌、细菌等微生物的滋生而产生的损害。

（10）盐类病害

盐类病害是指竹器、木器、漆器胎体因某些盐类的存在而造成的损坏，盐类种类和含量通常与埋藏环境、树种或竹材种类有关。

2.漆膜病害

漆器漆膜的病害种类包括残缺、脱落、裂隙、卷曲、起泡等。

（1）残缺

残缺是指漆膜出现缺失。

（2）脱落

脱落是指漆膜与其依附的基体完全分离。

（3）裂隙

裂隙是指漆膜开裂而形成的缝隙。

（4）卷曲

卷曲是指漆膜与其依附的基体部分脱离而呈卷起状。

（5）起泡

起泡是指因漆膜空鼓而出现的水泡状凸起。

3.彩绘病害

彩绘病害种类有残缺、脱落、变色等。

（1）残缺

残缺指彩绘出现缺失。

（2）脱落

脱落指彩绘完全脱离其依附的基体而与文物分开。

（3）变色

变色指彩绘中某种或几种颜料的色度发生改变，包括由深到浅的褪色。

4.字迹病害

字迹病害种类有残缺、模糊等。残缺是指字迹出现缺失；模糊是指肉眼可观察到的字迹模糊不清。

5.饰件病害

银扣、鎏金等饰件的病害主要是锈蚀，银片发黑、粉化，以及饰件与竹木漆器基体结合的紧密度降低；皮、牙、骨等饰件的病害主要是材料老化及饰件与竹木漆器基体结合的紧密度降低。

（六）油画文物

油画文物的病害类型主要为表面灰尘，霉斑，画面龟裂，画面褪色，颜料层起甲及剥落，画布呈波浪状卷起，画面折伤等。

1.画面龟裂

画面龟裂是指油画画面出现不同程度的龟裂。造成画面龟裂的原因主要有颜料层收缩形成的龟裂、粗目画布上的颜料层出现龟裂、一点集中形成的龟裂、穗型龟裂、压力性龟裂、底层厚薄与黏结力不均产生的龟裂、湿度起伏过大而产生的龟裂、干性油使用过多而产生的龟裂等。这些病害严重影响着油画的文物价值，若不及时进行修复保护，将会对油画文物造成更大程度的损坏。

2.污染物

油画在长期的放置过程中，外界环境中的污染物容易导致油画表面积累灰尘及烟熏污渍，影响油画的外观及色泽；若外界环境湿度大、温度高，油画中含有的一些有机物质可以为微生物的生存提供条件，这就会导致油画表面出现霉斑等。这些污染物的存在不仅影响油画文物的观赏价值，严重的还会造成油画文物的进一步损坏，对油画文物的保存带来困难。

3.画面褪色

油画画面褪色、变色现象是油画文物的病害之一。造成画面褪色的原因主要集中在以下几个方面：凡尼斯老化造成的画面变色，湿度过高及紫外线过强的环境导致油画画面褪色，颜料层粉化造成的画面褪色，白垩化造成的画面褪色等。

4.颜料层剥落

颜料层剥落现象是潘玉良油画的病害之一。造成该病害的主要原因是油画所处的保存环境湿度变化较大，而油画画布的伸缩系数与颜料层的伸缩系数不同，使得油画画面颜料层剥落。此外，当油画处于湿度较大的环境中时，油画吸收的水分或者湿气，会造成油画颜料层的剥落；含有湿气的颜料再加上新的颜料绘于其上，完全使用挥发性油调、颜料作画，颜料层过厚形成龟裂、冷暖气的急剧变化及在白垩化的画布底上加上新的颜料层等因素均会造成油画画面颜料层的剥落。

5.霉斑

因油画颜料层中添加的动物胶黏剂属于有机物质，它是微生物生长的营养源，受环境湿度的影响，较高的湿度易于微生物的生存与繁殖，因而油画表面容易产生霉斑等病害。

6.画布呈波浪状卷起

该病害是油画画面颜料层的伸缩系数与画布（麻布）的伸缩系数不同而造成的。当外界环境湿度变化较大时，颜料层与画布伸缩速率的不同会造成画布呈波浪状卷曲。

7.画面折伤

该病害一般是在油画保存过程中，油画的卷曲不当而造成的，属于人为因素。

（七）壁画文物

壁画文物的病害类型主要包括起甲、泡状起甲、粉化、颜料层脱落、点状脱落、疱疹、疱疹状脱落、龟裂、裂隙、划痕、覆盖、烟熏、酥碱、空鼓、地仗层脱落、褪色、变色、水渍、微生物损害、植物损害、动物损害等。

1.起甲

壁画的底色层或颜料层发生龟裂，进而呈鳞片状卷翘的现象。

2.泡状起甲

壁画颜料层、底色层呈气泡状鼓起、破裂和卷曲起翘的现象。

3.粉化

壁画颜料层由于胶结力的丧失，呈颗粒状脱落的现象。

4.颜料层脱落

颜料层脱离底色层（依附层）或地仗层的现象。

5.点状脱落

底色层脱离地仗层或颜料层脱离底色层呈点状（直径不大于 2mm）脱落的现象。

6.疱疹

可溶盐在地仗层和颜料层间富集，并推顶颜料层呈疱状突起的现象。

7.疱疹状脱落

疱疹病害发生后，将颜料层或底色层顶起形成疱状突起而产生的脱落现象。

8.龟裂

壁画表面微小的网状开裂现象。通常是由于壁画颜料层、底色层或地仗层表面泥层内所包含的胶质材料过多，或因地仗层的收缩变化等而产生的现象。

9.裂隙

因地震、卸荷、不均匀沉降等因素的影响，使支撑体失稳，致使壁画地仗开裂、错位、相互叠压；或因壁画地仗层自身的变化而产生的缝隙、错位、相互叠压的现象。

10.划痕

外力刻画致使壁画画面受损的现象。

11.覆盖

壁画表面被其他材料（如石灰等）所涂刷遮盖。

12.烟熏

壁画因被烟火或香火熏污而留下的痕迹。

13.酥碱

壁画地仗层中的可溶盐，随环境湿度变化而溶解、结晶，所产生的反复膨胀、收缩作用使壁画地仗层结构遭到破坏而产生的疏松状态。

14.空鼓

壁画地仗层局部脱离支撑体，但脱离部分的周边仍与支撑体保持连接的现象。

15.地仗层脱落

壁画地仗层脱离支撑体，从而造成脱落的现象。

16.褪色

壁画颜料的色度降低，由鲜明变暗淡，由深变浅的现象。

17.变色

壁画颜料的色相发生改变。

18.水渍

因水的侵蚀在壁画表面留下的沉积物或痕迹。

19.动物损害

虫、鸟、鼠等动物活动对壁画造成的各种破坏现象。

20.植物损害

植物的根系、枝条进入壁画结构体内对壁画造成的破坏现象。

21.微生物损害

微生物的滋生对壁画表面产生的伤害，包括菌害，霉变等。

二、文物病害成因

按来源性质，博物馆中的藏品主要分为考古发掘出土文物和传世文物，这些文物都经历了漫长的岁月。长期在文物库房管理藏品的工作人员都有这种感觉：哪怕是保存环境和条件都非常好的文物库房，其所保存的文物，随着岁月的流逝，与刚入库时相比较，都有某些变化。这是为什么呢？

其实文物跟所有的物品一样，每时每刻都会与水、空气、土壤、光照等接触，这些接触都会或多或少地对文物产生这样或那样的影响。因此，我们也就看见了锈蚀、风化、变色、虫蛀等常见的文物病害现象。文物病害大致可分为褪色、霉变、风化、破损、污染、腐蚀等几种，它们又分为自然侵蚀病变和动植物病害，其中又以有机质文物的病变较多。

根据文物质地的理化性能的不同，文物质地大致分为有机质地、无机质地和人工复合质地三大类。影响文物劣化的因素，主要分为环境因素和文物本体材质自身因素。

首先，环境因素即馆藏文物保存环境，是指收藏与展示各类可移动文物的相对独立空间的总体，包括文物库房、展厅、展柜、储藏柜（箱、盒）等空间中的各种物理、化学、生物条件。研究表明，环境因素是引发博物馆藏品劣化损害的主要原因，主要包括温湿度、光辐射、污染气体（包括颗粒物）和有害生物4类。影响博物馆藏的环境空间，大致可分为微环境（以展柜、储藏柜、包装盒内空间为代表）、小环境（以库房、展厅等室内空间为代表）、大环境（覆盖整个博物馆建筑的空间）和室外环境（博物馆建筑之外的空间）。国内外大量研究表明，环境因素是引发博物馆藏品自然损害的主要原因，包括温度、湿度、污染气体、光辐射、虫害和霉菌等环境因素。其中，环境湿度的波动和各种污染气体的影响，对博物馆馆藏文物的损害作用最为显著。

其次，材质的不同，决定了文物对环境变化的适应程度及抵抗力。总体来说，对环境温湿度等方面的波动，有机质文物要比无机质文物敏感得多；受环境因素影响以及受各类病害侵蚀的概率，有机质文物也要比无机质文物大得多。因此，除了改善环境因素，增强文物本体"安全、健康"，同样也是文物预防性保护重要的一环。

最后，各种材质的文物都有一个自然老化的过程，其老化蜕变由它们自身材质的特点所决定。有机质材料主要是天然动植物纤维等高分子和构成营养物质的蛋白质、木质素等。这些高分子材料可能因光照，尤其是紫外线照射，以及机械性运动伸缩，生物酶的作用而降解，而其中的营养物质则可能被微生物所降解，或被鼠虫类动物所吞噬。

金属质地的文物的腐蚀主要是因电化学反应和其他化学反应而发生的矿化。电化学反应过程一般在有水的环境中发生。水在自然环境下，几乎存在于各种材料之中，以气体、液体、固体 3 种状态存在。水在这 3 种状态之间轻易、频繁地发生转化，造成文物中水分的流失。由于水的状态转化过程也是水的体积变化过程，所以这种转化将产生很大的机械破坏力，对文物的影响不言而喻。水环境中金属腐蚀的主要影响因素有水环境中的污染物、金属中的其他杂质、金属中的晶格缺陷等。对于在干燥的大气中发生的化学反应过程，主要影响因素为大气中的污染物质。这两种过程都能使金属腐蚀、矿化，而矿物质的材质也可能因为其晶体组织的缺陷，或其化学性质的不稳定，在环境中与其他物质反应而转化成另一种物质，造成组分流失，结构破坏。

光，包括可见光和人眼不可见的红外线、紫外线，它们都携带了一定的能量。红外线和可见光有很强的热辐射能力，能给物体加热。而紫外线因其波长很短，光子携带的能量很高，能激发被照物体的电子，使之处于激发状态，从而促进光化学反应的发生。

提高温度可以增大物质分子的运动速度，加速大多数化学反应的进行。一般温度每升高 10℃，反应的速度增快 2~4 倍。温度的变化也会对材料的物理性质造成影响。适宜的温度也适合动植物、微生物的发育生长。

水在自然界中以水蒸气、液态水、冰三种形态广泛存在，并且能在适当的条件下相互转换，在转换的过程中，等量水的体积会发生较大的变化，这时将产生很大的机械力。材料吸收水分后，其体积也会发生变化，不同材料吸收水分的能力不一样，因此其吸水后的体积的变化也不同。

水是一种极好的溶剂，能溶解自然界中的很多物质，如盐、气体等。随着水的流动，这些物质也将被"搬运"，所以，水在这时也体现了很好的运送物质的能力。正因为水有溶解能力，生物才能从自然界获得营养进行生长。生物的生长繁殖也离不开水。在溶解氧存在的情况下，金属表面的水膜能与金属反应，使金属发生电化学腐蚀。此外，水还可参与多种化学反应。

生物包括动植物和微生物等。它们的生存需要大量的营养物质，这些营养物质大多是生物通过吞噬营养物或者利用自身产生的酶对营养物进行降解而获得的。生物的生存能力很强，特别是微生物，它们在地球表面无处不在，而且因为其体型微小，可以随大气四处流动。

灰尘是多种杂质的混合体，成分包括土粒、矿物粉尘、生物孢子、花粉、动物粪便粉末、虫卵等。由于粒子微小，其能随风四处飘落；又因结构疏松，能够吸附其他的微小物质和气体，以及各种矿物盐，这些物质在一定的条件下可发生各种化学反应。由于灰尘包含的营养物质较多，灰尘的沉积处往往比较适合各种微生物生长。

随着工业化的发展，空气中的硫化物、氮氧化物的浓度日益增加，空气中还含有臭氧，这些化学物质都具有活泼的化学性质，表现为强氧化性、强腐蚀性等，能与很多物质反应，生成氧化物或可溶性盐。

需要说明的是，环境中的种种因素对文物的作用不是单一的，在绝大多数情况下，文物材质的变化是多种因素相互促进的结果。例如，灰尘携带的生物孢子、营养物、有害气体、盐等落在文物表面，在吸收水分后促进了微生物生长，微生物与水分以及有害气体、盐破坏文物的表面，使环境对文物的作用面积更大，造成了进一步的损坏。

由此可见，环境中的诸多因素都能引起文物材质的病变，这种病变主要是化学变化和物理变化造成的。化学反应是一个平衡的反应，在特定的条件下，反应经过一定的时间达到平衡，当条件改变时，反应向趋向削弱这种改变的方向进行，最终达到改变条件下的平衡。所以，文物的病变也是一种趋向平衡的过程：文物在一定的环境中，如埋藏在地下，因地下的环境比较稳定，其病变达到一定程度时就停止了，而文物所处的环境一旦改变，如文物出土或地下环境发生改变，文物的病变将继续进行。环境因素的改变，也将造成文物物理性质的变化。刚性或脆性的文物在形变达到一定程度后将不可能恢复原状，如变形、膨胀、薄片剥离、破碎等。若环境因素的变化过快，文物对这些因素的反应调节速度无法跟上，也将产生不可逆转的形变。

因此，博物馆藏品保存的好坏，既取决于文物材质的性质，更取决于它所经历的环境。当环境因素即温度、湿度、光照、污染物、微生物等偏离理想条件时，文物材质就会趋向改变，以适应已改变的环境，而与改变后的环境达到另外一种平衡。在由一种平衡状态向另一种平衡状态转化时，文物不可避免地要发生些化学成分或结构形态的改变，这种改变破坏了文物原有的稳定状态，导致文物发生不同程度的病变。环境变化越剧烈、越复杂，文物为适应环境进行的改变就越频繁，文物的损坏速度就越快，其损坏的现象就越严重。

由于其本身的物化性能，文物材质在特定的环境中处于相对稳定的状态，不会与环境中的其他因素发生反应或反应速度很慢。从环境作用的能力方面来看，温度和水是直接参与或辅助其他因素参与反应的，所以温度和湿度是最重要的环境因素。

第二节　馆藏文物的保护方法

一、文物预防性保护概念的提出

在保护学科的定义中，保护和修复有显著区别。这个特殊领域中的文物保护有两个方面的含义：第一，控制环境，使其对文物的损害减到最小；第二，抑制对文物的损害，并使文物处于稳定状态，以防止文物受到进一步损害。修复是第二个步骤的延续，毫无疑问，当保护处理显得不足时，修复就是最后的手段，旨在使藏品达到能够继续保存和陈列的状态。

1930 年，在意大利罗马召开的关于艺术品保护的国际研讨会上，有学者第一次提出了预防性保护的概念，即对博物馆藏品保存环境实现有效监控，这次会议使国际上达成了文物科学保护的共识。在 2008 年 7 月召开的中国博物馆学会藏品保护专业机构成立大会和预防性保护学术讨论会上，有部分专家根据自己多年的研究，进行了探索性的发言，认为我国部分地区年温度和湿度变化幅度大，要实现恒温恒湿的文物保存环境会造成单位财政负担过重以及设备负荷超载等，由此建议建立与室外气候季节变化相适应的环境控制标准，或者改变博物馆环境的温度从而保证相对湿度的稳定等。这无疑为我们提供了一些可以选择的方向。

博物馆建筑是博物馆文化的一个载体，馆舍是博物馆的必备条件，是一种特殊的专用建筑。它不仅要具有防盗窃、防抢劫、防洪涝、防地震、防雷击等应对突发性灾害的作用，还要杜绝因气候变化、空气污染、光线辐射、生物危害等自然环境因素而造成馆藏文物损坏的可能。比如说，青铜器的最大威胁就是有害锈的蔓延，在纯自然状态下，有害锈每年可蔓延 1cm，而在标准化保存环境下，它每年只蔓延 0.01cm。

在实现博物馆内环境控制的同时，还应考虑作为能源的化石燃料的大量耗费对环境保护所造成的压力。有部分学者提出，在博物馆设计和构筑中，应利用建筑物本身实现部分环境控制功能，从而减少博物馆对环境控制设备的过分依赖和能源耗费，降低博物馆的运行成本，实现藏品保护和环境保护的双赢。

在博物馆文物的存放和陈列展出中，不适宜的光线、湿度以及空气污染都会对文物造成损害，如何将这些损害减到最低，是每一个文物管理者的职责。因此，作为文物的管理者和保护者，博物馆管理人员和保护人员需要具有文物的基础知识，应在专业领域受到高标准的训练，培养基础科学素养，从而更好地尽到管理和保护的职责，以满足博物馆保护其藏品的要求。因而，文物的保护首先应是对保存环境的处理而不是对藏品的处理．应提高预防性保护的意识，建立起文物预防性保护的框架结构。

据国家文物局和国家统计局 2018 年公布的数据，截至 2018 年，我国文物系统有博物馆 5354 座，藏品 4960.4 万余件。而 2005 年馆藏文物腐蚀调查项目显示，我国 50.66% 的馆藏文物存在不同程度的腐蚀，文物腐蚀损失状况相当严重并呈加重之趋势。究其原因，主要是文物藏品保存环境未能得到有效的监控。而有效监控博物馆文物保存环境，实现馆藏文物保存环境的稳定，是确保馆藏文物安全和长久保存的主要途径。

二、文物保护的方法和原则

建立在国际共识基础上的原则和理念，才是有效的。世界遗产全球战略的缩写为"4C"，即可信度（credibility）、保护（conservation）、能力建设（capacity building）和沟通交流（communication）。

1.文化多样性与保护

文化多样性指的是世界上每个民族、每个国家都有自己独特的文化，民族文化是民族身份的重要标志。历史文化遗产，作为古代历史不可替代的见证物，同时也作为每个国家、地区历史文化延续的载体，是每个民族的智慧结晶，体现了文化的多样性，因此对文化遗产的保护和长久保存是所有国家的共同利益和目标。

2.文物档案

文物档案的内容包括记录文物的挖掘、文物信息、文物保护、文物研究等与文物息息相关的工作，它可以帮助人们更好地认识和了解文物。文物档案管理工作对于文物的开发、利用和保护起着重要的作用。文物管理部门通过完善文物档案，可以为人们呈现更为丰富和全面的文物资料，这对于推进文物的保护和宣传工作起到了一定的积极作用，同时，还有利于对文物的合理开发和利用。文物保护工作的每一项干预、修复活动均须以正确的理论为指导，详尽的史料和考古研究、调查、勘测、记录、分析等是必要的基础和前提，进而开展相关多学科的合作，并留给后人以准确、详实的档案记录。

由于文物是一种不可再生的资源，文物档案管理对于文化遗产保护工作有着重要的意义，文物保护工作必须尊重其内在的科学规律，否则就会酿成历史性的大错。正如一位专家所说："没有任何政治的，经济的，庆典的事件可以被允许更改文物保护工程所应遵循的客观规律。"这是我国人民对国际社会的庄严宣誓，也是当代人对后代负责任的态度体现。因此，人们必须加强和重视文物的档案管理工作。

3.原真性

Authenticity 一词源自中世纪的欧洲，在希腊语和拉丁语中有"权威的"（authoritative）和"原初的"（original）的含义。在我国文化遗产保护领域，学者们长期以来将"authenticity"译为"真实性"。但经过仔细推敲后发现，这种译法仅表达了"真实的"和"可信的"两层含义，未能表达出"原初的"这一含义。"原初的"对文化遗产来说，恰恰是最为关键和不可或缺的要素之一。专家指出："原真性，可译为真实性、原生性、确实性、可靠性等，主要有原始的、原创的、第一手的、非复制、非仿造等意思。"因此，一些学者提出了更为恰当的译法-"原真性"，既强调"真"，又强调"原"，更为贴近本意。这一观点已被文化遗产界大多数学者接受和认可。

《世界遗产公约》对原真性进行了界定，即"文物古迹本身的原真性体现在诸如形式与设计，材料与实体，应用与功能，位置与环境，以及传统知识体系、口头传说、技艺、精神与情感等因素中"。在此需特别强调，"修缮与修复的目的应当是不改变这些信息来源的原真性"。而"原真性"也是个复合性多元理念，一般情况下，一座文物建筑的原真性，应当是它被作为文物建筑认定时的历史和客观属性的总和。

4.完整性

在世界遗产领域，"完整性"长期被应用于评估自然遗产的价值与保存状况。而考古遗址的结构怎样才算完整？以往人们并未把这一理念引用到文化遗产保护工作中。近年来，这一状况已得到改善。新版《世界遗产公约实施指南》已明确把"完整性"应用于对文化遗产的评判中。《北京文件》对此有如下描述："完整性可以解释为文物古迹及其特征的整体性和完好性，包括体现文物古迹重要性和价值所必需的所有因素。""保留文物古迹的历史完整性必须保证体现其全部价值所需因素的相当一部分得到良好的保存，包括意义重要的建筑物历史层次（沿革与积淀）"以及"环境"。这表明，"完整性"不一定意味着整体历史结构的完整，而是指所存部分可以验证、标识大部分的历史信息，同时，这也对文物保护界长期以来关于"原状"与"现状"的争论做了一个小结，即文物的保护不应当是按照当代人的意愿与结论将文物恢复成某一辉煌时期的"原来状态"，也不可为追求风格的统一而随意拆改不同历史时期留在同一文物建筑体上的完整历史信息。

关于"环境"与遗产的关系，可以引用我国文物保护大师梁思成先生的"红花还要绿叶扶"的比喻。在当今统筹保护有形与无形文化遗产的大形势下，国际古迹遗址保护协会（ICOMOS）召开第 15 届大会关于历史建筑、古遗址和历史地区周边环境保护的《西安宣言》的提出，相关的理解与应用会变得更为深入和宽泛。

5.保存与修整

"保存与修整"所对应的英文单词是"maintenanceandrepair"，这足见国际上对保存文物真实性和尽可能少干预的高度重视。《北京文件》明确提出了，保护性的保养和修缮"应当将材料、构件和彩绘表面的替换或更新降至合理的最低程度以便最大限度地保留住历史原物"。用这一标准去衡量一项文物保护工程的成败优劣，而不是错误地追求维修后的整体风格统一，应当是我们今后文物保护工作中的统一准则。

同时，保存历史的理念也影响着城市建设中新兴建筑的风格。日常的保养维修应当是古建筑文物保护工作的基本方式。日本专家伊藤延男不仅反对本国的一些重建工程，在对古建筑的维修保养问题上，还特意介绍了日本从 7 世纪开始的"随破修理"（日语，即"日常维修保养"的意思）的这一皇家诏令，并且强调了这一原则的重要性。

6.保护与修复原则

（1）可再处理原则

可再处理原则，又称可持续性保护原则，取代了可逆性原则。众所周知，文物的科技保护是一个技术实施过程，其中包括在文物上施加新材料，如在壁画上喷涂保护剂、在石刻上喷涂防风化材料、有机质文物的防霉防虫处理、饱水漆木器的脱水加固等，或者改变文物的现有保存环境。不论哪一种方式，都必然会使文物与外界发生物质和能量的交换，这一过程是不可逆的。因此，有必要澄清文物保护中涉及的可逆性问题，否则教条也套用可逆性原则，势必会否定所有的先进方法，无法对文物进行保护。

可逆性原则是文物保护中的重要原则，意思是修复中所实施的处理方法，都可以采取可逆措施去除，使文物恢复原始的状态，但是这个原则已经被可再处理原则代替，其原因在于可逆在本质上是难以实现的。比如，在加固疏松的文物时，加固材料会渗透到内部去，当对加固材料进行可逆去除时，文物就会遭到破坏。因而，在此种情况下，不可一味要求材料具备可逆性，而是只要不影响再次处理即可。

严格来说，可逆性原则大多只适用于实验室条件下的文物保护。在很多实际情况下，很难满足这一要求。例如，在大型石刻上涂刷防风化材料或进行裂隙灌浆，由于石刻表面不平整或裂隙较深，涂刷的防风化材料和裂隙灌浆材料极难从文物上除去，但在实验室条件下，也许很容易被清除。如果这些难以清除的材料并不妨碍文物的下一次处理，那么仍然可以考虑继续使用这样的保护方法。

而在某些情况下，不保护、不修复也是一种保护修复。这里所说的"不保护，不修复"是根据文物的保存现状、现有的技术水平和现场条件，通过综合的分析与研究，从而判断是否采取不保护、不修复的方式。

（2）最小损伤原则

保护性损伤，如在加热、酸碱、冷冻等条件下处理文物时，会引起文物自身的化学和物理（应力、外型收缩等）变化，有些变化并不是立刻就能观察到的，必须经过一段时间后方能显现。而保护处理本身可能会对文物产生损伤，如在复杂的拼接修复过程中，难免会对文物造成二次损坏，且操作极大程度依赖于专业技术人员的个人经验；在对粘连的纺织品或纸质文物进行揭取时，由于文物本身材质的脆弱性，若用力不当，极易损毁文物；在对纸质文物进行熏蒸或冷冻杀虫时，纸质文物在受热或冷冻的情况下，都有可能遭到损坏；在对文物进行表面封护与加固时，封护或加固材料渗入文物的孔隙中，也可能会对文物造成损伤。当遇到这些情况时，必须通过严格的科学实验来评估损伤的程度，尽量控制条件，使危害降至最低。

（3）最少干预原则

文物在保护处理过程中，难免会被带入新的物质，如表面封护剂、缓蚀剂等。若未留下完整的保护记录，后人在研究时可能会误认为这些物质是文物本身所含有的。为避免影响或混淆后人对文物的研究，导致得出错误的考证结果，在文物上施加任何新的保护材料时，如果新材料与文物组成材料的反应产物不明确，那么该保护材料应不予使用。而各种保护处理方法也有可能会对文物造成保护性破坏，包括二次污染保护性破坏，如在对破碎的青铜器和陶瓷器做拼接修复时，通常无法将残片严丝合缝地拼接成一个整体，当拼接到最后一块时，由于空缺处小于其原始尺寸，需要对残片进行打磨；在对纸质文物或纺织品文物进行清洗时，常会残留水渍、清洗剂等，从而造成二次污染，对文物的不当清洗，还易造成文物的褪、变色，特别是金粉等装饰物的脱落；而对石质文物进行渗透加固时，由于化学加固剂很难全部渗透进石材的孔隙中，随着环境条件的变化，保护剂渗透到的和未渗透到的部分就可能产生应力差异，反复作用的应力就会导致两部分分离。

（4）"留白"原则

"留白"又称"留缺"，通常是针对古陶瓷整体复原修复来说的，是指在古陶瓷缺失的部位，不采用原材料、原工艺和原形态去修复，而是选用其他适宜的材料补填，以留出短缺的部位，并能明显地表现出缺失的痕迹。这一原则在国外已实施多年，国内也不乏实践者，但仍存在争议。

古陶瓷与其他器物不同，其毁坏的形式通常只有破碎和缺失，而无腐烂和变质现象。在修复时，若能明显地表现缺失部位，又不妨碍其外观的完整性，则完全可以不用复原缺失的部位。此外，在考虑是否"留白"时，还要从博物馆的实际需求出发，若该器物主要用于供观众欣赏，仅要求具备一个完整的形象，并不需要发挥其实际用途，那么，以一个真实的整体形象胜过经修复补缺后"乔装打扮"的虚假形象。而在对古陶瓷进行修复补缺时，很难真正做到补缺后的部位与其他部位保持完全一致，这不仅涉及原材料的配制，还涉及烧制的工艺，即便是同一个窑炉烧制出的同一类器物也不会完全相同。因此，"留白"反而更能体现出古陶瓷的原真性。

（5）耐久性原则

以实验室材料老化实验数据为基础，在将多种保护技术应用到文物上时，选择耐老化时间长的材料的方法，就是所谓的耐久性原则。文物的保存是一个长期的过程，不可能对同一件器物进行经常性的保护处理，这就要求在文物保护工作中所选用的材料要具有良好的耐久性，在外界因素的影响下，该材料能延缓文物所遭受的破坏，从而延长其保存寿命。现代文物保护研究中，对文物保护材料的耐老化性能测试经常采用工业领域内的材料性能检验检测标准，而文物保护材料与现代工业使用材料的使用目的及对性能的要求存在较大差异，因此，采用现代工业材料的检测标准对文物保护材料进行评估是有缺陷的。

（6）斑点试验原则

斑点试验又称点滴试验，是测定矿物化学成分的一种方法。将少许矿物粉末制成溶液，再将溶液滴在滤纸或瓷板上，加入化学试剂，观察反应后的产物颜色，以确定某种元素是否存在。斑点试验由于操作简便，反应迅速，对某些元素灵敏度较高，在鉴定工作中经常被使用。而文物保护的过程中，在大面积开展保护工作之前，也应依照斑点试验的原理，确保方法可行之后，再行实施。以彩陶加固为例，在加固前应进行斑点试验，检验加固剂的指标是否符合要求；在加固过程中如果出现加固强度不够致使彩绘脱落的情况，应及时调整加固剂浓度；加固后，若出现表面成膜的现象，应用水或酒精等溶液擦拭彩陶表面，观察眩光是否消失，尽可能地保证在损伤最小的前提下，恢复文物原貌。

（7）可辨识原则

可辨识原则，指文物在修复过程中，添加的残破或缺失部分要与文物原有部分在整体外观上保持和谐统一，但又要和原有部分有所区分。应做到既可以让观者从外观上辨别"真"与"假"，又不会出现以"假"乱"真"的现象。

而中西方在"可辨识原则"的实际运用中还存在着些许差异，主要表现在西方修复理念强调补缺部位要与本体部位有所区别，整体上应呈现出可识别的修复效果；而我国的文物修复工作通常要求修复后的文物整体应呈现出浑然一体的效果。以书画修复为例，修复师对残缺部分的全色、接笔都是力求与整体画面呈和谐统一状，而不是要求在视觉效果上将补全与本体区分开来。这两者之间的差异是由文化背景、主观认知的不同所造成的。以青铜器修复为例，国内修复专家主要采取"内外有别"的可识别修复方法。做色时，将文物对外展示的一面做到与周边的颜色浑然一体；而观众不易观察到的内侧部位通常不做色，有时也会大体做上颜色，但仔细观察之下，仍可以区别出补配的部分。

综上所述，可辨识原则就是指修复过的部分与文物本体应有所区别，远观不会感到整体的不协调，近观则应能辨别出修复痕迹，而不需借助其他高科技手段来识别。

（8）风险管理原则

许多文物因遭受自然或人为因素的破坏，正面临损毁和坍塌的风险，因此在文物的保护方案设计和技术实施过程中加强"风险管理"刻不容缓。所谓风险管理，是指管理人员采取各种措施和方法，消灭或减少风险事件发生的各种可能性，或者减少风险事件发生时造成的损失。在文物保护中，风险管理原则包含三层含义：一是在文物未受到损害前采取预防性保护措施，避免文物受到损害；二是对已经受损或正在受损的文物及时采取有效措施，终止破坏的继续发生，尽可能保留文物的最大价值；三是对人身安全、财产、环境等进行风险管理，避免或减少损失的发生。此原则要求，在文物保护过程中，必须对每一个操作步骤可能面临的风险进行预估，且有相对应的可控措施。

7.文物的"过度修复"

由于文物的种类繁多，修复中面临的问题复杂多样，因而"过度修复"现象频繁发生。过度修复，不仅会使得文物无法得到合理的修复和保护，还可能使得文物面临"二次损伤"，甚至可能导致文物丧失原本的历史面貌和完整的信息。造成过度修复问题的原因是多方面的，主要体现在修复理念的认知模糊，对文物价值的认知与取舍，缺乏修复依据，修复技术和材料的使用不当这四方面。

（1）修复理念的认知模糊

长期以来，我国的文物修复工作是在"不改变文物原状""最小干预原则""可识别原则""可再处理原则"以及"真实性原则"的指导下进行的。这些原则在修复工作中都起到了重要的作用，在明确了修复目的的同时，规范了修复的"度"。然而，在实际操作中，由于对修复理念的认知模糊，可能使得修复工作越过了"度"的界限，与修复理念相背离，从而最终导致修复后的文物出现了明显的过度修复痕迹，甚至面目全非。

以辽宁云接寺清代壁画的修复工作为例。云接寺位于辽宁省朝阳市凤凰山风景区，寺中的墙壁上绘有佛教风俗的壁画，但因年代久远、保存不善导致画面出现了模糊不清甚至部分缺失的现象，为恢复壁画的完整性、保护其艺术价值，需要对壁画进行修复。然而，壁画修复后的效果与原先的画风大相径庭。修复前的壁画虽有些破旧，但仍可以从流畅的线条和人物自若的神态中看出壁画诞生的历史时期的宗教色彩、作画风格和文化内涵，整体上呈现出一种和谐而古朴的美感。但经修复后，由于修补用色过于鲜艳，对残缺处接笔的处理线条生硬，使得整体画面呈现出一种"大红大绿"的艳俗和粗糙感，丧失了其原本的艺术风格，也降低了其原有的艺术价值。造成这一过度修复现象出现的原因是在修复工作中未能遵循修复理念。例如，"最小干预原则"要求工作人员在修复中尽可能地减少对文物的不必要触碰，避免对文物造成破坏，但工作人员在修复此壁画时并不是仅对残缺部位进行补全、接笔，而是采用整体画面重绘的方式进行修复，对壁画做了"过度"干预，使得修复后的文物丧失了本身具有的客观真实性。"可识别原则"要求文物经修复的部位与文物本体要所有区别，而我国传统修复观念也要求文物经修复后需呈现出"远观一致，近观有别"，浑然一体的和谐美，但在采用重绘方式对此壁画进行修复时，将新的色彩覆盖到整个画面上，使得原先的壁画本体被新的画面所取代，其历史痕迹被完全掩盖，无法辨识出修复部位。"可再处理原则"要求任何一次修复行为都不应影响之后对文物的再次修复，可是该工作在修复前并没有对所使用的颜料进行斑点试验，而是直接应用于文物上，致使修复后的画面色彩浓重，颜料层难以去除，在很大程度上影响了之后的修复工作，对画面造成了永久性的"过度修复"。"真实性原则"要求在不伤害文物的前提下最大限度地保留其原貌，对缺失部位信息的补全不能出现造假现象，然而修复后的壁画为达到整体和谐的效果，整幅壁画都被重新粉刷，且对缺失部位的补全所绘制的线条粗糙、生硬，严重破坏了壁画的客观真实性。

（2）对文物价值的认知与取舍

运用修复理念对破损文物进行修复，其目的不仅是恢复文物的完整性使之能够长久保存下去，更重要的是为了保护文物的珍贵价值。文物具有历史、艺术和科学价值，而在实际工作中有时会因修复人员没有认识到文物的价值所在，使得修复工作没有抓住重点，导致文物上的信息丢失或是未能得到最大程度地体现，这也是造成"过度修复"的主要原因。而对理念的模糊认知，在很大程度上会影响修复者对文物价值的认知和判断。

布兰迪将艺术品（也就是现在所说的文物）的历史要素与时间相挂钩，将艺术品所经历的时间划分为三段：艺术品从艺术家构思到被实际创造出来的"时间段"；艺术品成型并被摆放出来，在历经漫长的岁月后，被人们意识到其珍贵性的"间隔段"；艺术品如一道闪电冲进人们的大脑，被人们意识到、引起人们注意的"瞬间"。按照关于三段时间的描述，文物的历史价值不仅包括文物被创造之初的历史价值，还包括文物在历史长河中产生的岁月价值，以及让人们产生深刻印象的记忆价值。而在修复工作中，最易引起争论的便是对历史价值和岁月价值的取舍。保留文物的历史价值从某种意义上说就是复原文物的造型、结构、纹饰、材料等，使之接近历史原貌，从而借助文物本体所含有的信息来了解历史。同理，保留文物的岁月价值从修复效果上看就是保持文物的现有样貌。我们现在所说的文物并非像纪念碑那样，其本身在创造之初就包含有纪念价值，大多数文物在它所产生的那个时代，只是一件实用性物品，用于满足人们的日常生活所需，或者是一件艺术品，供人们欣赏娱乐。但是，随着历史的变迁、时光的流逝，它们作为历史发展的"见证者"，获得了后天赋予的某些价值，从而被我们保护、重视起来。所以，文物原先的样貌固然重要，但岁月在文物上所留下的斑驳痕迹也应得以保留，这些痕迹正是文物历史价值的见证，记录了这些器物由"生活用品"成为"文物"的历程。这就不难理解，为何梁思成先生认为将古建筑修复的焕然一新是对文物价值的损坏。

同理，文物的艺术价值也不单指其审美价值，或是为后人提供美学研究的实物资料，与前文中所说的岁月价值相似，文物的艺术价值还包括文物在历经岁月的洗礼下，所呈现出的"古旧感"，如青铜器上的无害绿锈、古书画上的点点斑渍、古建筑上的破旧痕迹等。所以，对文物艺术价值的取舍不仅包括恢复其风格的统一，还包括了保留其所具有"古旧感"。国外很多学者都在对文物的保护中阐述了对文物价值的认知，如某位学者在其论述中对文物的多方面价值进行阐述并将其归纳为历史（艺术）价值、年龄价值和实用价值，这些都可以在上述对历史与艺术价值的阐述中体现出来。所以，在文物修复中，应注重哪类价值或某类价值的哪一方面，都需要在经过综合考虑、具体分析后，进行判断与取舍。

（3）缺乏修复依据

在修复工作中为恢复文物的完整性，需对缺损部位进行补全，而补全工作应严格遵循文物的客观真实性，工作人员不能随心所欲，加入个人的创作和臆想。这就需要在修复的前期工作中，获得翔实、可靠的依据和资料，包括同类型完整器物的原始图文资料，尺寸、纹饰、材质等信息，如古建筑最初建造时的结构、布局设计图，所使用的建筑材料等信息。关于修复依据的阐述，布兰迪在其修复理论中提出修复依据为"艺术作品具有潜在一体性"，即艺术作品即使因为某些外在原因出现破损现象，它仍然会以"潜在一体性"的形式存在，可通过对整体样貌的把握来勾勒破损痕迹，这使得补全等修复行为具有可能性。但是，文物的"潜在一体性"是在一定条件下成立的，文物留存部分与破损部分的比例应控制在一定的范围内，若缺失部位占的比例过大，那么"潜在一体性"也就不适用于补全工作。再者，若缺失发生在文物结构的关键点部位，即影响对器物尺寸、形状判断的关键部位，或缺失部位的造型与留存部位区别较大，或器物具有纹饰、铭文的部位，即便缺失的部分占整体的比例较小，仍无法通过留存的部分对缺失部位的尺寸、形貌做出推断，在这种情况下，"潜在一体性"也同样不适用于补全工作。

而在实际的修复工作中，工作人员常会凭借个人经验和判断对文物的"潜在一体性"做诠释，过分依赖类推的方法进行补全，从而造成对文物原貌的曲解、臆想等，导致文物出现"过度修复"现象。

第三节 馆藏文物保护的举措及现实意义

"预防为主，抢救第一"，文物修复的局限性决定了文物的修复是迫不得已的最后手段。受现阶段修复技术、方法和材料等因素的限制，文物的修复总会出现不尽如人意的地方，随着科技的不断进步及新的技术手段和新材料的出现，人们发现以往的修复手段、使用的材料可能对文物造成伤害，比如 502 瞬时胶水出现后，曾被大量应用在文物的修复、黏接上，在当时的环境下，其确实具有快速、方便的优点，但 502 瞬时胶水自身的透水性很差，且有不可逆性、易脆化等弊端，这会给文物造成新的损伤，而有的损伤是不可逆的。所以，文物的修复是迫不得已而为之的行为。虽然现在的科技发展很快，新的技术和材料不断涌现，但如果没有好的、成熟的方法和修复材料，最好不要轻易对文物进行修复。

在馆藏文物的修复上，《中华人民共和国文物保护法》和国家文物局的有关法规其实都有较为详细的规定和要求，这些法规的原则，就是修复文物时要慎之又慎，做到最少干预。因此，馆藏文物日常的预防性保护就显得尤其重要，做好文物的预防性保护既是馆藏文物日常维护的重要工作内容，也是延长文物使用寿命的有效手段，对文物的安全存取、长久保存具有现实意义。对馆藏文物保存环境进行有效的监测和控制，最大限度地抑制和缓解环境因素对文物材料的破坏作用，是预防性地从源头上保护珍贵文物的关键，是当今世界文物科学保护领域的发展趋势，也是当前我国可移动文物保护的迫切与重要的工作。以往对文物保存环境提出的"恒温恒湿"要求，其内涵已经落后于现今预防性保护的要求，已被以上海博物馆（馆藏文物保存环境国家文物局重点科研基地）提出的"洁净、稳定"的文物预防性保护理念所替代。

　　"洁净、稳定"的理念是针对文物的保存环境而言的，其主要内涵为通过采取有效的质量管理、监测、评估、调控等预防措施，抑制各种环境因素对文物的危害作用，努力使文物处于一个"稳定、洁净"的安全生存环境，尽可能阻止或延缓文物的物理和化学性质改变乃至最终劣化，达到长久保存文物的目的。而"安全、健康"的理念是指通过健康测评、清洁养护、消毒杀菌、防震（振）减震（振）等文物本体保护性处理，尽可能消除影响文物本体"安全、健康"的因素，提高文物本体的"安全、健康"水平，增强其抵御外界环境因素影响的能力。

　　"稳定"的环境，是指温度、湿度等环境因素在适宜指标下保持"平稳"，不会出现较大幅度的波动。所谓"适宜指标"，是指文物本身已经长期良好适应的环境温湿度指标。此外，鉴于文物对湿度较温度更敏感，在环境温湿度控制中应首先确保湿度的控制，即以湿度控制为优先原则。要打造"洁净"的环境，必须把文物收藏、展示环境空中特征污染物浓度控制在科学合理的安全极限值以内。不同的材料对各种环境因素的敏感程度不同，即不同材质文物的主要环境影响因素可能是不同的，尤其是代表性的特征污染物的影响。因此，需要特别关注这些"特征污染物"浓度的净化控制。环境的预防措施，是指通过管理和技术应用，从源头控制文物保存空间的污染物水平、光照强度和温湿度平稳性，包括文物储藏、展示装饰装修及包装材料。展具密封性和环境调控功能等。

一、馆藏文物保存环境的营造

　　馆藏文物的保存环境，即博物馆馆舍，分为外部环境和内部环境。外部环境包括外界的气候、大气污染状况，其环境的好坏，取决于该博物馆所在地区、城市的环境状况，非博物馆自身所能决定，但博物馆可以改善自身周围的小环境。所以，营造博物馆的环境应从建馆选址抓起。远离污染源和闹市区的山林、公园附近较合适，馆址周围不宜有大的湖泊、水面。而对那些不能改变馆址的，应做好馆舍周围绿化，因为枝繁叶茂的树木对大气污染物有吸附作用，对城市里的烟尘、粉尘等也有明显的阻挡、吸附和过滤的作用。特别是高大的乔木，其叶面茂密，滞尘能力强，且能阻挡太阳的强辐射，树荫也能起到降温的作用，还能对噪音起到很好的"隔音墙"效果。即便是草地，也能吸附灰尘，使博物馆的外部环境成为一个绿化自净系统，为室内环境创造良好的外部条件。博物馆室内环境的控制相比室外来讲要容易得多，可以通过中央空调系统的空气过滤系统、新风系统、温湿度控制系统及对人流量的控制等来实现。

二、文物存放环境的改善

文物存放环境包括文物库房、展厅、展柜，以及文物柜架、囊匣、展台等与文物直接接触的材料。

1.库房文物

库房文物是博物馆各项工作的基础，而库房是博物馆文物密集存放的地方，做好文物库房的环境控制，是做好博物馆各项工作的前提和基础保障。

第一，综合性博物馆收藏的各种材质的文物，原则上应分类、分柜存放。应通过使用空调设备，确保库房内的温湿度在合理的范围内，并避免其在短时间内有较大幅度的波动，使库房整体的温湿度处于一个相对稳定的状态。应经常检查空调设备的空气过滤器并清洗消毒，以有效过滤掉外界的灰尘和微生物，防止二次污染和重复污染。

第二，应保持库房环境的洁净，避免人为带入外界的尘埃，虫害等。有条件的博物馆，应在库房前设置一间缓冲室，使人员在进入文物库内前，可以在缓冲室里更衣、更换拖鞋（鞋套）、风淋等。

第三，库房内最好使用 LED 灯或无紫外灯照明，所用灯光的波长应控制在不损坏有机文物的范围内，光照强度以满足日常管理为宜。人员离开后，应关闭库房内光源。对文物的鉴定、鉴赏，应在专设的鉴定、鉴赏室内进行。

第四，库房内与文物直接接触的是存放文物的柜架和包裹文物的材料。库房里的柜架基本分为金属和木材两种质地。应对金属柜架做好防锈处理，使其承重结构合理，没有毛刺或尖锐棱角，且与文物接触部分应采用天然织物或处理过的木板。对木质柜架要进行充分的杀虫、灭菌、消毒和脱水烘干处理，以避免材料本身带入库房的病菌对文物直接造成伤害。木材具有多孔性特质，能吸收一定的水分，因此木材直接与文物接触的面不要涂刷油漆等，以保留木材缓冲调节空气湿度的作用。

另外，木材中的化学物质，如甲酸、乙酸，一般都具有一定挥发性，要注意区分这些物质是否对文物有害，比如，挥发油可能会在书画、纺织品上形成黄斑。应选择无害、天然的材料包裹文物，不能有有害气体的散发、不能有污染色素的释放，不能有生物的混入，不能阻挡文物与室内空气的流通。

2.展厅与展柜

展厅是博物馆的展示窗口，是文物直接与观众交流的地方，有些文物是直接与展厅的环境相接触的。在环境控制上，对展厅的要求应与库房相同。但由于展厅是一个开放式的空间，外部的有害气体、灰尘、水汽等都会被观众直接带入展厅，人流会带动空气的扰动，观众的呼吸也会迅速提高二氧化碳浓度等，这些因素都会造成展厅局部环境的恶化，因此展厅的环境控制要复杂得多。比如，可以在展厅前设计一个缓冲空间，使外界空气不能直接进入展厅；可在门前地面铺设吸尘垫，尽可能减少观众带入的泥土、灰尘或雨水；在展厅中直接展出的文物，应尽量选择性质比较稳定且又不便放进展柜的。展厅里的温湿度和光照控制是展厅环境控制的主要方面，温湿度的控制应以对外界比较敏感的有机质文物为基准。光照的控制面临文物保护与观众需求的矛盾。文物保护需要避光，文物展出需要光照，重点文物有时候还要用光突出渲染。如何解决这对矛盾，考验着陈列设计者的智慧。避免使用强烈聚光灯对文物直接照射加热，采用无紫外线灯源或防紫外线的冷光源，在对光线敏感的有机质文物周围设置人体感应器，控制照射的强度和照射的时间等，都是有效的手段。对于有机质文物，如书画、纺织品类等，应实行定期更换展品，以避免长时间的暴露和累计照射值超标对文物造成的伤害。

相对于展厅来说，展柜是一个相对独立的微环境，柜内的空气不与展厅发生交流，但仍然受到展厅里的温度和灯光辐射的影响。由于展柜是一个封闭的环境，柜中的灯光散发出的热量因空气不流通而不断积累，容易形成温室效应，所以要特别注意不能在展柜里使用热光源，而应采用LED一类的冷光源，并对柜内温湿度进行控制，可采用主动式调控设备或使用调湿剂一类的调湿材料控制柜内湿度。展柜里的展台会直接与文物接触，因此对其材料的要求与库房的柜架相同。需要说明的是，现在很多博物馆的展台都是新做的，使用了大量的胶合板和丙纶化纤地毯等材料，这些材料会释放出甲醛等有害物质，在展柜中长期富集，会对文物造成严重危害。因此，如何从源头上控制有害装修材料，是预防性保护的重点和难点之一。

3.文物搬迁运输的环境控制

随着文物外出交流的日益频繁，文物的搬迁运输也日益增多。搬运文物时，在包装材料的使用上，不但要防震（振）、防水、防盗，还要防霉、防锈、防辐射、防尘、防火、防热、防冻等；跨地区搬运文物时，因各地温湿度存在差别，要及早发现不利因素，及时调整运输方式。

承展地的展厅温湿度最好与文物原有存放地一致，因为只有温湿度"稳定"（并非"恒温恒湿"）的环境才是文物最"适宜"环境。因此，对外展文物保存环境进行检测，是外展之前的必做工作。

三、文物的日常养护

在将文物收藏入库前，按照正常管理要求，都应该对其进行必要的健康测评和清洁消毒保护养护处理。征集来的文物，难免带有各种病害，除大的病害需要进行保护修复处理外，一般的清洁卫生、消毒杀菌处理，以及脱酸、脱盐、封护、预加固等方面的预处理，也应是文物日常预防性保护的重要内容。这一方面是为了消除病害隐患，增强文物自身的抵抗力；另一方面也是为了避免文物带病入库存放导致的对其他文物的危害。

可移动文物的预防性保护，应是一个长期的、日常性的工作，不要等到文物出现问题了，才予以重视。由于文物是不可再生的，对其进行修复是迫不得已的手段，更何况现在的修复技术和修复材料，都有可能随着技术的进步、材料的更新而被淘汰，因此，对于任何附加在文物上的材料与方法都应当慎之又慎。出于对文物的保护方面的考虑，对环境的控制应是有针对性的。对博物馆环境的营造，每个博物馆应结合自身的实际情况，有针对性地改善文物的保存环境条件，尽力消除对环境不利的因素，努力给文物创造一个"洁净、稳定"的保存环境和"健康，安全"的本体，真正做到"文物保护，预防为先"，使可移动文物得到妥善有效的保护，为陈列展示和收藏研究提供可靠支撑。

第四章　古建筑和文物火灾的扑救

　　我国是历史悠久的文明古国，古建筑是我国历史长河中最宝贵的文化瑰宝，也是不可再生的文化资源。在古建筑的保护过程中，由于古建筑自身的特点和管理中的一些漏洞，为古建筑埋下了大量的火灾隐患，出现火灾事故会给古建筑保护工作带来无法估量的损失，本章通过对文物古建筑的火灾防范措施中存在的漏洞进行分析，并提出了具体的解决策略，为保护我国文化古建筑发挥积极作用。

第一节 古建筑和文物火灾的特点与规律

一、古建筑和文物的火灾特点

（一）燃烧猛烈，发展迅速

　　1.古建筑单位易燃与可燃物质多

　　寺观、庙宇之类的古建筑，绝大部分被宗教职业者使用和管理，除有食品食物、柴草等生活必需品堆积在建筑物下之外，大部分寺观、庙宇存放着宗教活动的香火、蜡烛、植物油、酥油、柏叶、烧纸等易燃供奉品；有的殿堂内和佛龛前密布着垂帷、幔帐、幡幢、柱锦、飘带、天帐、宫灯等化纤织品，是火灾迅速发展的重要途径。

　　2.易燃与可燃文物多

　　绝大部分古建筑物下的殿堂、厢房、耳房、长廊内悬挂着历代名人字画，大量易燃字画堆积殿内，有的殿堂楹联、牌匾、锦绣高悬，易燃可燃物，都是火灾迅速发展的重要因素。

　　3.木质干燥，易于燃烧

　　我国的古代建筑为了防腐、防虫，在选材上大多使用强度较大，含油质较多，且有香味的柏木、杉木、樟木、楠木。还有选用龙樟木、柚木、铁栗木、老黄松、黄松等优质木材，以延长使用的年限。例如，1200余年前建造的山西五台南禅寺、900余年前建造的山西应县木塔、500余年前建的明十三陵的棱恩殿等，都是选用优质木材。能保留至今的古代建筑，大都年代久远，木质干燥，又经油漆涂刷，犹如架起的一堆木材，是火灾情况下猛烈燃烧的重要条件。

　　4.建筑物高，跨度大，空气对流，促使火势迅速发展古建筑的形状极为特殊，有高入云霄的古塔、雄伟高兀的楼阁、重檐复屋的三滴水等单体建筑，以及外形特异的歇山、硬山、攒尖式屋顶的殿宇，一般都建在高台之上，内部跨度大，室内形成很大的空间。西安的大雁塔、应县的木塔、杭州的六和塔，均系较高的木质或砖木结构的筒状建筑，层距间形成了很大的空间。我国保留至今最大的殿堂建筑棱恩殿面积大约为1857平方米，空间面积很大。这是火灾情况下火灾发展的重要条件。

5.建筑密集，相互毗连，极易蔓延

我国现存的庞大古建筑和寺庙建筑群以及古建筑商业街极多，这些地方建筑密集、相互毗连。如北京的故宫、山东曲阜的"三孔"建筑群、西安的碑林、青藏高原上的布达拉宫、青海省的塔尔寺、甘肃省的拉卜楞寺、成都的武侯祠、沈阳的故宫、山西太原的晋祠、晋南解州的关帝庙等，都是建筑密集，互相毗连的庞大建筑群，一旦发生火灾，若疏于控制，即有迅速形成火烧连营的危险。

（二）文物相对集中，给火灾扑救工作带来极大的困难

古建筑单位一般都有大量的文物。古建筑和文物可说是一对孪生姐妹，历来都是长期共存。古建筑本身不仅是一个无法用经济价值计算的珍贵文物，火灾情况下，这些文物有的不易疏散和保护，有的受高温影响后不能射水扑救，有的既不能见水也不能见火，被火烧毁是损失，扑救中被水冲毁更是损失，这些现象的存在，都给扑救火灾带来极大的不利。

（三）结构特殊，破拆极为困难

中国古代木质建筑，结构造型变化多端，形式多样，名目繁多。殿堂厅馆、楼台亭阁、轩榭门阙、坊廓塔幢等等，其形状多达20余种，不仅内部结构错综复杂，梁柱均系榫卯结合，层叠而上。其屋顶造型奇异，形状多变，有庑殿、歇山、悬山、硬山、卷棚、攒尖、单坡、平顶、穹隆等数十种之多。同时，屋脊纵横交织，结构复杂。等级较高的宫殿古建筑，一般屋顶高、坡度大（有的攒尖顶大于40度以上）且多用琉璃筒瓦覆盖，间距小而光滑，站立、行走极为困难，有的还做过锡背和特殊处理，极其坚固，正脊瓦件和两端鸱尾（吻）高大笨重，火灾情况下如需要破拆，异常困难。

（四）用水量极大

楼阁式古建筑起架高，建筑用木材量大。据调查，较为富丽的宫殿、楼阁建筑，每平方米的木材用量高达 1~1.5 立方米，有的甚至高于 3 个立方米。西安明城的各大城楼或箭楼的建筑面积均在 1000 平方米左右，而建筑所用木材却在 3000 立方米以上。北京鼓楼的建筑面积约为 924 平方米，而使用木材估计超过 1100 立方米，其折合平均燃烧荷载平方米高达 700 公斤以上。而一般木材的热值是 1700—3500 千卡/公斤。不难看出，当古建筑火灾发生后，犹如木材堆垛燃烧，所需水量特别大。据甘肃省兰州市城隍庙古建筑火灾现场观察，19 毫米水枪射向檐下翼角的燃烧部位，一分多钟不起作用。北京寿皇门火灾面积是 25 米×10 米，用 11 支 19 毫米口径水枪和 3 支高压水枪不间断出水 34 分钟才基本上控制了火势。后用 15 部消防车，对四个消火栓采取四条双干线线路供水，还把 5 部洒水车作为机动力量，在进行了长达 7 个小时扑救之后，才将火灾完全扑灭。

（五）环境复杂，扑救十分困难

1.地处城市内的古建筑，环境十分复杂，其具体情况有以下两种：一种是地处闹市区的古建筑，交通畅通，人流稠密，一旦发生火灾，人员聚集，交通阻塞。有些古建筑四周被通信、供电设施包围，消防专用车辆和登高的专用机械设备，因受条件限制不能发挥作用。另一种情况是地处狭长、窄小的深巷（胡同）内的古建筑，一般也是水源缺乏，消防车辆无法靠近，给扑救工作带来较大困难。

2.地处远乡僻壤、崇山峻岭之中和江河湖海之滨的古建筑，一般都是道路崎岖，或根本没有条件通车，或车辆行进十分困难；火灾情况下消防部队短时间内不易到达；同时，水源极为缺乏，有的根本没有供水条件，有的虽有天然河流或小溪，却无停车码头，消防车辆和人员无法靠近。这些都给火灾扑救带来极大的困难。

二、古建筑火灾的燃烧规律和影响火灾发展的条件

（一）古建筑火灾的一般燃烧规律

古建筑火灾，一般都是由起火、燃烧、倒塌、熄灭几个过程组成，有其一定的规律性。木质结构的古建筑，不论其用途、空间的大小，开始都是由某一个部位先燃烧，然后逐渐扩大蔓延，

这是古建筑火灾燃烧的共同规律。但具体又受起火因素、起火部位和建筑形状以及气流流向的影响。

1.起火因素和部位，对古建筑火灾发展的影响

起火的原因不同，燃烧的规律也有所不同。古建筑一般情况下的起火，都是较缓慢的，由小到大由局部发展到较大面积的燃烧。然而，古建筑的起火是要一定的时间，而这段时间的长短，完全决定于火因。微火引起的阴燃和易燃液体引起的猛烈燃烧，火因显然不同，前者需要一个较长的时间，后者则在瞬间便会起火成灾。

古建筑的燃烧，除受起火因素的影响外，它和火灾出现的位置也极为密切。起火的部位距易燃、可燃物质较近，其燃烧能量较大，它的起火发展就快，燃烧时也愈加迅速猛烈。也就是说，古建筑的起火位置离可燃物越近，古建筑的火灾发展就愈快，燃烧也愈迅速猛烈。

2.引起古建筑起火的条件和燃烧的发展

古建筑的起火，除雷击火灾或易燃液体、气体爆燃火灾外，一般都是缓慢形成的。它有以下两种情况：

（1）室内的起火过程

起火，若是发生在室内的下部，多为炉火管理不慎、烟蒂、火柴余梗、宗教用火、烘烤引起的阴燃以及其他原因而造成的起火。它是沿着室内的可燃、易燃物质从下向上延烧。若起火发生在室内的上部，可能是由于电线通过闷顶、阁楼、夹层空心楼板而发生短路，也可能是烟囱滋火引燃木质结构，以及宗教活动时点燃的香、蜡、纸、灯等火星升腾引起的棉绒、化纤织物的隐燃所引起的起火。

这种起火的初起阶段，即从引燃开始到热分解、无焰燃烧，要经过较长时间。何时发展为发焰燃烧与起火原因、房屋内的可燃物质、空气对流情况关系极为密切。当各种条件对火势发展有利时，燃烧便由最初的起火点，扩展到室内所有的可燃物体。当古建筑内通风条件不良时，就会出现黑烟翻滚，形成不完全燃烧产物，由建筑物的缝隙涌向室外。在通风条件较好时，大约经过15~20分钟左右，即会迅速扩大蔓延，大量黑烟和火的混合体腾空而起，并产生强有力的辐射热。

（2）室外的起火过程

室外引起的起火，主要是来自自然界的雷击、电线线路的破损短路、外界火灾强烈的辐射热，飞火侵入等种种外界因素引发的起火。上述火灾，都会从古建筑物外部装修部位的窗棂、隔扇纸窗起火，沿着可燃建筑向上发展。由于室外空气流通，火势会迅速而急剧地向上发展，沿建筑的挑檐和出檐向古建筑物内部发展，从起火到发展，较室内火灾发展速度快得多。

3.古建筑的结构形式对燃烧发展的影响

我国古建筑结构形式的种类大致有四种，即叠梁式、穿斗式、干阑式和汉藏结合式等。由于地域不同，古建筑的结构形式也有差异，南方（亚热温带地区）以穿斗式和干阑式居多，北方（寒区、亚寒区）以叠梁式居多，汉藏结合式次之。这些建筑起火后的燃烧时间、发展速度也有所区别。

叠梁式除其具有高大、纵深、木质粗大的特点外，主要是屋顶的上部结构严密，一般都是在椽上铺望板（或方砖），敷灰沙泥、苦背、撒瓦，有的厚达20厘米以上，极为坚固。这样的建筑物，如果从其下部或中部起火，当热气流发展到屋顶部时，由于受屋盖抑制的影响，有可能又向返回的方向发展，只有当受到外界空气对流的作用时，燃烧才能加剧。这样，全面燃烧和发展扩大的时间，必然要缓慢得多。在有天花、藻顶和闷顶的古建筑燃烧的时间还会推迟，这对扑救时争取时间，是极为有利的。

单纯的藏式建筑为小径圆木平铺，上下敷泥，起火后一般燃烧扩大蔓延较为缓慢，只有当苏芦草（青藏高原上特有的一种灌木植物）被火烧透时，燃烧才会猛烈扩大和发展。汉藏结合式建筑主要特点是，以斗方形的藏式建筑为基础，其上为楼阁形的汉式建筑。汉藏结合式的古建筑，也就具备了藏式建筑和叠梁式起火发展的特点。拉卜楞寺大经堂系汉藏混合式建筑，1985年4月被烧时，起火数分钟后内部大面积燃烧，当推开东门时，热气流将人推出数米之外。时隔30分钟以后局部透顶。这就充分说明，屋盖封闭严密时，燃烧向上部发展是比较缓慢的。

穿斗式的特点是建筑物内部柱径较细而柱距较密，柱间不施梁用穿斗联结，其屋盖比较简陋，在较细的椽上撒瓦，瓦间空隙较大，空气流通，这种建筑物起火无论发生在下部、中部或上部，都会迅速燃烧，继而猛烈发展，并会即刻穿顶，使火势迅速扩大。

干阑式建筑起火后，火势发展就更为迅速，因它是以木、竹为柱，架在空中的空中楼阁，其上多以茅草或稻草苫顶，无论从任何部位起火，燃烧非常迅速，甚至来不及扑救。这种形式的庙宇、殿堂式的古建筑尚不多见，仅见于古建筑群或古建园林中的蘑菇形小亭等陪衬小景。

（二）影响古建筑火灾发展蔓延的因素和条件

1.古建筑室内火灾的发展

古建筑和文物单位室内的火灾都是从可燃物被点燃而开始，当任何位置的可燃物开始燃烧时，随着温度的不断上升而蓄积着热量，并依靠火焰和热辐射的作用，使周围可燃物的温度迅速升高，很快起火燃烧。燃烧往往会由一点或局部扩大到整个房间，进而酿成火灾。这是火灾的初起阶段火场温度较低。随着时间的推移，当室内可燃物体的温度提高到能分解出大量可燃气体时，若与大量空气混合遇火瞬间产生燃烧，使可燃物产生更多的热量，火灾就会迅速发展。因此，把古建筑火灾消灭在初期阶段是十分重要的。

2.古建筑火灾的蔓延

（1）热对流在建筑物内部形成的蔓延

火灾在建筑内部的扩大蔓延，热对流起着主导作用。燃烧物中的热气流带着未燃尽的炭粒，呈火焰状流动，或带着大量不完全燃烧的产物一热气流和烟雾（炭粒）流到室外与新鲜空气相遇，即变为明火再向返回的方向燃烧。

（2）室内蔓延的主要途径

火灾形成后在室内几乎是无孔不入，只要是空气流通之处，也几乎是火灾蔓延的途径。但它有一定的规律性，一般是从下而上、从内向外蔓延发展。其主要途径：

1）沿室内的孔洞蔓延

以古建筑室内的天井、楼板上的开口、闷顶、天花、藻井上的开口和缝隙，以及楼梯通道，都是火灾蔓延的通道。垂直方向的蔓延是最迅速的蔓延，一般情况下烟在垂直方向的流速为2~3米/秒，由此可见火灾向上蔓延的危险程度。

2）沿内墙（隔板）内门发展蔓延

古建筑物室内起火的房间开始时往往只有一个，而其所以发展扩大，多因室内的易燃内墙、隔板和门不仅不能起到阻止火势的作用，反而会沿其向四周发展，经过走廊，再经过相邻的敞开房门，进入另一房间，把室内的可燃物质烧着使火势扩大，进而使火灾再蔓延出去。

3）沿空心构筑物发展蔓延

古建筑下边楼层中间的空间、隔墙、夹层，佛龛前的板壁藏，供台下的壁藏，贯通室内建筑的环桥，以及通身空柱、朽柱等，这些空心构筑物起火后不易发现能把火由起火点带到连通的空间，使火灾发展蔓延。

4）沿古建筑的装修发展蔓延

古建筑内部装修繁多，有裙版、隔断、罩（用硬木浮雕或透雕雕成的几何图案隔断空间的装饰）、窗等，这些都是火灾发展蔓延的重要途径。

（3）室外蔓延的方向与途径

起火时的火焰经常由较大空间的门、窗和椽眼蹿出，火焰规模如果较大，将对本座和周围建筑产生严重威胁。在平稳燃烧情况下，发展蔓延的主要途径是向建筑物的上部，通过门、窗、木装修燃烧的火焰引燃上一层的门、窗、装修、栏杆、走廊等可燃物，从而加大火势。这类火灾对于古塔、楼阁和多檐的钟楼、鼓楼、城楼等高层古建筑来说，最为常见。

3.古建筑火灾扩大燃烧的主要因素

（1）古建筑的固有特点是木材多，建筑高大，挑檐斗拱挑出，木质外露，火灾后燃烧强度大、温度高，在无风情况下平稳垂直燃烧。但是在有风情况下，燃烧区内空气对流加快，火灾扩大燃烧速度随之加快。在风的影响下，火焰还会发生倾斜改变燃烧的方向，使侧风和下风方向的辐射热增大，火灾发展的速度也随之增大。因此，在与燃烧区同等距离情况下的建筑物，下风方向的建筑物就可能最早被引燃，造成火灾扩大蔓延。

（2）热辐射和建筑距离。古建筑火场上燃烧区的热量向四周传播，其热量辐射的强度很高，能把周围被它辐射的物体燃着。热能越高，距离越近，引燃可燃物的时间就愈短。因此，古建筑群中的任何一座建筑在火灾情况下，都会因距离较近而被扩大蔓延。这也是在古建筑火灾情况下，造成扩大蔓延的重要因素。

（3）飞火飘落。由于燃烧区周围的冷热空气对流速度的加快，形成热气流急剧上升，随着温度的升高，热气流的上升速度越快，就会带出一些火种，这些火种飘落在附近的可燃建筑物上，就可能造成新的燃烧区，从而形成大面积火灾。

（三）古建筑大火的形成

古建筑起火后其所以能成为大面积火灾的重要原因主要在于：

1.古建筑的本身犹如一个可燃的木材堆，其内外都充满着大量的易燃和可燃物质，不但易于起火，更易扩大蔓延。

2.古建筑区都是历史上遗留下来的遗迹，大多是在原始建筑时没有经过严格的规划，不设防火间距，建筑布局极不合理，殿堂楼阁、碑亭过廊、宿舍膳房混在一起，起火后容易殃及整个建筑群形成一片火海。

3.绝大部分距城市太远，交通不便，没有通讯设施，报警迟缓，消防力量不能及时到达，火场有的道路狭窄，消防车辆无法接近。

4.灭火力量不足，水源极为缺乏，起火后无法扑救，容易酿成巨灾。

5.起火后，没有统一指挥或指挥不力，力量组织不好，各自为战。参战人员缺乏灭火基本常识，盲目施救，贻误战机，使火势扩大。

6.气候反常，为加快和扩大燃烧区造成有利条件。主要是久旱不雨，气候干燥，大风助长火威，并散播飞火，造成毗邻古建筑新的起火点和燃烧区，使火灾范围急剧扩大。

三、古建筑火场上的倒塌和预防

（一）古建筑火场上倒塌的形成

古建筑在火灾情况下，随着建筑材料的燃烧和破坏，整个建筑结构必然受到一定的影响，直至遭到局部的破坏或整个的倒塌。古建筑在火灾条件下的倒塌，最根本的原因是燃烧和高温条件下造成的。其直接影响倒塌的因素主要有以下几个方面：

1.燃烧时间的影响

火灾情况下木质结构的表面被烧蚀，削弱和破坏了承重构件的荷载断面。木材起火后表面被炭化，如果剩余载面的面积仍能承受原有的荷重，结构就不会倒塌。因此，燃烧后时间的长短对古建筑倒塌的影响极为重要。据实测证明，轻质干燥木材向内里燃烧速度的近似值是 0.8 毫米/分。古建筑物下加有保护层的木柱体的断面若是 300 毫米×300 毫米时，它的耐火时限可达 0.75 小时（即45 分钟）。

2.燃烧部位的影响

古建筑结构的突出特点是榫卯结合点较多，若结合部位空隙较大，即有很快被烧毁而破坏的可能，或者因木质年久腐蚀，内部腐朽，遇火后即会失去支撑能力而很快倒塌。

3.水流喷射的影响

（1）灭火时的积水不能排出，使楼层间承载过重或地基下陷而塌落。

（2）火灾情况下射水落在高温的砖、石、混凝土等结构的表层，由于突然的冷却，造成结构表面急骤收缩，而使表皮剥落或碎裂，使建筑物失去承重能力而倒塌。

（3）附近建筑的坍塌和上部结构塌落、震动等，直接影响着古建筑的倒塌。

（4）保护建筑物的钢质框架结构受热后的变形破坏造成的倒塌。钢质结构，在燃烧的影响下约 15~20 分钟左右，钢架即会出现塑性变形，随着局部的破坏，造成整体失去稳定性，从而造成全面的倒塌。

（二）火灾情况下古建筑倒塌的一般规律

1.古建筑在火灾情况下，大多数是由于受局部结构破坏的影响使整个结构力量失去平衡，从而造成大面积的倒塌。

2.古建筑的倒塌一般次序是，先由殿堂内的吊顶、天花、藻井开始，然后是屋顶塌落，最后才是墙壁倒塌。其中，墙壁一般又是由内部开始倒塌的。这是由于墙内受高温的影响，使墙的里层先失去承重能力，加之受水流的冲击、冷却的影响，促使其向内倒塌。

3.古建筑火场上最易掉落和塌落的是牌匾、楹联、吊顶、天花、藻井、隔罩、垂花、木楼板、空心墙、屋架，以及悬空的梁架建筑物。

4.古建筑火场上发生第一次不完全倒塌之后，大多在较短的时间内会有第二次倒塌。这是由于火场上的局部倒塌，会使一部分建筑结构发生倾斜。这种倾斜，使建筑物失去牢固的基础，在外界因素（温度、水枪的冲击、燃烧的蔓延等）的作用下，往往会很快出现第二次倒塌。

5.古建筑火灾在一般情况下，都是火势先突破屋顶后，与外界空气对流，猛烈燃烧约20分钟才开始塌落，因此，火势透顶也是塌落危险的预告。

6.古建筑火场发生塌落或倒塌前，都是有明显征兆的。例如，发生咯吱嚓嚓啪啪的响声和梁柱的爆裂声，随之是应声而下的倒塌现象。

（三）火场上古建筑倒塌的预防

任何火场上古建筑倒塌的后果都是十分严重的。古建筑倒塌后，给火灾现场造成了良好的通风条件，加速了火场上的猛烈燃烧；破坏了古建筑原有的墙壁分隔，使火势得以扩大蔓延。倒塌还可使古建筑下面的珍贵文物被塌毁，也可能会造成人员伤亡。火场上的倒塌，还可能给灭火人员和疏散文物人员的行动造成极大障碍，从而使火势迅速地蔓延扩大、文物抢救更加困难。但是，只要认真观察火场动向，分析判断准确，措施得力，倒塌还是可以预防的。

1.积极主动争取时间

古建筑火灾的重要特点之一是倒塌时间持续较长。木质结构的截面愈粗、安全系数愈大，倒塌的时间就迟缓，这对争取时间、消灭火灾是极为有利的。根据轻质干燥木材的燃烧速度推算，300毫米的径木失去荷重能力约为40分钟左右，而消防部队接到古建筑火灾报警后，应尽量争取在其倒塌的时限内控制火势，消灭火灾。

2.周密侦察火情，注意倒塌动向

古建筑结构特殊、形式复杂，火灾情况下应尽快查清着火的部位及其发展的方向。重点应注意古建筑是否发生倾斜、各个承重结合点有无拔榫脱卯的现象、地基是否下陷、基座部位是否有烧蚀和剥落的迹象，以及古建筑物的形状有无异常情况。同时，要注意建筑物的墙面是否有倾斜、裂缝、变形等现象，如有所发现，应在条件允许的情况下全力进行应急抢救。如来不及采取措施，应立即对人员进行疏散，绝对防止人员伤亡。

3.采取正确的预防措施

对于火场上的倒塌应尽量采取相应的预防措施，在施救过程中，应着重避免来自外界的破坏因素。

（1）优先保护承重的木质构件

消防队到达火场后，为了防止倒塌，应首先尽力保护木柱、梁桁、枋等承重构架，使其不受破坏而保持原建筑的稳定性。

（2）在持续高温烘烤和炽热灼烧下，承重的墙壁、柱础要严防射水

高温下的木筑、砖石砌起的墙壁以及混凝土筑起的墙壁其承重能力受到破坏，失去应有的荷载能力，如再遇水急剧冷却造成二次破坏会使这些建筑物全部失去承重能力而倒塌。因此，不能盲目射水，以免造成更大的损失。

（3）适当控制灭火用水量

古建筑火场上的灭火用水量，应当恰如其分，以基本消灭、控制火势为标准，在选择水枪口径时，应以中型（16毫米）水枪为宜，避免火场上的水渍损失。过多的用水，一方面会使余水四处流淌，促成古建筑周围低凹的地区积水，使古建筑物地基下陷而倒塌。另一方面古建筑的中上部受到水流的冲击后，其牢固性能减低，积水量增多又会加大建筑物的承载重量，这些因素都会造成古建筑发生倒塌。因此，古建筑火场上正确使用灭火用水，是防止火场上倒塌发生的重要措施。

（4）防止震动

当古建筑发生火灾后，经过火焰的烧蚀，其结构已经受到了破坏，加之水流的冲射和木质的吸附，使建筑物自身重量增加，其上部或下部发生倾斜或下陷，在这种情况下，要防止灭火机械力量和附近施工现场、工厂、作坊机械震动等所造成的倒塌现象。

第二节 古建筑和文物火灾的火情侦察

能否取得古建筑和文物火灾扑救的成功，主要取决于战斗力量正确的部署，而战斗力量正确的部署，又取决于对火情的周密侦察。只有进行周密的侦察，才能掌握火灾现场的真实情况，进行由表及里、由此及彼的贯通分析，确定攻击、突破的重点，做出正确的战斗部署。

一、火灾侦察的任务、步骤和方法

（一）古建筑和文物火灾侦察的力量组织

古建筑和文物火灾的火情侦察，是一项艰巨、复杂而又细致的工作，需要有较严密的组织和领导，尤其是遇有情况复杂、燃烧面积较大、文物珍品相对集中的古建筑群和名刹的火场，更需要加强对火情侦察的组织领导，保证侦察任务的完成。

侦察力量的组织，应根据火场上燃烧面积大小，文物的价值、集中、分散情况和受火灾威胁的程度以及到达火场的灭火实力情况来决定。

1.人员的组成应该在火场指挥（部）的统一领导下，精选身强力壮，具有一定的火场侦察知识和技术的战训参谋和基层指挥人员；

2.有特勤中队参加灭火战斗时，在组成火情侦察人员时，应首先考虑特勤战斗人员参加，他们不仅训练有素，而且能掌握先进的侦察仪器和器具，利用科技手段完成侦察任务。

3.按照古建筑火灾的面积、建筑物的自然分布及文物分散、集中情况，组成若干侦察小组、划分部位、明确责任，分途进行侦察，尽快把火场上的各种情况搞清楚。

（二）侦察的任务

消防部队到达火场以后，当情况不明时，应立即组成侦察小组，参加侦察的人员，应迅速准确地查明以下几个主要情况：

1.查清古建筑的起火部位、火灾的范围、火灾蔓延的路线和发展的方向，应采取的战术措施。

2.被烧的古建筑物（群）内，是否有人受到火势威胁，查清被困人员数量、所处地点、确定抢救的通道、救护的方法和所需要的防护措施。当有人处在火灾威胁和黑暗烟雾情况下且情况不明时，可使用生命探测仪和烟雾视像仪进行侦察，确定被救者所处的方位、地点以及采取切实可行的援救措施。

3.查清受火势威胁文物的性质、数量、放置形式、地点以及受火势威胁的程度，以此确定应采取的保护措施。

4.查清起火古建筑的构造形式、结构特点，与毗连建筑可燃、易燃物的距离和受威胁的程度，以及古建筑内外出入口的位置、数量，有无倒塌的危险，是否需要破拆等。

若需要进行破拆，应针对各种破拆要求使用不同性能的破拆工具。例如需拆开门户即可准备使用开门器，顶开门体；需要打开通道破拆墙体可使用气动破拆工具凿孔开洞打开通道，顺利完成火情侦察任务。

5.查清古建筑物（群）内，是否放置易燃、易爆或毒性物质，以及存放的数量、位置，受威胁的程度，据此确定防范措施。

6.查明火场区内是否已经断电。

（三）侦察的步骤

侦察人员接到侦察任务后，应立即选择最近最方便而又比较安全的道路，在短时间内把需要掌握的主要情况查清，为灭火战斗指挥提供可靠的依据。古建筑和文物火灾的火情侦察必须分清主次和轻重缓急，其顺序应该是：先查明被火势威胁的人员和珍贵文物的情况，再查明火灾的发展延烧情况。在查明火情时，应该先外部，后内部；先查明燃烧部位的情况，再查明燃烧部位周围的情况；先上部，后下部；先下风，后上风；先要害部位，后一般部位；先重点古建筑，后一般建筑；先珍贵文物，后一般文物。

在进行侦察时，一般是先初步侦察，后反复侦察。初步侦察就是到达火灾现场后，通过外部观察、向知情人进行询问、深入古建筑内部查看等方式，查明起、火部位、火势发展的趋向等有关情况，对火灾情况作出初步判断，以便确定、火场的主要方面，采取相应的灭火对策。这种初步侦察对迅速、准确控制与消灭火灾有着直接的关系。而反复侦察是初步侦察的继续。为了不断掌握整个火场的发展变化，随时调整灭火力量和变换相适应的灭火战术，必须反复进行侦察，以适应火场形势发展的需要，更利于灭火战斗。

（四）侦察的方法

古建筑和文物火灾的侦察方法，一般采取外部观察、内部侦察和向知情人了解等三种方法。

1.外部观察

外部观察又可分远距离与近距离两种情况。

（1）远距离观察

即消防部队接警出动以后，至到达火灾现场前对燃烧表现的观察。通过燃烧区火焰的高度、烟的颜色、浓度、流动方向等，判断出起火时间、燃烧强度、区域范围、火势蔓延的方向等，为采取正确的战术措施，做好精神准备。

（2）近距离观察

即到达火灾现场后，近距离内所看到的火源位置、燃烧的范围、火势发展的方向，以及对毗连建筑和文物的威胁情况，是否有飞火可能引起新的燃烧区，有无倒塌的危险等实际情况，以便确定近战快攻的战术措施。

2.内部侦察

内部侦察就是指深入火场内部，查明古建筑内部火灾的情况。这些情况主要包括燃烧的部位、承重的木质结构受火势威胁的程度、是否有倒塌的危险、不动文物与可动文物受火势危害的程度、是否有向上或向下发展扩大的可能等。

在建筑物内部进行侦察时一般可采取看、听、喊、嗅、摸、敲击等方法，查明火灾实情。

（1）看

就是通过视觉，观察燃烧部位、烟的特征、火势的发展方向、建筑结构受火势破坏威胁的程度，以及火灾现场的道路、通道、水源状况和各种与火灾扑救有关的情况。

（2）听

通过听觉去发现火灾现场发生的各种异常现象，如木质燃烧时发出的噼啪声、倒塌前榫毁卯脱时的咯吱声，屋顶坍塌前木椽、瓦片掉落声，有人处在火势包围中的呼喊、喘气声，等等。

（3）摸

用手接触火场实物，可以判定火源温度高低和空心墙壁、朽柱、通风孔洞内的火源位置。

（4）敲击

通过敲击建筑物和内部的附属建筑发出的声响，可以辨别承重的木柱、墙体是否有失去承重造成倒塌的可能。

（5）嗅

通过嗅觉分辨火灾现场是否有易燃物品有毒物品。

（6）喊

在寻找被火灾包围下的人员时，用呼喊的方法与被困人员答话，以便采取救护的方法。

3.询问知情人

在火情侦察中，向古建筑和文物单位的职工、值班人员，了解建筑物的概况、耐火程度，以及所存文物的耐火情况、数量、疏散道路等。必要时可由身强力壮并熟悉内部情况的职工做向导进行火情侦察，以便迅速搞清火场情况。

（五）侦察过程中消防队员的安全防护措施

1.联络措施

在进行建筑物内部燃烧区火情侦察时，必须是二人以上组成侦察小组，并有明确易记的联络信号，或佩戴消防员呼叫器进行联络。

2.防化、防刺、防高温

在浓烟密布、高温灼烧且存在有毒气体的建筑物内进行侦察时，应佩戴空气呼吸器、导向绳、防烧强光照明灯、腰斧、呼救器，以及防化、防刺、防高温、绝缘手套等保护器材。若上述器材无法满足时，可用湿毛巾及其他可防护物代用，一定要确保侦察人员的人身安全，在侦察人员通过高温、浓烟地段时，必须有充足的雾状水流进行掩护。

3.防跌落

对楼阁式塔幢悬空式栈道等高空部位火灾进行侦察时，必须有足够的安全保障，如系好安全绳、带，架设扶梯等，防止滑落和跌落造成人员损伤。

4.防触电

火灾现场的内部侦察，必须是在确认断电的情况下进行。

二、古建筑和文物火灾的侦察重点

（一）古建筑火灾的侦察重点

古建筑火灾侦察，就是为了摸清木质结构的承重部件受火灾破坏的程度、火灾发展的趋向和对其他建筑物能否构成严重威胁、是否由于热辐射或飞火可能造成新的燃烧区、火灾是否对珍贵文物造成重大破坏等情况，以便确定相应的灭火战术措施。为了达到上述目的，消防人员必须针对不同建筑结构形式、不同类型的建筑，确定火灾侦察重点。

1.不同建筑结构形式的火灾侦察重点

（1）叠梁式建筑

应着重把其承重的柱、梁、檩、枋、斗拱、雀替，以及其上部的吊顶、天花、藻井等受损情况查清。叠梁式的古建筑其上部的屋顶部分封闭比较严密，一般被火烧毁落架的时间较长，这是侦察过程中必须特别注意的重点部位。

（2）穿斗式建筑

其侦察重点除了承重部位外，还要查清互相穿插部位的破坏损失情况，是否有倒塌的可能。穿斗式建筑的最大特点是其屋顶上部只有正反两层灰布瓦搭苦，通风条件很好，一般向上部发展极为迅速，因此，极易穿顶和落架，是侦察中绝对要重视的重点部位。

（3）汉藏结合式建筑

火情侦察时，应先查其下部的藏式平底部位（即小圆木平面建筑）、上部以下的承重木柱、叠层而上的天井，以及天窗出檐部分受火灾威胁和损失情况。

2.不同类型建筑的侦察重点

古建筑的类型较多，结构形式各异，应从灭火的需要出发，采取灵活的方法，针对不同类型的建筑确定不同的侦察重点，这是做好古建筑火情侦察的关键。

（1）古塔类的火灾侦察

主要查明火灾发生的部位火灾层次的位置；各层的孔洞是否有条件堵塞和密封，有无隔绝空气流通的条件；火灾对塔内的可动文物和不动文物的威胁程度，以及灭火战斗人员进攻的道路、攀登的条件和抢救疏散文物的措施。

（2）单体（楼阁式）古建筑的火灾侦察

应着重查明：

1）柱、梁、桁架、枋、斗拱等承重骨架，是否受到火灾的威胁和破坏；

2）楼梯通道是否受到火灾的威胁和破坏；

3）火灾燃烧的重点部位在单体建筑的何处，在楼层的上部还是下部，是否构成对上部或下部的严重威胁，有无塌落的危险；

4）对重楼、复屋、三滴水、四滴水、暗室、夹层式的古建筑，要切记外檐外形与内部结构分层部位是不一致的，不能简单地依靠外形判定燃烧的层次；

5）对各层走廊、回廊和悬空部位的火灾，要查清是否构成对装修的威胁和破坏，火灾是否有向内部发展的可能；

6）对起支撑梁架作用的檐柱、金柱、中柱、山柱等承重的物件，用敲击或触摸的方法，查明柱体是否发生内燃而失去承重的可能；

7）查清电源是否切断；

8）查清吊顶、天花、藻井、楼板夹层内的火源和延烧的方向；

9）查清火灾对室内外不动文物和可动文物的威胁与破坏程度。

（3）古建筑群的火灾侦察

1）四合院式的建筑群火灾，主要应根据气候条件查清火灾发展的方向。

2）廊院式建筑群火灾：

①发生在正殿（主殿、正厅）的火灾，应查明火灾发展的方向，尤其是极易发展蔓延的方向；倒塌后对四周建筑的影响。

②发生在配殿（厢房、耳房）的火灾，应查明火灾对主殿、回廊及四周的亭、台、楼阁、牌坊、碑亭的威胁程度。

3）庞大古建筑群的火灾侦察，应主要查明：

①火灾在古建筑中所处的位置，对邻近建筑的影响情况。

②火灾是否有延门道、走廊、过厅，向邻近院落发展的可能。

③原有自然围墙能否起防火或分隔延烧的作用。

④进攻路线和疏散文物道路，是否受到破坏和阻碍，还有哪些可选择的道路。

⑤文物受火灾威胁的程度、抢救和疏散文物的途径和措施。

4）古遗址、遗迹、古墓葬上的保护建筑的火灾侦察，应重点查明：

①发生火灾的部位、燃烧面积、建筑面积和建筑结构的情况，是钢木结构还是木质结构及其耐火程度。

②遗址、遗迹和古墓葬能否用强水流喷射灭火，水流是否对其构成严重的破坏或损伤。

③保护建筑是否有倒塌的危险和对遗址、遗迹及古墓等不动文物可能造成的损失情况。

④对火灾现场，应采取哪些保护措施。

（二）文物火灾的侦察重点

1.易燃与可燃文物的火灾侦察

侦察时应着重查明：易燃文物应采取的抢救措施，保护、收藏、转移等具体措施。对可燃文物应查明火灾对其威胁、破坏的情况，是否能立即转移、疏散，疏散有困难的应采取什么保护措施。

2.难燃与不燃文物的火灾侦察

主要应查明火灾对艺术价值较高的泥塑偶像，有保护层的木、泥雕塑等文物，受火灾的威胁破坏程度及应采取的保护措施。查明火灾对石、玉、砖雕及金属、工艺文物所造成的威胁程度，根据现场条件，应采取的保护和防范措施。

3.可动文物与不动文物

可动文物和不动文物，主要指搬迁移动困难和不能移动的大型石雕、玉雕、壁画等体重而珍贵的文物。火灾现场如有此类文物，应查明火灾对它的威胁和破坏程度，能否用水流或雾状水流进行冷却保护，能否采取其他（搬迁移动、掩盖、保护防范、拆卸转移、疏散）措施。

第三节 古建筑和文物单位火灾的灭火战术

一、扑救古建筑和文物单位火灾力量的组织

我国现存古建筑群和单体古建筑的基本特点：一是建筑物高。保留至今的古建筑，基本上都是建在高（土）台之上，这是从汉代保留下来的建筑风格，并且一直被后代所沿袭。同时，建筑物本身起架都很高，远远超过一般建筑的高度，类似现存的城楼、殿堂、庙宇，尤其是古塔建筑更是高耸入云。河北定州料敌塔高 83.7 米，应县木塔高 67.31 米，西安大雁塔高 64.1 米，杭州六和塔高 59.89 米，拉萨市布达拉宫主体 13 层、高 110 米。二是古建筑群体互相毗连面积大。除了我国的故宫、承德外八庙、山东曲阜孔庙等三大古建筑群以外，全国各地存在不少较大型古建筑群，如沈阳故宫、甘南拉卜楞寺、青海塔尔寺、西宁清真大寺、成都武侯祠、山西太原晋祠、运城解州关帝庙、杭州灵隐寺、西安碑林、浙江大禹庙等等。特别是我国各地存在着一大批民居古建筑群体，面积很大。如安徽歙县的棠樾村，山西晋中的乔家、祁家大院。山西灵石县的王家大院被誉为小故宫，共有两个群体：高家崖有 35 个院落，342 间房屋，建筑面积 19572 平方米；另一个是红门堡，有 88 个院落，776 间房屋，建筑面积 25000 平方米，都是互相毗连。除此而外，我国还有被列入世界文化遗产的古城堡一山西平遥古城和云南丽江古城，它们都是庞大的古建筑群体。平遥城内民居古建筑互相毗连，布满全城，在周长 6.2 公里的全城范围内具有保存价值的传统四合院有 3797 户，其中 400 余处保存非常完整，同时古县衙府及多处古庙宇都在其中。古城丽

江环山而建，地理特殊，总面积高达 1.4 平方公里，布满古城的民居古建筑沿街而建，瓦屋楼房因山势起伏而变化，且绝大多数为木梁承重的木板房屋，顶部简陋，街道狭窄不通车辆。三是建筑形状结构特异。我国古建筑有许多特异形建筑，诸如翘角飞檐、多层滴水、外少内多（夹层）、附崖悬空、绕山长廊、实木栈道、暗室地宫等等，真乃无奇不有。古建筑外形也颇多，如平面形、方形、圆形、三角形、五角形、六角形、八角形、扇形、曲尺形、工字形、山字形、田字形等。除此而外还有许多古遗址、遗迹上的保护建筑，造型也非常特异。四是古建筑的屋体内部体积大而空旷。建筑物内除部分设置佛龛、供台、雕（泥）塑或被作为展厅、展室外，绝大部分空旷无物，而且建筑物跨度大、起架高。

上述情况对消防工作十分不利，尤其是在火灾情况下对扑救工作造成极大的困难。所以，要做好古建筑、古民居、古城堡、古建筑群体的火灾扑救，必须重视以下几个方面。

（一）要有强有力的灭火战斗力

根据我国当前消防机构的建制情况，县级设消防大队，灭火力量一般设 1~3 个战斗班，消防车辆 1~3 部，但吨位不大，所配消防器材也多为一般性的常规器材，仅限一般火场使用，对于有较大古建筑物的县市来说就较难满足火灾形势下的需要。

为此，对有古建筑群体公安消防大、中队，消防器材配备应当相应地加强。根据灭火战备的需要可考虑配置能攀登一定高度的消防车辆，如 62 米或 50 米直臂云梯高喷消防车，曲臂云梯、平台云梯消防车，以及对古建筑和文物火灾极为适应的水罐、泡沫消防车和载水量吨位较大的供水消防车，在没有条件保障专用消防设施的消防大、中队，可与当地古建和文物单位或具有登高工具的单位协商购置、借用或自制应急的专用登高设施，如自制灵活轻便的竹制云梯、购置铝制消防伸缩梯和攀登高层的专用工具，以备非常情况下的急需。

（二）要有充足的抢救、疏散和保护文物的力量和安全保护措施

古建筑和文物单位在火灾情况下，消灭火灾和抢救疏散文物应当同时并重，在积极进行灭火的同时，对火灾威胁下的可移动文物应积极疏散转移，对不可移动文物应在灭火的同时进行抢救性保护。为此必须有相应的防护设施和具体保护措施。

1.备足必要的防火、防化隔热服，简易避火服，防高温、防刺手套，电绝缘手套，面部防护罩，多用途滤毒罐和氧气、空气呼吸器以及防烟设施等，以保障抢救疏散文物人员的绝对安全。

2.对体积大、价值高而珍贵的金属、木、砖、石等雕刻和古建筑上的附着文物不能盲目射水，避免强水流和高温对文物造成破坏。

（三）要有足够的消防水源，并保证将水流输送到需要的高度

古建筑的最大特点是木质结构多，一座较大的单体古建筑犹如架起的一堆木材，扑救火灾需要大量的灭火用水。可根据火灾时的燃烧面积，按照 19 毫米水枪控制 20 平方米且在正常压力情况下，估算需用水量和确定投入供水车辆相对较高的塔幢、高楼建筑物，应考虑消防车辆的输压能力，保证将水流输送到需要的高度；对较大的古建筑群和古民居建筑群火灾，根据燃烧的面积需要的水枪数量调集足够的用水。

（四）制定好灭火作战计划（预案），实行计划指挥

古建筑和文物单位灭火作战计划的制定除了执行常规规定范围、内容的要求，在充分调查研究的基础上熟悉掌握古建筑分布、面积、建筑结构、重点部位、道路、水源情况以外，根据古建筑和文物单位的特点应考虑以下四点：

1.充分做好调集灭火力量计划

根据古建筑和文物单位距主管消防中队和特勤中队的远近情况，从重点保卫对象的最大面积、最大难度和最不利因素设想，考虑第一出动的力量，这支力量应是能控制火势的力量，包括人员、车辆、载水量、灭火剂以及特种（高压、登高、大容量）车辆，这支力量可以是一个中队，也可以是多个中队。

2.充分做好供水计划

主要根据灭火需要的水枪支数，计算出灭火的需水量，在缺乏水源的地区，可考虑建造平地蓄水池或高位水池解决灭火用水，靠近河流、池塘、湖边的古建筑和文物单位，可在其边沿建造消防车辆停靠码头和泵房，以便保证灭火用水。

3.充分做好抢救和疏散文物计划

着重根据各种（可动与不动）珍贵文物的数量、存放位置，制定切实有效的保护和疏散方案；组织好以公安消防部队为主的疏散和保护队伍；利用一切有利的出入口、门窗及其他孔洞，抢救疏散文物。

4.向消防装备实力雄厚的兄弟单位求援

古建筑和文物单位往往是地处偏僻，距县城较远，管辖县的消防力量仅限在一般装备的情况下，对较大的古建筑或古建筑群发生的火灾基本上是无能为力，供水、攀登高层、射水扬程都达不到理想的要求。在这种情况下，除了对火灾现场尽力而为之外，应请求兄弟单位和上级消防部门支援。在求援的同时应向上级领导汇报和请示。这对争取时间迅速扑灭古建和文物火灾是十分必要的。这种支援不仅可以跨县、跨市，甚至可以跨省。

（五）充分发挥消防特勤部队的主导作用

20 世纪 90 年代末，国家和政府在我国经济建设快速发展的历史时期，为切实贯彻以防为主，防、抗、救相结合的方针，将公安消防部队列入主要专业救援队伍。据此，公安部指示各地"落实消防特勤队伍建制和编制，配齐配强特勤人员，加快特种装备建设，进一步完善特勤功能，强化特勤专业训练，尽快形成战斗力。"在全国各重点城市组建了消防特勤队伍。这支队伍在各级领导的关怀及各级消防部队领导的重视和精心培育下，已经成为一支"反应迅速、技术过硬、作风顽强、精干高效"的坚强战斗队伍。

消防特勤队伍组建以来参加了无数次各类灭火战斗，同时也参加了无数次重大灾害事故的抢险救援工作，使这支队伍受到了锤炼。这支队伍立足于灭大火，打恶仗，因而配备着功能齐全而精良的装备，而且具有先进技术，能娴熟地处理各种灾害事故。

消防特勤队伍具有超出一般消防队（站）的作战能力。具有优良的作风，先进的设备，过硬的技术，在灭火战术技术的应用上具有多种手段，因而在实战的应用上突破了常规的作战模式。

为了充分发挥特勤队伍在扑救古建筑和文物火灾中的攻坚作用，根据古建筑和文物火灾发展过程，应重点使用在以下几个重要环节：

1.灭火作战计划中应确定为骨干力量

古建筑和文物单位作为消防安全工作的重点单位，均应制定灭火作战计划。在制定灭火作战计划过程中，在部署灭火力量时应充分考虑对消防特勤中队战斗力的使用。特勤中队和保卫对象的距离、时速及到达保卫重点单位的时间，特勤中队的战斗力（人员、车辆、灭火器材及灭火剂种类、数量），车辆停放的位置，供水方式，水枪手进攻的方位、路线，以及灭火战斗中的具体任务（如火情侦察、救人疏散，抢救、保护文物，火场上的破拆、供水等），都应显示在灭火作战预案的文书中。

2.特勤中队是古建筑和文物火灾的主攻力量

古建筑火灾的最大特点是起架高、空间大、楼层高、面积大、燃烧强度大，尤其是单体建筑的亭、台、楼阁、塔幢大部分都建在高台之上，一般出檐极大、滴水层较多，超出了常规消防车辆的射程，普通消防梯无法攀登，而唯独消防特勤中队配有功能齐全的大型消防登高和大射程消防车辆。如62米直臂云梯高喷消防车，它具有举高、抢险和高喷的功能，是当前国际上最高的云梯举高消防车，对高层建筑物抢险救物、疏散人群、高喷灭火都有强大的威力。

3.特勤中队是古建筑和文物火灾侦察的先锋

特勤中队战斗员不仅有较高的素质，而且配有功能先进而齐全的器材装备和完整的个人防护设施。在进行火情侦察时得心应手，如查看是否有人处在火势威胁时可使用生命探测器和烟雾视像仪进行探测，为准确救人提供可靠依据。火场是否断电，可使用漏电探测器，为安全施救创造条件等等。

4.特勤中队是古建筑火场上执行破拆任务的尖兵

由于建筑结构特异而复杂，建筑物体构件庞大，因而在火场上对破拆人员的技术及破拆工具要求较高，破拆难度极大，一般消防队和消防人员是无法胜任的。而特勤中队配备有独特的专用破拆工具，而且较为先进、齐全。如用于破拆薄壁、金属和玻璃的气动切割刀；需要在狭小的工作环境下完成扩张和剪切破拆的便携式万向切割器；用于火场中的剪切扩张、牵拉等破拆功能的多功能钳；在破拆时能完成穿刺、切割、开凿等工作的氧气切割器，以及在古建筑火灾中进行切断金属、隔阻物和切割各类木质结构障碍物的无齿锯、电动链锯等等。操作人员由于经过专门训练，对各种破拆工具的使用技术也十分熟练，因而他们是完全能够担当执行破拆任务的尖兵。

5.特勤中队是古建筑火灾缺水情况下的应急先锋

我国有很大一批古建筑是建在远乡僻壤，根本就没有消防供水设施。但是这些古建筑周围可能有天然的池塘、小河溪流及人工水井等，消防特勤中队配备的手抬消防泵、牵引机动消防泵、液面吸附泵、浮泵等专用设施，可以在火灾情况下用于灭火供水。同时，特勤中队配有的大吨位消防车辆-21吨长压水罐车可用于远距离供水和灭火。所有这些都是保证古建筑缺水情况下灭火的有力保障。

二、古建筑灭火力量的调集和使用

（一）灭火力量的调集

1.执行灭火作战计划

古建筑单位的灭火作战计划，是在主管消防中队充分调查研究，摸清古建筑保卫重点和要害部位的基础上，并经过反复的实地演练而制定的，一般比较可靠、切合实际。因此，古建筑和文物单位一旦发生火灾，应坚决执行预先制定的灭火作战计划。

2.集中优势兵力于火场

在没有制定灭火作战计划的古建筑和文物单位发生火灾后，应首先集中优势兵力于火场。因为古建筑火灾的特点是起火容易、发展迅速，火灾发展的各个阶段十分明显。集中优势兵力于火场的目的，在于扑灭初期火灾、控制中期火灾，并有足够的抢救、疏散、保护文物的力量。所谓优势，就是集中到火场的力量，足以对火势形成包围和压倒的态势，并能成功地消灭火灾，使火灾威胁下的珍贵文物得以保护。所以说，能否集中优势兵力于火场，也是取决于灭火成功主动权的先决条件。要做到集中优势兵力于火场，主要应抓住以下两个环节。

（1）加强第一出动

加强第一出动，就是在接到古建筑和文物单位的报警后，按照作战计划的力量部署，或根据报警人提供的情况，结合当时的气候条件，一次性调足战斗力量到达火场。根据古建筑的特点，在加强第一出动的同时，相应地调集一部分机械功率较大、载水量较多的大型消防车辆，保证将灭火用水输送到所需要的高度，同时还要考虑超高古建筑所需要的登高专用设备和车辆，如曲臂、云梯、高喷车和运载破拆工具的特勤车辆，以及夜间需用的照明车辆等。

（2）增援力量的调集

要做好扑灭古建筑火灾工作，仅做好灭火第一出动力量是很不够的。这是由于古建筑多系易燃和可燃物质，加之又受自然环境、气候条件、水源供给等种种因素的影响，使火场上的变化反复无常，有些突然变化无法预测，因而原定的灭火力量，往往难以控制火势发展，也难以消灭火灾和抢救、疏散、保护珍贵文物。在这种情势下，必须适时地调集一定数量的补充力量，增援火场应急的需要。

古建筑和文物火灾增援力量的调集，应侧重考虑以下几种情况：

1）古建筑的燃烧面积，因受外界条件的影响不断扩大，调至火场的首批力量不足以控制火势和无法消灭火灾时；

2）水源或其他灭火剂严重不足，首批力量无法顾及时；

3）受到火势严重威胁和即将遭到破坏的数量较大的珍贵文物，消防队到场后的抢救、疏散、保护兵力不足时；

4）火场上的特殊需要，如登高工具、排烟设备、防毒防烟工具、照明工具、防护设施等，首批力量无法解决时。

（二）灭火力量的使用

集中优势兵力于火场，是扑灭古建筑和文物火灾时，打歼灭战的基本保证。但是，将兵力调集到火场后，如何结合古建筑和文物火灾的特点及火灾现场的具体情况，组织使用好这支力量，更是扑救古建筑和文物火灾的关键一环，是克"敌"制胜的根本保证。部署正确，措施得力、用兵恰当、要对扑救古建筑火灾做到点滴不漏、万无一失，必须从以下几个方面予以重视。

1.准确判断与确定古建筑火场的主要方面

古建筑的火灾特点是木质干燥，耐火程度低，易燃与可燃物质多，燃烧猛烈，发展迅速，加之受气候条件、风向风速等因素的影响，从而决定着火势蔓延扩大的方向和速度。同时，处于火势包围中的珍贵文物，可能遭受严重的威胁与破坏，抢救和保护工作任务紧迫。在这种复杂情况下，就必须准确地判断出火场的主要方面，以便将灭火力量部署在这些方面。因此，正确确定出火场的主要方面，也就成为有效扑灭古建筑和文物火灾的关键。

根据古建筑和文物单位火灾的特点和规律，在有人受到火势威胁的情况下，抢救人命是火场的主要方面，应当先救人、后灭火。在古建筑全面燃烧的情况下，应当先保卫重点建筑。在珍贵文物受到火势威胁时，应当尽快尽早采取抢救和保护措施。在古建筑物的承重结构受到严重威胁和破坏，可能造成倒塌时，防止倒塌是火场的主要方面。

2.决定力量的使用

确定出火场的主要方面之后，应立即将调集的优势力量部署在这些方面，积极做好扑救工作。

（1）对于救人。当有人受到火灾威胁时，应主要根据人的多少、受困或受威胁的程度，在极短时间内优先确定救人方案，全力保证受困人员生命安全。在确定被困人员数量不多，受火灾威胁不大时，救人可与灭火同时进行。

（2）以控制建筑物的蔓延方向为重点时，应全力以赴，控制火势。若是初起阶段时，应以较强兵力进行堵截包围，一举消灭火灾。如果火势发展迅猛，堵截包围兵力不足时，应集中力量，保护重点，减少火灾损失。

（3）以抢救、保护较多的珍贵文物为重点时，应使用部分兵力，对抢救、疏散文物人员进行掩护，大部分兵力要投入抢救和疏散珍贵文物。在掩护的同时，应控制火势的扩大，为抢救和疏散珍贵文物创造良好的条件。

（4）以防止承重结构受损而倒塌为重点时，应将主要兵力部署在消灭承重构件的燃烧部位上，消灭承重构件上的燃烧。在力量允许时，还可对邻近受热辐射的构件进行冷却，防止燃烧扩大。

把优势兵力集中于火场，使用于火场的主要方面的同时，也不能忽视火场上的次要方面，必须主次兼顾。若忽视了次要方面，也可能造成顾此失彼，为扑救工作带来不利因素。只有两者兼顾，才能掌握消灭火灾的主动权。

3.充分发挥特种专用灭火器材和装备的作用

古建筑和文物火灾是比较特殊的火灾。其主要建筑特点是高大、空旷，文物性质也极其复杂，因而在扑救过程中应根据不同情况使用不同的灭火器材和灭火剂也是极其重要的一个方面。对于建筑物较高的火灾，当一般消防器材无法满足时，应考虑使用62米（或50米、37米、35米、22米）直（曲）臂云梯高喷水罐（泡沫）消防车，它们是高层古建筑火灾的理想灭火车辆。应该注意的是，这种类型的消防车外形较大，使用时需要较平坦的环境。对于较大面积的古建筑群或古民居建筑群体火灾，应调集既能灭火又能远距离供水的21吨长压水罐消防车，以保证供水、灭火的需要。对于不同性质的文物应调集不同的灭火剂专用车辆，如泡沫车、干粉车、二氧化碳车等等。除此之外，还应根据火灾现场需要调配相应的消防器材和装备，诸如破拆工具、侦察仪器、排烟设施、照明设施、个人防护设施，以及较长线路上的更换保护器材等。

三、古建筑和文物火灾的战术原则和灭火方法

（一）战术原则和战术

古建筑和文物火灾的战术原则，是以最快的速度积极抢救人命和珍贵文物，及时控制火势，迅速消灭火灾，减少火灾损失。在具体灭火战斗中，仍要坚持"先控制、后消灭"、"集中兵力，准确迅速，防攻并举，固移结合"的战术原则，在具体的战术运用上，还要遵循"堵截、突破、夹攻、合击、分割、围歼、破拆、封堵、排烟、监护"的战术方法。

由于古建筑火灾有其特殊的因素，就一座较大单体古建筑和具体建筑群火灾而言，从扑救措施来讲，若火势从建筑的一端向另一端蔓延，控制的重点应当是中部，若是火势从建筑的中部向两端蔓延，就应从两端加以控制，而且应以下风方向或易燃物存在的方向为主。楼（阁）层式的古建筑火灾，应当上下控制，以上层为主，除此之外，根据古建筑的实际情况，在具体战术的应用上，还应遵循以下几个原则：

1.古建筑的承重物件、榫卯接合点和珍贵文物，是同时应当优先保护的重点和主攻对象

古建筑屋体下的任何一个构件，在整体建筑中都起着一定的荷载、承重和牵制作用，特别是柱、梁、枋、檩、斗拱等物件的承重作用最大，因此，古建筑的任何一个部位上的任何一个构件被毁坏，都会导致承重物体失去支撑、牵制作用，从而发生建筑物倒塌。因此，消防队到达火场后的首要任务之一，就是保护承重构件免受破坏，并以柱、梁、枋、檩、斗拱的榫卯接合交汇处为主攻对象。

古建筑物下一般都堆积、收藏、陈列着较多的珍贵文物，在火灾情况下，最易遭受损失和破坏，因此，当灭火力量进入火场，经过周密火情侦察后，同时应对火势威胁下的文物予以重视，布置足够的力量进行抢救、疏散和保护，使珍贵文物免受损失。

2.准确选择进攻道路

古建筑的另一个特点是处地特殊：单体建筑多建在较高的台基或城墙之上，建筑物比较高大，不仅消防车不易靠近，进攻时人员也不易攀登；较大的古建筑群、院落错落相套，房屋密集、道路狭窄，弯曲而深邃；较大、较高的筒状空腹塔幢，孤独耸立；庞大的古迹保护厅、馆面积特大而无间隔等。这些奇特的建筑要取得灭火战斗的成功，必须选择好灭火进攻道路。

（1）对于单体楼阁式建筑（包括古塔幢）火灾，当火灾处在初起阶段，建筑物内部楼梯尚未破坏时，从楼梯进攻是比较理想的途径。当楼梯充满烟火、热气流进攻困难时，应使用喷雾水流，全力以赴保护楼梯通道不受损失，保证灭火、抢救文物的通道不受破坏。

（2）对古建筑群中部的火灾，应翻墙越脊，寻找捷径，接近火源。首先要利用古建筑内部的排水设施（排水暗道）铺设水带，向燃烧区域进攻，或者寻找毗连建筑物较近较低的门窗孔洞作为进攻和铺设水带的捷径，向火场进攻。

（3）利用地形地物选择进攻道路。当古建筑物内的楼梯被火烧毁，或者仅存的道路、孔洞被阻塞时，还可利用古建筑的出檐、出挑、翼角、垂花、密檐、翘角、梯形墙和建筑的附设物-避雷设备、落水管、上下水设施，达到进入的目的。

3.打近战快攻，迅速控制火势，消灭火灾

打近战快攻就是根据古建筑火灾燃烧猛烈、发展迅速、易于倒塌的特点，在灭火战术方面，采取靠近火源、狠打猛攻，针锋相对地以快制快原则，控制火势，消灭火灾。打近战快攻，必须注意以下几个方面：

（1）抓住战机，注意发挥主管中队的主导作用和突击作用。主管中队是集中优势兵力于火场的先导，是控制、消灭古建筑火灾的突击队。他们是古建筑和文物单位灭火作战计划的制定者和执行者，在地理环境、重点部位、消防设施、作战方案、进攻道路等各个方面，具有距离近、情况熟悉的优越条件，在打近战快攻方面完全能够担当重任。因此，只要抓住战机，进行重点突击，以快制快地堵截火势，是完全可以达到迅速控制火势，进而全部消灭火灾。

（2）组织兵力，勇于接近火点。古建筑火场上的特点是辐射热强、温度高、烟雾弥漫，为了堵截火势，又多从逆风方面进攻。为了打好近战快攻，必须组织兵力，深入内部，向纵深进攻。古建筑和文物单位的情况错综复杂，瞬息万变，火场随时有可能出现新的变化，所以只有组织好兵力，靠近火点灭火，才能有效地掌握灭火主动权，一举歼灭火灾。

（3）充分发挥灭火剂的作用，做到"弹"无虚发，击中要害。古建筑木质结构，水是最理想的灭火剂。打近战快攻，就是要通过水枪射流把水准确地喷射在火源上，尽快达到灭火效能。除此之外，还可针对不同的燃烧对象，使用不同的灭火剂。能够密封的文物储藏室或仓库，可使用二氧化碳、干粉等灭火剂。不论使用何种灭火剂，都要尽量靠近火源和燃烧点，真正做到弹无虚发，尽快扑灭火灾。

（二）不同类型建筑的不同战术措施

1.单体古建筑火灾的扑救

单体古建筑火灾的特点是，建筑物独立存在，没有沿燃烧物向四周扩大、发展的条件，因此，应采取以内攻为主的战术措施。但在灭火方法的具体应用上，又要针对不同形状的古建筑，采取相应的进攻方法。

（1）宫殿式建筑火灾

这种建筑多为长方形，系多柱抬梁式木构架、面阔、进深较大，殿堂周围绕以回廊、单檐、复檐三滴水均有，其上多为歇山九脊屋顶。对这种建筑的火灾，应备足力量，以内攻为主。内攻时要选择好障碍少、烟雾小、视线好，能充分发挥水枪威力的柱、梁、檩、望板和榫卯交汇点为主要攻击点。对于重檐、歇山顶、回抱厦、回廊环绕的火灾，其外部力量也应相应地加强，防止内攻时，将火源从正面的装修部位和上下檐部逼向外部，造成火势扩大。

（2）楼阁式建筑火灾

这种建筑多为长、正方形，为了显示宏伟气势，均建造在高台之上。多为重楼三滴水（即两层、三层），有的外观二层实为三层（中间设有夹层），有的则相反；有的中层外部回廊环绕、四周筑有抱厦。这种建筑的火灾情况极其复杂，需要大量的人力和物力，从战略和战术上都必须给以足够的重视。在战术上，应当首先保证进攻路线（楼梯）不能遭受破坏，为进攻火点保持良好的通道；在具体的战术方法上，应当内攻外堵，以内攻为主，上截下防，同时兼顾，以上截为主。楼阁式建筑通风条件极好，起火后是烟雾、热气流的良好通道，火灾极易发展扩大，所以，灭火时不仅要把足够的力量布置在内部进行内攻，同时还要把一定的力量部署在有条件使火势向外檐、外楼、夹层以及上部和下部扩大蔓延的地方，真正落实内攻外堵、上截下防同时兼顾的战术思路。

2.古塔幢火灾的扑救

古砖形式较多，而与火灾直接有关的则是内部为木质结构砖塔。这种楼阁式砖塔有的高达60~70米以上，任何一层次发生火灾，扑救都极其艰难。另一方面，塔体任何部位发生火灾，都是极好的火灾发展通道，火势发展迅速。因而在扑救措施上，首先应利用一切攀登工具和手段，尽快登上起火层以上的高度进行堵截，制止火势沿塔腹筒状体通道向上发展。其次，要采取强有力的措施，消灭火源。有密封条件的，应尽快将空气流量较大的门、孔进行密封，重点应是起火层的下部。对燃烧层的上部，可进行封堵，使空气流量减少，达到窒息的目的。对发生在塔体中部（层）的火灾，应把灭火的主要力量，集中在上部进行堵截，居高临下，全力阻止火势向上发展。假如消防部队的灭火设备较好机械程度较高，则可用高压水枪、高喷车辆等机械力量从塔体上部孔洞交错射水，消灭火灾。

古木塔在我国只有一座（在地球上也是绝无仅有），这就是应县木塔。这座木塔一旦发生火灾，首先应启动自动灭火设施，降低温度，阻止火势扩大。其次是调集力量，攀登高层，阻击火势的发展。不仅要从塔体内部阻击，更重要的是要堵截住火势从各层回廊（周匝）、上部的接檐处向外发展。同时应保证各层柱子之间的插柱衔接和半径部分不受火灾破坏而失去承载能力。还要绝对保证各层次之间的暗层不受损失，严防火势沿暗层向上发展，更不能使火势沿各层内外的斗拱向上发展。为了达到上述目的，在外部应设带架水枪和相应的登高设施，要有足够的消防用水及高功率的高压机械设备。

对于塔幢火灾，当其他常规消防器材不能满足时，可调集62米（或50米、37米、35米、22

米）直臂云梯高喷消防车，它们的工作高度和水枪射程都超过火灾现场高度的要求。同时，调集大吨位的消防供水车，解决远距离的消防供水，对扑灭塔幢火灾是极好的保证。但必须处理好火灾现场附近的道路及障碍物，为灭火工作创造良好的环境。

3.古建筑群火灾的扑救

对古建筑群任何部位发生的火灾，仍然要坚持"堵截、突破、夹攻、合击、分割、围歼、破拆、封堵、排烟、监护"等战术。在具体的战术措施上，仍然要把主要力量部署在火势发展的主要方面，以达到堵截火势、消灭火点的目的。同时，还要根据古建筑群的不同类型，进行不同的战斗部署。

（1）四合院式单体古民宅

这种建筑一般面积不大，建筑物较低，围墙较矮，建筑物虽密，但容易观察。这种建筑群内不论任何部位发生火灾，其主要方面应当是下风方向、极易燃烧的四邻、可能对贵重文物造成严重威胁等方面。这种火场只要水源充足，一般情况下，都会迅速控制火势，较快地扑灭火灾。

（2）四合院式互相毗连的群体古民宅

这类建筑面积很大，有的高达25000平方米，互相毗连，以户相隔，巷道狭窄，火灾极易蔓延。对于这类火灾其主要方面仍是下风方向和极易燃烧的四邻，所以应该以正面进攻为主，在灭火力量较为充裕的情况下，可以战斗班为单位，划分成两翼和正前方的背面三个战斗段，一方面对周围进行监控，另一方面合力夹攻，迅速扑灭火灾。

（3）古村落火灾

江南村落火灾危险大于北方村落火灾，这是由于江南古村落大都使用木板构筑，北方则用砖木泥土建造。但由于这些古村落绝大部分处在远乡僻壤，交通不便，水源奇缺，风头极高，基本上没有消防设施且无任何防范措施，一旦发生火灾往往会迅速形成火烧连营之势，造成极其惨重的损失。对于这样的火灾，如消防车辆能到达火灾现场，应实施堵截围歼的战术；如消防车辆不能到达火灾现场，而且水源奇缺时，应果断地进行破拆下风方向的房屋，开辟隔离带，断开火势发展的路线，这是在危急情况下唯一的灭火措施。

（4）寺庙、祠观建筑群

这些建筑的形式，以殿堂、楼阁、古塔为主体，配殿、厢房等附属建筑环绕两旁或四周构成院落式群体，有的依山附势建在山巅或密林之中。建筑群体面积较大，附属建筑围绕主体建筑，高低错落，层次分明、相互毗连。这样的古建筑群，发生火灾后的力量部署，应以建筑物的自然间隔、段距为主攻区，根据到场的灭火战斗力量，可适当划分若干战斗段。各队、班应以保证自己任务区的火势不扩大，不能危及主要殿堂，殿堂火灾不能发展扩大或造成倒塌。

（5）较大古建筑群

占地面积大，建筑物高大而密集，外围、四周有高大砖垣，或借自然山（地）势，环山建宇、辟设牌楼式门庭，内部庭院式建筑毗连环套，进深狭长深邃，道路狭窄不畅，行动困难，消防车辆不能进入。这些地区发生火灾进行战斗部署时应注意以下几点：

1）进攻时可以翻墙越脊、架设简易便桥，接近火源；或通过古建筑底部的风孔、窗洞、排水沟、水道等捷径，铺设水带，接近火源。

2）抓住主攻方向，保证重点，一举歼灭，确保重点建筑和文物免受损失。

3）当消防力量严重不足时，果断地进行破拆，造成防火地带，阻止火势蔓延。

4）四周设立流动监督岗哨，防止飞腾的燃烧物飘落，形成新的燃烧区。

（6）庞大宫殿式古建筑群

它是极大的木构建筑群，占地面积大，建筑物密集、垂门相隔，庭院相套、殿堂毗连、四周假山、真水环绕，奇石竖立，苍松翠柏矗立其间，门槛高筑、道路不畅，消防车无法驶入，这些地方发生火灾必须做到：

1）迅速疏通通道，保证消防战斗力量以最快的速度接近火源。被锁大门及其他隔阻物挡道时，应尽快运用技术装备进行破拆，排除险阻，打开通道，接近火点。

2）抓住战机，堵截围歼，近战快攻，控制火势发展，一举消灭火灾。

3）在扑救火灾的同时，要对文物进行保护、抢救和疏散，不能给珍贵文物造成任何损失。

4）四周设防，绝不能让飞火或建筑物之间的松柏和其他物体成为导火传媒，造成新的燃烧区。

例：某建筑群内一宫殿偶遭雷击起火，消防队到达火场后，已从闷顶、宫门上部外檐窜出一米多高，房檐局部倾斜、顶部灰土、顶板不断掉落，承重梁已被燃烧，而其下部有14个展柜200余件玉器，其中不少是价值连城的文物珍品，如果火势得不到控制，就可能造成"宫倾玉碎"的惨痛结果。

由于火灾发生于夜间23时32分，消防队到场后，大门被锁且道路狭窄，消防车辆无法驶近火场，只能停在200米远以外的地方供水灭火。终以11支水枪的力量灭火和掩护抢救疏散文物人员，于次日凌晨2时45分火势被控制，3时25分大火被扑灭。由于技战术正确得力，火势未蔓延，主体建筑未坍塌，玉器文物基本完整无损。

（7）古建筑街

古代保留下来的建筑长街，目前仍以商业为主。这些地区道路狭长，街道较窄，每段（九间）

设有防（封）火墙。二层楼阁式居多。这样的古建筑火灾，易于进行堵截包围，正面进攻，一举歼灭。对于临街的正面，要有一定的保护力量，防止热辐射对对面建筑物造成威胁；对古建筑的背面，应有一定的力量进行阻击，防止火势扩大。

4.古遗址、遗迹上的保护建筑

古遗址、古遗迹、古墓葬上的保护建筑，一般都是较大的人字形或拱形的木质、钢架结构，跨度大、举架高，易燃物质多，是火灾发展的良好条件。对发生在这些建筑物内的火灾，应采取如下措施：

（1）按照灭火作战计划确定的重点范围，针对起火的具体部位，采取堵截围歼的战术。若是发生在建筑内部的初起火灾，可用强水流直射火点；对于发生在遗留文物上部的燃烧部位，可用雾状水流或干粉、泡沫等灭火剂扑灭。

（2）当火势发展到猛烈阶段，房顶、屋架尚未塌落或已塌落时，只能用微弱水流或雾状水喷洒火源，以保证遗址、遗迹地貌不受水流损伤和破坏。

（3）保护建筑因火灾而倒塌后猛烈燃烧时，严禁用强水流冲击，严禁任何人（包括消防战斗人员）进入射水后的古迹保护区。

（4）为了防止遗址、遗迹和古墓葬的原貌受到破坏，对保护建筑正猛烈燃烧的火灾和倒塌以后继续燃烧的火灾，由于文物的影响无法扑救时，可以不进行灭火，应搬移正在燃烧的物体，搬移后再将火扑灭，力争做到古遗址、遗迹、古墓葬的原貌完整无损。

5.博物馆火灾的扑救

我国现有各类博物馆2200余座，馆藏文物2000余万件（套）以上。这些博物馆有极少数是现代的钢架混凝土结构，耐火等级较高，其发生火灾的主要途径是展厅内的展台、展橱、展柜。这些展台、展橱、展柜多为木质框架，其下部和通道垫衬着棉、毛或化纤毡毯，建筑内部吊顶装修，隔断、门窗等也多系可燃物质。对这类火灾的扑救重点，应是灭火和抢救保护文物同时并重。由于主体建筑可燃物质相对较少，火灾后扩大燃烧的可能性很小，只要有较充足的灭火力量，即会迅速控制火势消灭火灾。但这些展厅内的文物展品的品位却很高，不仅十分珍贵，且多为国宝级，因此在灭火的同时，其重点应该是文物的保护和抢救。另外绝大部分博物馆都是砖木结构的建筑物或在古建筑群体内开设的博物馆，其特点是建筑高大，通风良好，互相毗连，文物集中，对这部分博物馆的火灾扑救可参考前述（三）古建筑群的扑救的方法。

6.古树林木火灾的扑救

全国古建筑名胜古迹，绝大多数处在古树林木包围之中。这些古树林木其火灾发生率虽不是很高，但一旦发生火灾就会对古建筑名胜古迹造成严重的威胁。有些古树林木生存在古建筑群体之中，火灾后很可能成为扩大火灾的传媒，古树林木火灾重点在于预防，但一旦发生火灾应该按照以下几种办法扑救。

（1）立即起动自动灭火系统，在自动灭火的同时组织单位义务消防组织迅速投入灭火战斗，将火灾消灭在初起阶段。

（2）消防队到达火灾现场后，立即实施堵截包围的灭火战术，将主要力量布置在下风方向进行堵截，战斗力不足时应果断地砍伐树木造成隔离带，断开火势发展路线。

（3）按照灭火作战预案，根据各战斗段的任务分工，实施包围战术，由外向内进攻，一举消灭火灾。

（4）组织力量加强巡查，防止飞火造成新的燃烧区。

第五章 考古发掘文物保护技术

我国有着悠久的历史和文化，考古学已经成为一个热门的话题。由于考古发掘出的历史文物，其艺术鉴赏与文化价值都很高，这对民族物质文化、精神文明建设都有很大的促进作用。文物储存价值巨大，是专家、学者研究的基础。然而，在考古人员的考察、挖掘中，由于某些外部因素的干扰，造成了文物的损坏。因此，如何加强文物的保护是专家们面临的一个难题。

第一节 漆、木、竹器类文物保护技术

以遗址大型饱水木构件原址保护技术研究为例。

20 世纪 70 年代以来，我国南方地区考古发掘了含大型饱水木构件的各类遗址。它们是：古矿遗址，如湖北大冶铜绿山古铜矿遗址（春秋时期）；墓葬遗址，如湖北随州曾侯乙墓、浙江绍兴印山越王墓（战国时期）；船棺遗址，如成都商业街船棺遗址（战国时期）；原始部落遗址，如浙江河姆渡遗址（新石器时代）；古船遗址，如浙江萧山独木舟遗址（新石器时代）；古井遗址，如浙江良渚遗址（新石器时期）。下面对遗址大型饱水木构件原址保护技术研究取得的重大创新性成果做介绍，并给出遗址保护的技术路线和保护方案。

一、遗址保护的范畴及技术路线

1.保护的范畴

主体部分木构件的保护，与它相伴的环境保护。遗址大型饱水木构件原址保护的主要对象是木构件，而木构件要得到永久的保存首先应治理环境，即对环境进行保护（某些环境条件，如木炭、白膏泥、青膏泥、边坡等，木构件与它们是相互依存的关系），这是遗址保护必须实施的。如果遗址的环境不进行保护，那么，木构件的保护是无法实现的。

2.保护的技术路线

原址保护的技术主要有：

（1）遗址区的水文地质、工程地质条件的研究；

（2）木构件脱水加固定型方法的筛选；

（3）遗址中软弱地基加固方法的筛选；

（4）木构件结构加固、复原方法的研究；

（5）遗址边坡加固方法的筛选；

（6）木构件和环境有害微生物防治药物的筛选；

（7）木构件的脱盐技术。

二、遗址保护方案

1.对遗址进行现场勘查

进行现场勘查以了解遗址的范围，环境条件，病害的种类和存在的问题。

勘察包括：

（1）地下水渗水引起的环境地质；

（2）遗址整体的稳定性调查；

（3）遗址中木构件的腐蚀状况；

（4）遗址中木构件的稳定性；

（5）木构件霉变程度；

（6）遗址围岩及边坡的稳定性；

（7）遗址中木构件伴生物（白膏泥、青膏泥、木炭）的稳定状况；

（8）人为对遗址的破坏状况；

（9）临时保护措施不当，对遗址及木构件造成的危害；

（10）遗址中地基类型初步调查；

（11）遗址中木构件及其伴生物的 pH 值测定。

2.遗址原址保护的地质工程

（1）环境地质条件

区域自然地理环境；地型地貌；地层岩性；地质构造；水文地质条件。

（2）土体工程性质

土体的成因与岩土特性；土体的物质组成与基本物理性质；土体力学性质；土体物理力学性质参数。

（3）岩体结构及岩土体工程性质

需了解：岩体结构特征；岩土体工程性质。

（4）地下水渗流场模拟

GMS 模拟原理；地下水渗流数值模型建立；计算参数选取；模拟方案；模拟成果分析。

使用 GMS 软件建立概念模型时，除了常用的网络化方式外，多了一种概念化方式。概念化方式是先采用特征体（包括点、曲线和多边形）来表示模型的边界，不同的参数区域及源汇项等，用这种方式建立起来的水文地质模型用不同的多边形来表示不同的参数值区域。在随后的参数拟合过程中，即可直接对这些相应的多边形进行操作，而不必对此多边形内的每一个网格都重复进行同一操作。

经概念化方式处理生成网格，再通过模型转换，就可以将特征体上的所有数据一次性转换到网格相应的单元和结点上，即建立数学模型，用有限差分法计算水头等来求解数学模型、最后进行模型识别以及预测等几个步骤。

根据遗址区水文地质条件可将区内含水层与隔水层进行分层划分，建立水文地质结构模型，再结合遗址区水文地质条件，现场测得的渗水及室内测得的渗透等参数及有关水文地质数据，即可建立遗址区地下水渗流数值模型。

（5）疏干排水工程方案

疏干排水方案论证；方案比较与选择。

3.遗址中饱水木构件的脱水加固定型处理

第一，进行木构件的材种鉴定和化学成分分析。

第二，检测木构件的现状：色泽与裂纹；腐蚀深度；贯入强度测定；含水率；含木量与腐蚀度的测定；pH 值的测定。

第三，了解木构件自然脱水收缩变形特性。

（1）木构件脱水加固定型方法的筛选

第一，硅酸盐复合液法。

第二，PEG（聚乙二醇）+脲+二甲基脲复合液法。

研究采用 PEG 复合液脱水加固定型饱水木质文物，效果良好。产生这种原因可能是：尿素和二甲基脲分子结构中有羰基，PEG（聚乙二醇）为多元醇，分子中有醇羟基，纤维素分子也是多元醇，每个葡萄糖单元有三个醇羟基，这样，尿素和二甲基脲可以与 PEG、纤维素分子产生醇醛反应，起交联作用，阻止了纤维素大分子的收缩，使木构件不生变形、开裂；同时也防止了 PEG 在木材表面的返潮现象。

PEG 复合液法明显表现出优于单一的 PEG 渗透至木质文物中，仅起填充作用（迄今为止，国内外采用的 PEG 脱水方法，都是单一的 PEG 渗透法，只是在渗透工艺上有所不同而已，如温度、浓度、压力等），前者有化学、物理作用，后者仅是物理作用。

第三，微生物法。

根据报道，某些特殊的醋酸杆菌（或其他特殊菌类）能将葡萄糖转化成纤维素，这种纤维素与天然植物纤维素有相同的分子结构。据于这一原理，经组织分离或其他途径获得的某种醋酸杆菌接种在饱水木构件中，在葡萄糖介质中（即配置的培养液），醋酸杆菌可将葡萄糖转化成纤维素，从而修复木构件中已降解断裂的纤维素，同时补充木构件中损失的纤维素，使这类文物得到加固定型。

（2）木构件脱水加固定型至最终状态的预估

整体收缩量；扭曲与变形的可能性；裂纹的增长。

4.遗址中软土地基的加固处理

（1）表土层

了解种类、分类状况；检查开裂、掉渣及扬尘的程度；加固方法的选择：

1）硅酸盐系列；

2）环氧树脂系列。

（2）下层土

了解工程地质特性。电化学成桩加固法：

1）现场成桩实验；

2）加固效果检测；

3）加固效果分析与加固工程方案。

5.遗址中木构件及环境的有害微生物的检测与防治

（1）检测

采样；微生物样品的分离培养与纯化鉴定；微生物数量与种类的自然分布；有害微生物的测定。

（2）防暑杀菌剂的筛选

硫酰氟（熏蒸剂）；MV、ML-208，戊唑醇、咪鲜胺防霉杀菌剂。

6.遗址的边坡加固处理

加固原则：加固且不改变原貌。

确定加固部位和面积。

加固工艺的选择：锚固；喷浆。

加固材料的选择：水溶性苯丙乳液；环氧树脂。

遗址边坡稳定性分析：边坡整体稳定性分析；边坡局部稳定性分析。

边坡加固治理方案论证：加固治理方案；方案比较与选择。

遗址中木构件含盐状况及脱盐技术：含盐状况的调查。

木构件中相关离子的分析：阳离子定量分析；阴离子定量分析；含盐量的确定。

脱盐方法选择：纯净水浸泡；纯净水喷淋。

遗址大型饱水木构件原址保护方案必须包含：疏干排水、堵水工程；边坡加固工程；软弱地基加固工程；木构件结构加固、复原工程；木构件脱盐工程；木构件脱水加固定型工程；木构件及其环境防霉杀菌工程及遗址区环境治理工程。

三、解决的关键技术

遗址保护前、后地下水位的预测及其动态变化，解决了疏干排水工程是否达到设计要求有了定量标准。

研究成功脱水加固定型饱水木构件方法，保证了木构件有了长久保存的条件。

构件方法：PEG（聚乙二醇）+尿素+二甲基脲脱水加固定型木构件；硅酸盐+尿素+草酸脱水加固定型木构件；微生物法脱水加固定型木构件。

采用电化学成桩法加固遗址中软弱地基，保证了遗址的稳定和木构件的安全。

四、创新性重大科技成果

第一，遗址大型饱水木构件原址保护技术研究解决了古矿遗址、基坑遗址、古船遗址、古桥遗址、原始部落遗址、古井遗址等出土大型饱水木构件原址保护的共性技术问题。取得的集成性成果在遗址保护工程方案设计和实施中得到了很好的应用。

第二，微生物脱水加固定型饱水木构件技术成果具有原创性；在遗址研究和保护中首次成功地运用了先进的地下水渗流数字模拟技术。

第三，遗址大型饱水木构件原址保护技术研究也对微生物法、PEG（聚乙二醇）+尿素+二甲基脲法、硅酸盐+尿素+草酸法等加固定型饱水木构件技术进行了研究。

第二节 纸质、纺织品类文物保护技术

以古籍善本手稿的修复为例。

一、了解善本和稿本是修复人员的必知要素

古籍修复者天天和不同类型的书打交道，不同时期的古书或稿本都代表着各个历史的物质和精神两方面的社会信息。了解善本和稿本的基本标准，对"整旧似旧"大有益处。目前版本学家对善本有"三性"原则和"九条标准"。对于手稿，则体现在以下四个方面。

第一，作者在原始底本上的文字没有修改完整的，或已经修改写定尚未付印的，属于作品的原始记录稿。

第二，清稿本是指经过修改整理或由他人抄写誊清的稿本，一般钤有作者印记，或用专门稿纸。

第三，修改稿本是由他人誊清，又经过作者亲笔修改的稿本。

第四，写样待刻稿本是准备发表的作品文字，用端正的宋体或楷体字写在刻版用的红栏格纸上，准备给刻工粘在木板上依样雕刻的底稿本。

关于善本或手稿本的概念，一定会随着时间的推移而有所发展和变化。不管怎样变化，对于修复古籍、手稿的工作者来讲，了解和明确后，就能进一步制订修复方案，非常重要。当然，其他众多古籍的修复，多少年后可能成为善本，所以应该一视同仁，不能马虎。

二、了解善本、手稿常用纸是修复配纸的关键

古纸是积淀了人类文明的承载物，又是历史文物的不可再生的存在和代代相传的瑰宝。当然，对破损古籍的修复，选择合适的补纸仍是"整旧似旧"的关键。下边就常用配纸做一简述。

麻纸：麻纸有黄、白之分。正面光滑洁白，背面粗糙，纸质柔软，坚韧耐久，如保管妥善，可以藏千年不坏，多被印书家、文人墨客等追捧应用。

棉纸：又叫皮纸。其原料以构树皮、桑树皮等木质植物的皮纤维为主，因纸的结构呈棉絮状而得名。南方称皮纸，北方称棉纸。白棉纸质细柔软洁白，纤维长，韧性强；黑棉纸色略显黄黑，韧性略差。明嘉靖前棉纸较薄，隆庆后略厚，多见于明至清初刻本及手稿本。

竹纸：竹纸原料以竹纤维为主，又可和桑皮料、麻等植物皮料按比例配方混合而成。目前习

惯上把较厚的竹纸叫毛边纸，常用于印书、裱书皮、衬页和副页；较薄的叫毛太纸，一般帘纹明显，纸面清洁光滑，纤维匀称，可印书、补纸、托裱，不宜做书皮。由于竹纸具有价廉质良的优点，现存明清众多古籍手稿的绝大多数纸应属竹纸。尽管纸的种类、颜色繁多，就其纸的原料组成离不开，上述三类，切勿混谈。所以掌握不同质色的竹纸，对于修复工作者来说非常重要。

古纸在承上启下的传世过程中，往往要受到天灾人祸和生物的损害，免不了会受到以下三种原因的损害。

第一，天灾方面，有紫外线光、变化不断的温湿度、寒暑冷热、臭氧酸等。

第二，生物因素，如虫害、霉菌等。

第三，人害方面，有火灾、战乱、撕破折皱、涂抹、浸水、滥用化学剂等。

这些不利因素都会造成古纸老化变黄、变酥变脆。严重破损古籍有以下七种主要情况：

1.虫蛀；

2.粘连成砖；

3.脏污；

4.焦脆；

5.保存、使用不妥；

6.断线、散页；

7.书页断框缺栏。

以上七种不同程度的破损，在修复过程中有一定难度，宜对症下药，慎重制定方案。

三、整旧似旧的常用修复方法

为了自始至终保证善本、手稿的原来面貌，下边介绍几个修复方法。

第一，拆装前检查有无跳页、倒页的情况，如有应记下，待修复后纠正前人的错误。如发现缺页、残破封面、书签等记下，请库管员签字作证，同时记清装帧形式，然后拆装。

第二，严重残破到手不能翻页的程度，就不要勉强数页，宜先拆线和纸钉，顺着原页逐页揭补，并记下顺序页。

第三，拆包背装要仔细，往往书背上粘上厚皮纸做衬背。可先揭去书皮，用细木砂轻轻磨去露出背纸，并用手轻轻拨动，背纸呈松散状即可拆去纸钉。

第四，修复严重残破散碎断框离栏或焦脆腐烂的书，必须把透明塑料薄膜湿盖在比书大的朱砂板上；或覆盖在透明有机玻璃或玻璃上，便于操作灵活、修补方便。

第五，如修补碎片断框缺字残页，无法拼凑完整而难以动手补时，宜从原书册中挑出一页较完整的作为底样放在朱砂板上，上压玻璃，玻璃上用湿塑料膜刷平整，要求是无一个气泡。然后细心地把碎片残页放在各自的位置归还，即框栏行字相对齐后，喷水湿透，小碎片宜用毛笔细点水湿润，以免水滴过大而使碎片卷折。然后用湿毛巾拧干轻敷吸水，固定碎片。用直尺、角尺校正，如发现歪斜，用毛笔点水使之游动，校正后，毛巾吸干固定。接着翻过玻璃正面检查补页，如无歪斜错误，即可继续修补。

揉皱不平、纤维断裂而伸缩一团的稿纸修复也可用上法。

第六，清洗脏污。常见有沸水、碱水、漂白剂、草酸、高锰酸钾等清除脏污；用那些碱等化学剂清洗，纸能干净显白，但难免会加速纸纤维的损伤，使之老化而减寿。而用沸水清洗，可减少纸纤维的损伤，缓慢老化，达到清洁而长寿的保护良效。

第七，严重水痕迹的清洗和补法如下：

1.把水痕迹页平放在塑料膜的朱砂板上，板下放块毛巾或镇尺垫，让板成斜坡利于流水。

2 一手拿沸水碗，一手用毛笔轻轻地在书页上刷洗，在脏污处可多刷洗几次，不见黄浊水说明洗净。在刷洗时，不能心急多用水而造成湿纸下滑出板。

3.洗净书页一会儿，把板放到工作台，平整书页后可用拧干湿毛巾吸水固定，接着修补。

4.湿书页补时，宜用稍稠些的浆水。

5.如干燥太快，可用湿毛巾盖住破损页，露出需补的部位进行修补后，再用湿毛巾盖住，防止干湿不一而损坏纸及修补效果。

第八，修补宜用传统浆糊水做黏合剂。忌用化学浆糊、胶水等黏合液。补纸黏合洞孔撕成宽约 0.2 厘米为妥。这样既粘牢又不沾浆糊更显得美观。

如撕纸太窄，纤维毛头粘连洞孔，放不长就会脱落。如追求快而撕纸太宽似伤膏，会影响整册书的书品。如把应该补的古籍、手稿都拓裱改变了其原貌，那无疑对文物的长久保护非常不利。

四、洗揭书砖

书砖成因有：一是长期受潮湿后承受压力造成页与页之间的粘连。往往可以采取干揭页法，即用竹签子、针或镊子，分别从书背、书角、天头地角等易揭口处开始揭；二是水浸湿透或地下出土，承受长期重压，粘连紧密又牢固，犹如锈质变成书砖。

洗揭书砖大致有下列工序。

第一，准备洗盆一个，比书高，大一些即可。

第二，清扫书砖的灰尘、脏物。

第三，用细木砂轻轻摩擦书背和天头地脚，用手不时地轻轻拨动磨页，如能松动，证明解除了锈质，就可剪去线和纸钉。试掰书砖，如能分离，可用竹签、针、镊子工具逐页揭；如果只能掰若干层，那么就按再洗揭。有些书砖磨后仍不见纸页松动，证明整册书页全牢牢粘住，就直接洗揭。

第四，用白厚纸包好书砖，在天头地脚处留出开口以便挤压出黄浊水。平放在洗盆，上边用重物压住。

第五，如书砖太脏，霉斑累累，一次性内放 50 克石碱，（注意不能用烧碱洗书，否则会严重伤害书页）。如书砖不太脏，免放碱。

第六，用沸水缓缓冲洗书砖，水淹过书砖 2 厘米，待其浸泡透为止。

第七，用手平面缓压书砖，挤压方向宜往天头地脚，不一会儿就有黄浊脏水流出。

第八，倒去黄浊脏水，马上换清水按上法清洗，直至没有黄浊脏水为好（如太脏，倒掉沸水后，再次用沸水浸泡，不用加碱）。

第九，提取纸包斜放，不要手挤压，让书内水自然流出。去除包纸，把书阴凉数小时，待到湿纸七八分干就可剪线、纸钉再揭页。

第十，用竹签子、针、镊子灵活从书背或天头地脚等易揭处细致耐心地揭。有时分层揭容易。揭后逐页按顺序夹放在干纸中。揭书页后，如书页仍有不易去除的旧迹，则不必强除，仍可保持原貌。

另有一法，放三只碗，第一只碗放一点高锰酸钾，再加入 7~10 倍清水；第二只碗放一点草酸，再加入 7~10 倍清水；第三只碗放冷清水。首先用毛笔蘸第一只碗的溶液涂在脏污处，接着用第二支毛笔蘸第二只碗的溶液涂在脏污处，紧接着用第三支毛笔蘸冷清水冲刷洗净溶液，这样脏污迹能洗净。注：此法需快速连续操作，不可停顿，迟缓的话，会对书页产生伤害。此法可洗旧画、帛卷、邮票等脏污。第十二，对于霉腐的薄纸书砖，忌用沸水浸泡。宜用蒸气蒸约 30 分钟，取出，趁热暖揭页，冷了又会重新粘连难揭。往往需多次蒸揭，费时费力，需耐心细心。值得指出的是用碱、漂白粉或草酸高锰酸钾等溶液清洗纸质脏污，往往可以达到纸质发白、焕然一新的效果，但会使古纸旧墨文字等褪色，失去古纸的气韵，进一步加速古纸老化变脆，严重影响整旧似旧和保护的最终目的，因此宜用传统的水清洗法更加稳妥无害。

五、违反整旧似旧原则的几种常见病

古籍鉴定有七字诀曰：纸、墨、字、行、序、批、装，无疑对整旧似旧的具体标准说得更加明白。

第一，在配纸方面，易犯找不到仿古纸而乱配纸的错误。如用竹纸去补棉纸页，用机纸去补古纸，用白纸去补黄纸页等，产生很大反差。

第二，墨：看起来与修复关系不大，其实还是要注意，如果善本、手稿的用墨质量不好，或用宿墨书写，或用遇水易化烘的有色墨水，书宜小心地用干补法，即尽量让补洞干润，浆水刷点在补纸上压贴平再撕；或浆水快点刷洞孔窄边，压贴补纸再撕，切勿湿纸化墨补。如补好后的书页有断框栏处，不宜去添墨划框描栏对齐，而要保持古朴原貌。

第三，字：行、序、批如补后空缺，不宜补笔，否则有损原作文字气韵风格。如有底本文字可补其空缺。为了使文章通畅顺理，可把补写文字写在活页纸上，附在该页内就行。

第四，行：如破损严重、行格残缺，用直尺、角尺校正行格后即算修复完毕，不必去用墨划行格，保持原补页古朴就可。

第五，序、批：发现序、批文字残缺碎片，一定要找到在哪个位置才能拼合完整，切勿随意。

第六，装：装帧能反映我国古代各个历史时期的书籍，各自具有各种装帧形制的特点和嬗变关系。在实际操作中，一定要按原来装帧进行装订。

第七，常常把包背装改为线装。

第八，把古籍书顿不切裁、无书衣的毛装本，随意切裁书页，装上书皮，打眼穿线变成线装，看起来整齐美观了，实质上去掉了其特定环境下的社会信息。

第九，从宣纸厂方购进加厚重宣做书皮，改变了古制书皮一定要在色纸上再小拓一张白纸的工艺。

第十，在原有书皮上，再加装书皮，形成双书皮。理论上讲是加强了古籍保护，实质上严重违背了古籍书皮都是单书皮的传统。

第十一，丝线：用现代混纺线代替传统丝线进行装订。

第十二，有些古籍的首页或副页上，用胶水或浆糊粘上书签，美其名曰阅取方便，长久使用，殊不知既违背了传统活页书签的科学用法，又损坏了书品。

第十三，在古籍上加印现代数字号码，大煞风景。

第十四，有些散页手稿，随意逐页拓裱，装订成册。其看起来挺括结实，实质上改变了原貌，从长远看是不利于保护，收藏的。

第十五，因找不到按照古代造纸工艺流程生产的竹纸等以植物原料制造的纸，无奈在市场上购入低劣毛边纸、毛太纸等充当补纸。目前市场上的众多种类毛边纸、毛太纸、宣纸的原料，以龙须草、稻草、回收再生纸，用含酸性的化学纸药，掺和木浆等不理想物质构成，这些短命纸不久就会有黄斑等出现，直接影响古籍书的保护。

在高科技飞速发展的今天，对不可再生的破损善本、稿本等古籍的修复，都离不开纸、线、纸钉、浆糊、各种修补技艺、喷水压平、折页、捶平凸补纸、齐栏、装订等数十道工序。尽管在修复过程中技艺随着工序的不同而相对变化，但是万变不离其宗，只要老老实实按"整旧似旧"原则去做，就能达到版本学家所要求的不改变原貌的目的。

第三节 遗址保护技术

以露天遗址防雨蚀保护技术为例。

露天遗址主要集中在我国西北地区，最具代表性的主要有新疆吐鲁番的交河故城、高昌故城，敦煌西北的汉长城、阳关、玉门关及其附近的烽燧、塔以及宁夏的西夏王陵等。该地区气候干燥少雨，土体受雨水冲刷相对较少，因而这些遗址得以保存到现在；但是因为该地区降雨较集中（为7、8月），且常有暴雨，因此年复一年的雨蚀对这些遗址的保存又造成严重危害，甚至使之面临坍塌的危险。

一、雨蚀对露天遗址危害的表现

雨蚀主要体现在两个方面，其一是溅蚀，其二是冲蚀。

1.溅蚀

降落在露天遗址表面的雨滴，首先被土体吸收，并不断增加土体的含水量，发生膨胀直至崩解，同时受到富有动能雨滴的打击，而将崩解了的细小土粒向四周溅射，使表土逐层受到侵蚀。由于暴雨雨滴大、动能也大、溅蚀作用也强，因此强大的暴雨往往造成露天遗址巨大的表土侵蚀。

2.冲蚀

冲蚀是由暴雨形成的地面径流引起的侵蚀作用，主要以侵蚀沟的形式表现出来。暴雨是造成露天遗址损毁的重要气候因子，当单位时间内的降雨量达到一定程度，超过土体的渗透能力，而且遗址土体有一定坡度时，即发生径流，径流是雨蚀的主要力量。

对于露天遗址，能见到的冲蚀主要限于细沟侵蚀，一般深度 5cm~20cm，宽为 10 厘米左右，如在银川西夏王陵上所见到的"冲沟"。冲蚀的发生，带走了溅蚀所崩解的细小土粒，在它行进的途中，又通过新的崩解作用进一步侵蚀土体。

此外，当露天遗址表面有裂隙时，降雨还会渗透灌入，造成陷穴，这也是在西北黄土地区常见的现象。陷穴是由于土层内部发生淋溶侵蚀而使土体下塌所致。

另外，黄土高原强烈侵蚀区，平均每年侵蚀量为每平方公里 6000 吨以上，据此进行计算，可知露天遗址每年至少侵蚀掉表土 0.3 厘米。以上说明雨蚀对露天遗址造成的严重危害。

二、露天遗址被雨蚀的内在原因

从雨蚀发生的过程，我们可以看出：首先是土体吸水软化、膨胀直至崩解，随之即发生溅蚀和冲蚀的危害。大家知道，土与水的相互作用，在很大程度上受到土中黏土矿物成分的影响。

黏土矿物中最常见的有高岭土、伊利土及蒙脱土。这三种黏土矿物虽然都基本由硅氧片和水铝片两层构成，但具体的晶体几何构造不相同，因而性质有差异。高岭土由一层硅氧片和一层水铝片组成，为 1∶1 型晶格，亲水性较小，比较稳定。

蒙脱土由二层硅氧片和一层水铝片组成，为 2∶1 型晶体，层内相对分布的全为氧离子，亲水性大，遇水易膨胀崩解，稳定性极差。层间水增多，晶格就会自由分开成 $9.6×10^{-8}$m 厚的单独的层组薄片。

伊利土也属于 2∶1 型晶体，但与蒙脱土有所区别（其部分硅氧片中硅为铝或铁取代，损失的原子价由层间的阴离子来补偿），其亲水性介于高岭土和蒙脱土之间，稳定程度居中。

关于土的膨胀，是指土在浸湿的过程中体积的增大。膨胀是水渗入黏土矿物晶格内使土粒水膜加厚所引起的（例如蒙脱土）。膨胀的结果是土粒间的联结力减弱，孔隙比增加，土的强度降低。土的崩解是膨胀的一种极端，一种变态。土在膨胀过程中，随着含水量的增加，水膜变厚，到后来自由水增多，土粒间的联系力逐渐削弱，最后完全破坏，土的强度完全消失，产生崩解。此外，土中的天然胶结物（为可溶盐类）的溶解，也可以促使发生崩解。这就是人们都知道的将土放在水中会"化"为稀泥的常识。

三、WD 有机硅复合材料防止土体遇水崩解的机理探讨

从西北露天遗址土体的静水崩解性实验数据可知，其起始崩解时间一般都在 1 分钟之内，如

破城子原状夯土为 15~23 秒，河仓城夯土<60 秒。另外土体在静水中的崩解速度也可作为参考，如西夏王陵（3 号）为 3.60g/min~51.10g/min；西北小寺建筑遗存夯土为 7.0g/min~87.0g/min。这些数据充分说明这些土体极易被水崩解。

在进行土质文物保护的研究中，我们用 WD 有机硅复合材料对土体做处理。用 WD 有机硅复合材料处理土体，达到了防止土体崩解、极大提高土体水稳定性的目的。

现在来探讨 WD 有机硅复合材料防止土体遇水崩解的机理。

第一，透过土体的孔隙，有机硅渗透加固剂所到之处，通过水解缩合，一方面自聚，另一方面又与土体表面的硅羟基反应，生成连续的硅氧四面体网络，形成对土体的整体固结。

第二，上述有机硅渗透加固剂一多烷氧基硅氧烷还能渗透插入土体黏土矿物蒙脱土或伊利土的晶体结构层间，即两个相毗邻的硅氧片之间，通过形成氢键相连的硅氧桥，固结了土体的基本单元，使之从根本上发挥作用，防止水崩解，大大提高土体的水稳定性。

下面以蒙脱土为例，具体示意说明如下。

第一，黏土矿物基本的两种原子层中，硅氧片以一个硅氧子和四个氧原子组成的四面体为基本单元，而水铝片是以一个铝原子和六个氢氧原子组成的八面体为基本单元。

第二，多烷氧基硅氧烷插入层间，水解生成的羟基与两个毗邻硅氧片中相对的氧离子形成氢键联结，增强了二者的联结力。

这类似于制备有机/无机纳米复合材料的插层复合法的机理。它利用层状无机物（硅酸盐黏土如蒙脱土）作为主体，将有机高聚物作为客体插入主体的层间。

第三，憎水性良好的长链烷基烷氧基硅烷渗入土体，水解后与土体上的羟基或已附着在土体上的有机硅渗透加固剂上的富余羟基反应，而在土体的内外表面上（包括毛细管内壁）形成憎水层，进一步提高土体的水稳定性。

第四节 展出文物的保护技术

以博物馆文物利用中的保护技术为例。

文物的保护和利用是博物馆工作的日常问题。二者是对立统一的关系，利用促进了保护，保护使文物得以永续利用，相辅相成，正确处理文物保护和利用的关系，做好文物利用中的保护工作，使其在二律背反中得以"共赢"。

文物以永续利用为原则，保护措施应该贯穿于利用工作的始终，这是博物馆特性所决定的。

文物利用要以安全无损为前提。近年来，许多博物馆为充分发挥职能作用，扩大宣传，除馆内基本陈列外，文物展览活动日益活跃。例如：馆际之间举办展览、藏品借展、出国展览等。显而易见，文物利用中的保护工作在博物馆事业中占有重要的地位，妥善地保护好文物是博物馆应尽的职责。博物馆文物利用中的保护应从以下几个方面做起。

一、文物陈列中的保护措施

在布展过程中防止人为的损坏：对陈列的文物进行保护，首先要从思想上引起重视，不仅研究文物的人员要重视，编辑、设计人员也要重视，在动用文物时要保证文物安全，不出事故。在拿取珍贵易损文物时要用双手，轻拿轻放，严禁单手提边，不可提梁携耳或持柄而行，以防损坏。

接触书画，织绣和金属文物时要戴上细布手套，以免汗手对文物的损害。在陈列过程中从设计陈列形式考虑，文物需要上墙或需将文物展开时，绝对禁止用图钉或铁钉固定而应该用线固定。

为了做好文物利用中的保护，必须提高博物馆全体人员的重视文物保护工作的意识，只有这样才能防止人为因素对文物的损坏。

二、文物展厅的环境保护措施

展厅环境存在诸多不利于文物保护的因素，必须做到九防并加以解决。九防，即：防潮、防霉、防干裂、防锈、防虫、防尘、防紫外线、防盗、防火。

展厅陈列的文物质地不同，所以其适宜温度和湿度也不尽相同，针对不同文物，应严格控制温湿度。如金属质文物比较适宜温度为15℃~18℃，相对湿度55%~65%。

1.防潮

有的博物馆或展厅靠近水源，空气比较潮湿，在大气候没办法控制的情况下，珍贵文物应制作专柜，在其中放置生石灰、无水氯化钙或变色硅胶吸去空气中的潮气，以保持适宜文物小气候。

2.防虫、防霉

文物在陈列后必须进行消毒。一般用环氧乙烷定期进行消毒，它可以杀死虫的各个阶段，渗透力强。平时在陈列柜里施放樟脑，可以防虫避蠹。陈列厅在春秋两季定期进行文物保护。有些文物如纺织品类，有时比较脏，为了防霉可以根据情况加以清洗，但必须以不损坏文物为原则。

3.防干裂

如果展厅温度太高，为了防止皮革脆裂和漆、木、竹器干裂，可以放冰块或加湿器或水，用以降温,增加湿度。

4.防锈

空气潮湿及氧化作用会使金属特别是铁器生锈。为了解决这一问题,一方面陈列厅温度应严格控制。另一方面是在文物上做防锈处理。例如用速洁油精涂在铁器上然后加以擦拭,这样既除锈又能起到防锈作用,对文物起到保护作用。

5.防尘

陈列厅接待成千,上万的观众,为了防止泥土和灰尘带进馆内,在入口处应摆放擦脚垫或擦脚架。展厅内文物不宜暴露在外,必须在展柜陈列以减少尘埃。还应经常用软抹布、排刷、吸尘器除尘以防灰尘在文物上积聚。展厅地面清扫最好用煤油拖地以防起土。

6.防紫外线

一般陈列厅的玻璃都比较大,光线好。但阳光直射展厅,光线中的紫外线会使纺织品、皮革、纸张等文物褪色、变脆,加速其老化。为了防止紫外线直射,我们要及时放下窗帘,并将对光敏感的文物放在避光处陈列,同时为了确保文物的安全,还要进行防紫外线处理,可以采用防紫外线玻璃或在玻璃上涂上防紫外线吸收剂。

7.防盗

展厅陈列文物多,观众流量很大,人员复杂,文物容易丢失。为了展厅文物的安全,最好安装防盗监视设备。对珍贵文物必须专门安装报警器。开馆时应有专人巡逻,并有严格的交接手续。下班前保卫人员在所有展厅进行检查,清馆完毕后将展室门锁好,要把钥匙交到保卫部门统一管理。保卫部门应有干部和专职人员昼夜值班。

8.防火

展厅中布景箱、电动图等声光电器设备较多,用电量大且多易失火。为了展厅陈列文物的安全,陈列厅必须安装防火报警设备,同时在陈列中设置消火栓和灭火器材。各博物馆还应建立一支训练有素的义务消防队,随时可以参加灭火和抢救工作。另外对全体工作人员应加强防火意识教育,平时督促检查,有重大节日时做重点动员教育检查。展厅中,电动图内禁止存放易燃品,油拖把应远离垃圾箱,而存放在安全地点。施工中电焊火花要避免接近窗帘,垃圾也要及时处理。

三、文物在影视中的保护措施

在拍摄过程中,强光会对文物造成直接损害,所以为了保护文物应尽量用复制品代替原件拍摄，严禁将文物直接作为道具使用，以防损坏文物。拍摄中如果用电量大，易烧毁文物，因此为了文物的安全一定要有防火措施，禁止让电线、电器等直接接触文物。为了拍摄效果，无奈之下必须使用文物原件时，为了防止文物丢失，保管员应随文物到现场，做到人不离物，并且及时提醒注意保护文物事项，用完后立即带回库房。

四、文物在修复和复制中的保护措施

为了保护文物的安全，在修复和复制时，必须经领导批准，并填写修复、复制申请，经领导批准、双方负责人签字后才能进行修复和复制。负责修复和复制的单位必须保证文物的绝对安全，还必须保证原貌修复和复制，否则不予验收。复制品必须有记号，防止与原件混淆。在原件上拓模时必须以不损伤文物为原则。

五、文物字画在拍照和临摹中的保护措施

灯光的强度和对文物的破坏度是成正比的。光线越强，对文物的破坏性越大。为了保护文物，应尽量减少对文物拍照的次数，或用冷光摄影，但对光敏感的珍贵文物和一级文物，则应禁止拍照。在临摹珍贵字画时应注意文物的保护；在炎热、雨雪天气，勿提取字画进行临摹，防止珍贵字画受干裂和潮湿的影响。在临摹时不要距离字画太近，不要用汗手直接触摸字画。在欣赏字画时注意手中不要拿墨水笔，以防脏物玷污画面。还要特别注意轻拿轻放，轻开轻收，防止已干裂的画面脱落后受损。

六、文物消毒中的保护措施

博物馆不具备消毒条件时需要送到外单位消毒，在运输途中及放在外单位消毒时，为了防止文物丢失和损坏，必须将文物箱上锁，并办好交接手续保证文物安全。对文物消毒时，比较理想的是用环氧乙烷与二氧化碳的混合气体。日常用樟脑放在箱柜中时，最好用纸将药剂包好以防残渣损坏文物。

七、文物出国、异地展览中的保护措施

文物出国展览时，除了严格按规定办理交接手续和遵守布展要求外，途中运输的安全问题，

也是保护工作的重点。从国内运输到国外，无论是海运还是空运，都必须把文物装入集装箱内以确保文物的安全。小件文物需要先用囊匣包装，再装入柜箱，箱内空隙处必须用泡沫塑料充垫，以免晃动。箱柜装入集装箱时，必须把上下左右都进行固定。每一个集装箱都要有装箱卡，每个小箱子具体放在集装箱的什么位置都要有详细记载。在与外国进行文物交接时最好请海关人员同时参加，当面点交清楚之后封箱，用螺丝钉把箱盖拧死。

每个集装箱上车时，是靠吊车装的。在吊装过程中，现场要有保管干部指挥，轻吊轻放，确保吊装安全。在运往机场港口途中，每辆卡车上都要有保卫人员压车，而且首车与尾车都必须用对讲机保持联系，以保证途中的安全。

综上所述，文物利用率日益频繁，而文物利用与保护的矛盾日趋尖锐。文物频繁利用就会使文物有更多机会受损，因此博物馆文物保护是一项需要持续进行的工作。我们在工作中必须充分认识文物保护是利用的基础。文物保护得好，会使文物能更长久利用；文物利用得好，也会更好地促进其科学保护。我们还必须认识到，文物保护是为文物利用服务的，而文物利用又必须服从于保护，这样我们在实际工作中就有了对文物利用的主动权。

第六章　陶瓷器文物保护技术

中国陶瓷具有连续不断的长达万年的工艺发展史，举世独一无二。在自新石器时代至清末的漫长历史发展过程中，中国陶瓷取得了令世人瞩目的辉煌成就，其数量之多、纹饰之美、工艺之精，使世人惊叹不已，是世界文物、艺术宝库中绚丽的瑰宝。

对中国陶瓷的发展历程及所取得的巨大成就，我国著名的古陶瓷技术研究专家曾将其归纳为五大里程碑（分别是新石器时代早期陶器的出现、新石器时代晚期印纹硬陶和商周时期原始瓷的烧制成功、汉晋时期南方青釉瓷的诞生、隋唐时期北方白釉瓷的突破、宋代到清代颜色釉瓷（彩绘瓷、雕塑陶瓷）的辉煌成就）和三大技术突破（分别为原料的选择和精制、窑炉的改进和烧成温度的提高、釉的形成和发展），确为高屋建瓴的精辟概括。

第一节　中国古代陶瓷器原料

陶瓷器物的化学组成成分、结构以及性能与陶瓷器原料关系至为密切，原料的情况直接决定了器物的化学组成成分，也是决定器物的结构及性能的两大因素之一（另一因素是器物的烧制工艺）；同时也还是造成陶与瓷分别的内在根本原因。一般陶器胎中的 Al_2O_3 含量低，因此不耐高温烧造，高温会使之发生变形、瘫软甚至发酵。而烧制瓷器的原料中 Al_2O_3 含量较高，因此可耐高温烧造而不变形，且在高温下，SiO_2 熔融流动生成玻璃体（这一过程叫"玻化"），将瓷器胎体内的空隙填塞致密。

中国古代陶瓷器原料情况十分复杂，一方面，由于中国幅员辽阔，地域上的差异非常明显，不同窑系所用原料自然有所不同；另一方面，随着漫长的历史发展，选料工艺的不断进步，就是同一窑系，不同时期所用原料也存在较大差异。但不论实际情况如何复杂，中国古代陶瓷器原料从总体上看主要有三大类，即粘土、石英和长石。

一、粘土

1.粘土的形成

粘土是一般粘土质原料的总称，它是一种含水铝硅酸盐矿物，是由地壳中含长石类岩石经过长期风化与地质作用而生成的。

2.粘土的主要化学成分

较纯的粘土原料中，各含有一种主要的、具有一定化学组成和结晶结构的矿物，称之为粘土矿物。如：高岭土以高岭石为主要粘土矿物，瓷石、叙永土、膨润土、叶蜡石分别以伊利石、多水高岭石、蒙脱石、叶蜡石为主要粘土矿物。粘土矿物的主体化学成分是 SiO_2、Al_2O_3 和水。粘土除含有粘土矿物外，在自然界形成过程中还混有一定量的杂质。常见的杂质有铁的氧化物或含铁矿物，以及含钙、镁、钛的矿物和长石与石英等风化后的残留物。

3.粘土的主要矿物类型

根据现有研究发现，已经肯定的粘土矿物类型主要有以下 5 种：

（1）高岭石类

属于这一类的有高岭石、珍珠陶土、迪开石和多水高岭石，主要由它们构成的粘土称为高岭土，如我国著名的苏州高岭土、湖南界牌高岭土以及四川叙永多水高岭土等。

高岭石晶体呈极细的六角形鳞片状，晶片往往互相重叠，晶片厚 0.05μm，平均直径 0.7μm，面间角 106~140°。

（2）蒙脱石类

属于这一类的有蒙脱石、拜来石等，主要由它们构成的粘土称为膨润土，如福建连城东北黑山所产膨润土等。

蒙脱石的晶体呈细鳞片状，但结晶程度较差，轮廓不清楚。有的晶体局部清楚，有的则呈模糊的变长了的片状。

膨润土的硬度接近于 1，性柔软，阳离子交换能力强，吸附能力大。尤为突出的是吸水性强，吸水后体积可膨大 5~16 倍，乃至 30 倍。在陶瓷生产中，主要用作增塑剂。

（3）伊利石类

属于这一类的有水白云母、组云母等。它们单独构成粘土的极少，多数是包含在其他粘土中。以伊利石为主的粘土主要是水云母质粘土或绢云母质粘土，如我国江西、安徽等省所产瓷石中包括此类粘土。

在陶瓷生产中，粘土原料是可塑性原料，因为尽管不同的粘土原料各有不同的化学组成和矿物类型，但它们都有一些共同的特征，如粉碎后与水掺和能产生可塑性，成型的生坯在干燥后有足够的强度即结合性，烧成后能转变成坚实的岩石般物质。这些重要特性成为陶瓷器成型和烧成的工艺基础。

二、石英

石英在自然界中分布很广,部分以硅酸盐化合物状态存在,构成各种矿物岩石,另一部分则以独立状态存在成为单独的矿物实体。在自然界中,石英的存在形式多种多样,主要类型有水晶、脉石英、石英岩、隐晶质石英以及蛋白石($SiO_2·nH_2O$)和硅藻土(含水 SiO_2)等,陶瓷生产中使用的一般为脉石英或石英岩,其 SiO_2 的含量都在97%以上。

石英是瘠性原料。石英原料在陶瓷生产中的作用表现在:由于石英岩粉碎后与水掺和时不具有可塑性,因此可作为常温下坯料可塑性的调整剂;又由于石英在高温中具有适当的膨胀性,可以补偿坯体的收缩,减少变形,提高坯体的机械强度。

三、长石

长石是一族矿物的总称,约占地壳总重量的50%,呈架状硅酸盐结构。按化学组成说,长石族矿物是一种碱金属(钾、钠)或碱土金属(钙、钡)的无水铝硅酸盐。

由于存在着钠长石与钾长石、钠长石与钙长石均可以互溶的情况,所以长石多以几种长石互溶物形式存在于地壳中,其最重要的矿物有以下两类:

1.正长石

正长石是指解理面交角为90°的长石,属单斜晶系,成分上为钾长石或钾钠长石。若解理角稍小于90的称为微斜长石,属三斜晶系。

2.斜长石

斜长石是钠长石与钙长石的互溶物,钠(钙)长石若在10%以上,即为斜长石。

在实际生产中使用的长石原料的成分要稍复杂一些,但与粘土原料相比,其所含杂质成分要少一些。

生产陶瓷器,就是将上述这些原料进行配方和制备,作陶瓷器成型的坯料和釉料。当然,如前所述,中国古代陶瓷器生产原料复杂,不同历史时期、不同窑系所用原料存在较大差异。根据现有研究,新石器时代早期的陶器所用原料具有随意性和原始性,人们只是用其居住区周围的泥土作制陶原料,它们都含有大小不等的砂粒,其中大者可达8毫米左右;如南庄头陶片、仙人洞陶片、甑皮岩陶片、青塘陶片的分析都显示了这种特征。到了新石器时代中、晚期,虽然还是就地取土,但在一定范围内是选择那些易于成型、干燥收缩和烧成收缩都较小的易熔粘土作为制陶原料，可谓就地选土；当所用粘土还不能满足上述要求时，就会在粘土中加入诸如炭化后的草木碎叶和谷类的碎壳，煅烧后的贝壳和各种砂粒，亦即考古界所谓的"屏和料"。自此以后，原料的选择、精制和配方工艺随经验的日益积累而不断取得进步，如逐渐认识到原料的粉碎和淘洗的作用，提高了原料的纯度和工艺性能；在北方从易熔粘土配方发展到高岭土和长石的配方，在南方则从易熔粘土配方经过瓷石质粘土配方到瓷石加高岭土的配方等等。最终，陶瓷原料主要表面在地域的差异上：在南方，如浙江、江西、福建以及安徽南部都盛产瓷石，各地所产瓷石的化学成分相差不大，主要由石英和绢云母等矿物组成，是一种含 SiO_2 较高和 Al_2O_3 较低的，并有一定量的熔剂的制瓷原料，用此制成的瓷属高硅质瓷。在北方，如河南、河北、陕西和山西等地所产的制瓷原料，多为二次沉积粘土，其中纯者的化学组成接近纯高岭土；不纯者则含或多或少的石英、云母、碳酸盐矿物和铁、钛等杂质。但它们都是含 Al_2O_3 较高和 SiO_2 较低，并含有一定 CaO 的制瓷原料，用此粘土原料制成的瓷器都属高铝质瓷。

在浙江龙泉古窑址的发掘中曾发现作坊中遗留的瓷石原料，其中两种为元代的，两种为明代的，经过分析研究确认它们是制瓷用的瓷石原料。

磁州窑是我国北方最大的民窑之一其主要窑址分布在北方中原地区的河北、河南、山西诸省，历史上曾经存在磁州窑系。

第二节 中国古代陶瓷器的化学组成与结构

由于中国古代陶瓷原料的复杂性和不断变化性以及陶瓷烧制工艺的不断发展，中国古代陶瓷器的化学组成和结构是相当复杂的，在此只能选择其中具有代表性的陶瓷作一介绍。

一、陶器的化学组成与结构

陶器一般由普通泥土制成，烧成温度较低（一般不超过 1000℃），烧成品的器体胎质疏松、吸水率高、器体外一般不施釉或施低温釉。现出土有新石器时代早期陶器的遗址主要有河北徐水县南庄头、江西万年县仙人洞、广东英德县青塘、广西桂林甑皮岩，以及稍晚于此的河南新郑县裴李岗、河北武安县磁山、浙江余姚县河姆渡和桐乡县罗家角等。前者出土陶器都是夹有大小不等的砂粒的粗砂陶，后者有夹砂陶、泥质陶和夹炭陶等。

陶器中 SiO_2 的含量在 54%~75%之间变化，一般砂质陶 SiO_2 含量高于泥质陶。但也有例外，如徐水南庄头夹砂陶的 SiO_2 含量只有 54.25%，其原因在于其所含粗砂粒不是α-石英，而是大量的角闪石，这也同时说明了何以它的 CaO 和 MgO 含量很高，特别是 MgO 的含量高达 11.97%，因为角闪石中含有大量 MgO。Al₂O₃ 的含量则在 5.92%~26.03% 之间变化，这一很大的变化说明了早期陶器的化学组成的分散性和所用原料的多样性。

在结构上，早期陶器除都含有一定量的α-石英外，还含有其他矿物，如徐水南庄头陶片即含有大量的大颗粒的角闪石和蛭石，其大者可长达 4mm。

二、瓷器的化学组成与结构

瓷器，是指以瓷土等为制胎原料。胎表施釉经高温（一般 1200℃ 以上）焙烧，烧成品胎质致密、吸水率低或不吸水的器物。瓷与陶的主要差别在于：外观上，坚实致密、断面有玻璃态光泽，薄层微透光；性能上，具有较高的强度，气孔率和吸水率都非常小；显微结构上，含有较多的玻璃态和一定量的莫来石晶体。

1.越窑青釉瓷胎的化学组成与结构

根据现有考古资料，越窑创建于东汉，鼎盛于唐、五代，衰落于宋，历时近千年。越窑分布在浙江东北部杭州湾南岸绍兴、上虞、余姚、慈溪至宁波、鄞州区一带的广大地区，其瓷器的化学组成与结构基本上代表了我国南方的情况。

数据显示，绍兴、上虞、慈溪（上林湖）三地越窑的青釉瓷胎的化学组成均接近。SiO₂ 的含量介于 72.55%~80.65% 之间；与此相应，Al₂O₃ 的含量则在 18.87%~12.61% 之间；熔剂总量则在 6.74%.~8.65% 之间变化，其中，Fe₂O₃ 和 TiO₂ 含量多数分别在 2% 和 1% 左右波动。总体上看，都是一种高 SiO₂、低 Al₂O₃ 和含有一定量的 Fe₂O₃ 及 TiO2 的瓷胎。这样的化学成分组成主要是因为它所用的原料是瓷石，而瓷石中主要有石英、绢云母以及少量长石和高岭石类矿物。这些矿物反映在化学组成上就是高 SiO₂、低 Al₂O₃ 和一定量的 K₂O、Na₂O，以及少量的 CaO，MgO，Fe₂O₃ 和 TiO₂ 等杂质。

上虞小仙坛窑址和龙泉塘墓葬出土的东汉晚期及西晋的两个瓷片的显微结构，残留石英颗粒较细，多数在几十微米范围内，分布较均匀。石英周围有明显的熔蚀边，棱角均已圆钝。发育较好的莫来石在长石残骸中到处可见，偶尔还可见玻璃中析出的二次莫来石。也还可观察到少量云母残骸。整个结构中玻璃态物质较多。

2.邢窑白釉瓷胎的化学组成与结构

邢窑白釉瓷是我国北方瓷器的代表，其化学组成亦能反映北方瓷器的化学组成情况。

总体上邢窑瓷胎化学组成变化较大，主要是 Al_2O_3 和 R_xO_y 含量变化较大，Al_2O_3 含量在 25%~35% 之间变化，R_xO_y 则表现为有的是 RO（CaO+MgO）高。其主要原因是所用原料变化大。但与越窑青釉瓷胎相比，SiO_2 含量明显较低，Al_2O_3 含量较高，Fe_2O_3 和 TiO_2 的含量也低了很多，其原因在于我国北方盛产优质高岭土原料，并在配方中使用了长石，从而形成了高铝的高岭石-石英-长石质瓷。

根据邢窑白釉瓷胎的显微结构可见，玻璃态物质较多。同时，高岭石残骸也十分典型。

第三节 陶瓷器文物的保护

一、陶瓷文物的损坏

（一）陶器文物的损坏

陶器文物的烧制温度较低，大多在 700℃~1000℃ 之间，在此温度下，石英、长石只是熔融，粘土中的有机质被氧化，生成二氧化碳气体逸出，因此烧成后陶器的结构不致密，孔隙度较大，一般在 15%~35% 之间；吸水性强，疏松，易破碎。一般情况下陶器比较稳定，具有良好的耐候性能，以及一定的机械强度和耐水性。但长期埋葬于地下的陶器文物由于受到地下水的不断侵蚀和盐的结晶与溶解的交替变化影响，陶器文物自身的抵抗力减弱；出土后的陶器文物，由于暴露在空气中，原有温、湿度的平衡被打破，再加上日晒、雨淋、大气污染、霉菌及震动等多种因素的影响，都有可能遭到损坏。具体地说，常见的陶器文物损坏主要有以下几类：

1.可溶性盐类损坏

长期埋葬在地下的陶器文物，由于地下环境一般呈潮湿状态，地下水中含有大量的可溶性盐类，如碳酸盐、硫酸盐、卤化物等，这些可溶性盐类随地下水浸入到多孔的陶器内部并积聚起来，因此器物含盐分很高，如甘肃酒泉出土的黑彩陶罐，利用 X 射线衍射测定其黑彩成分时，NaCl 的衍射峰强度很大，掩蔽了 Fe_2O_3 的衍射峰。这些可溶性盐类浸入到陶器中，会出现两种情况：

（1）与陶器中的金属矿物质发生置换反应，改变陶器的内部组成结构，引发陶器的劣化。

（2）这些渗入并积聚在陶器孔隙中的可溶性盐类的溶解度会随环境温、湿度的变化而变化，当环境中湿度增大时，陶器的水分含量升高，使得陶器中的可溶性盐类溶解；当环境温度升高时，随着陶器中水分的蒸发，可溶性盐类就会在陶器内部、外层或颜料层中结晶，造成体积膨胀，对孔隙四壁的压力增强，溶解后，这种膨胀压力又随之消失。

这种现象，即可溶性盐类的溶解-结晶-再溶解-再结晶现象会随着环境温、湿度的改变反复不断地出现，其后果就是不断结晶产生的膨胀作用使本来就不大坚实的陶器变得更加疏松和脆弱，稍遇外力就会很容易破碎，尤其是孔隙度较高的夹砂陶，更易损坏，这也是出土陶器完整器物很少的主要原因。可溶性盐类是陶器文物最主要的病害。

2.难溶性盐类损坏

陶胎中钙、镁、铁等金属阳离子溶出后，会与地下水中的碳酸根离子、硫酸根离子、氢氧根离子、硅酸根离子、磷酸根离子等阴离子反应而往往在陶器表面形成一层坚硬的垢层。

这一类难溶物仅在陶器表面形成一层坚硬的覆盖层，与陶器本体的结合力并不太强，对陶器本身的强度影响不大，但它易形成块状脱落而损伤陶器，尤其对彩陶影响更大，因为彩陶的颜料主要是 Fe_2O_3、Fe_3O_4 及 MnO_2 等矿物质，它们耐强酸、强碱性能都较差，与盐之间有一定的结合力，坚硬的外壳脱落以后，势必造成彩陶图案的破坏。

3.温度，湿度变化造成的损坏

除前述温、湿度的改变致使可溶性盐类对陶器造成损坏外，出土后暴露在空气中的陶器文物由于原有的温、湿度平衡被破坏，温、湿度变化造成的损坏更大，如：若温度低于 0℃，陶器中的水分就会结冰，水由液态变成固态时，其体积膨胀 8%，由此而产生的膨胀力大约为 $6×10^3kg/cm^2$；当温度高于 0℃时，冰又融化成水，这个力随之消失，如此反复作用，陶器质地就会变得疏松，甚至出现裂隙。若是处于高温的夏季，气候干燥，空气湿度小，陶器中水分挥发速度加快，也易使陶器出现裂隙。若遇梅雨季节，温度高湿度大，霉菌的繁殖速度和各种化学反应速度加快，同样会对陶器造成损害。

4.空气污染造成的损坏

自 20 世纪六七十年代以来，主要由工业生产而导致的环境污染日趋严重，空气污染是其中的一个重要方面，主要表现在大气中二氧化硫、二氧化碳、硫化氢、氯化氢等有害气体的浓度逐渐增高，尘埃日益增多。对于那些出土后存放在潮湿环境以及空气污染较为严重的地方的陶器文物，当富含很多酸性废气、盐类、微生物及各种菌类的尘埃降落在陶器表面上时，久而久之会形成一层土灰色的覆盖层，它使得陶器表面的湿度较内层大，潮湿的表面更容易吸附酸性气体，并且利于霉菌的生长。霉菌新陈代谢产物中的硝酸、硫酸、亚硝酸及有机酸等和空气中的酸一起对含有钙盐结构（如 $CaCO_3$、$CaSiO_3$）的陶器文物将会产生一定程度的损害。特别是对彩陶，不仅能使器物褪色、整体强度下降，而且还会引起一连串的破坏，如引起器表剥落现象等。

5.食物腐败、烟熏造成的损坏

有些陶器文物作为陪葬品，内盛食品等物，随着时间推移，食物腐败变质，结果造成器物受到污染。在古代，也还有许多陶器文物用作炊具，长期受到烟熏以致器物表面变黑，此种污染及污迹对彩陶损害甚大。

另外，有一些彩绘俑仕，出土后由于原有平衡遭到破坏，俑仕表面彩绘会剥落、起翘，甚至精美彩绘完全消失，如秦始皇兵马俑二号坑出土的彩俑即是其中最著名的一例。

（二）瓷器文物的损坏

与陶器相比，瓷器质地致密、坚硬、光滑，不易吸水；可溶性盐类也不易渗入瓷器内部。同时，凡瓷器均上釉，烧结后的釉即为硅酸盐，也就是玻璃。釉与瓷胎体之间有一个很薄的中间层，一般只有胎体厚度的 1%~3%，是釉在熔融过程中与胎体发生作用的结果，釉层虽然很薄，却能强烈地改变胎体的一些物理、化学性质，使瓷胎具有较好的热稳定性、化学稳定性和介电性。因此，瓷器的损坏多为机械性损坏。

二、陶瓷文物的保护和修复

陶瓷文物在出土前，多在地下埋藏数百年乃至数千年，由于陶瓷文物本身脆性大，加之年代久远，出土时大多都已破碎成片，而且充满各种污染物。因此，出土陶瓷文物一般都须经过修复处理，然后才能入馆保藏。陶瓷文物的修复一般都经过清洗、拼对、粘接、补配、加固、作色及做旧等几个步骤。

（一）清洗

清洗是进行陶瓷文物修复的第一步，其目的是将被修复器物表面及断裂部位的各种泥土、杂质和污垢去除干净，使陶瓷文物露出本来面目，为后道工序的修复提供条件。

陶瓷文物的清洗方法很多，归纳起来，常用的基本方法主要有机械清洗法和化学清洗法。

1.机械清洗法

使用硬毛刷或细铜刷或刀锥、竹签等工具，对器物表面进行干刷，以去除覆在其上的泥土和杂质。硬毛刷主要用于胎质松软或风化严重的器物，而刀锥竹签等尖利工具主要用于剔除较坚硬或存在于沟缝内的土锈、杂物等。一般而言，出土陶瓷文物都要先用此方法进行初步清洗处理，然后再用其他方法进一步清洗，特别是有些器物不宜采用水洗、酸洗和浸泡方法进行清洗处理，更须用此方法进行清洗。

2.化学清洗法

是用化学药剂来清除陶瓷文物表面的锈碱、氧化物污染、油渍以及各种杂质等的方法。常用的化学药剂有盐酸溶液、甲酸溶液、高锰酸钾、过氧化氢以及乙醇、乙醚和丙酮等有机溶剂。

在清洗工作正式实施前，必须做好必要的和充分的准备工作，主要是须对修复对象进行全面仔细的观察和分析，具体而言，包括以下几个方面的内容：

（1）确认器物胎质性质

首先是陶胎还是瓷胎，若是陶胎，应重点观察其是否有较严重的风化、粉化等现象。并根据胎质致密程度，估算出大概吸水率。

（2）检查釉面情况

主要是明确釉性质、表面是否光滑、有无龟裂，釉层附着力如何以及釉层剥落等情况。

（3）辨别器物上彩绘纹饰的情况和性质

加彩的陶器要注意区别彩陶与彩绘陶；观察剥彩现象是否严重，并找出防止继续剥落的方法。

（4）研究分析器物表面及断面上的污染情况

主要是确定器物上泥土、杂质和污垢的性质、种类、附着力大小以及对器物本身的侵蚀情况等。

在上述观察和分析的基础上，制定出正确有效的清洗方案、方法及步骤。另一项准备工作是拍照建档。修复前的器物原状须拍摄照片，连同修复过程和修复结果照片以及器物的详细登记情况，一并存档。具体实施清洗时，不同器物、不同的污垢，应针对性地采取不同的清洗方法。

3.陶器文物的清洗

出土陶器文物的污染物主要有三大类，一为可溶性盐类，二为钙类、硅类难溶物，三为腐败物；陶器文物的清洗主要就是去除这三类污染物。

（1）可溶性盐类清洗

陶器中所含可溶性盐类与器物出土地域的地质状况有密切关系，一般主要为 $NaCl$、KCl、Na_2CO_3、$MgSO_4$ 以及这些金属阳离子的氢氧化物。若是含盐分高的陶器文物，时间稍长（2~3 年）器物表面就会泛白，且被盐结晶长出无数小花点，造成器物表面粗糙，釉陶甚至可使釉面剥落，同时使得器物内部松脆、容易碎裂，因此，陶器中盐分必须去除。一般可采用水洗涤的方法。但须注意器物表面装饰物（如彩绘）能否经得住清洗，否则应先进行加固保护然后才能清洗。

1）素陶

指器物表面没有其他材料装饰的器物。这类器物一般用洗涤法除盐即可。具体做法是：把器物放入流动的水中，洗涤一两天，除去大量的盐分后，再换用蒸馏水浸泡洗涤。除盐程度的判断既可利用电导仪测量洗涤液的电导率，也可利用2%的$AgNO_3$溶液测定洗涤中Cl浓度。

2）彩陶

彩陶是在坯体未干时将彩料绘于器物表面，经打磨压入器表，和器物结合很牢固，如马家窑文化时期的彩陶。此类器物可直接用洗涤法去除盐类。对虽经打磨、但因制作粗糙而使颜料图纹高于器物表面且很松散的彩陶，如甘肃玉门火烧沟文化类型彩陶，须先对其表面加固，后再用洗涤法除盐，常用的加固剂有2%的硝基纤维素丙酮溶液、2%的可溶性尼龙酒精溶液、3%的乙基纤维素酒精溶液。

还有一些器物由于本身非常脆弱，虽经高分子材料加固表面，仍不能用洗涤法除盐，可用纸浆包裹法。具体做法是：先把滤纸或吸墨纸撕成碎块，放入盛蒸馏水的烧杯中，加热搅拌使其成为纸浆；再把纸浆涂在器物表面且使纸浆干燥时，由于滤纸毛细管吸出作用，液体和盐类就会从器物内部转移到器物表面，并且在敷纸上结晶，如此反复数次，即可除去盐分。

3）彩绘陶器

这类器物由于地下潮湿环境作用，颜料中的胶结材料已老化失去作用，出土后在干燥情况下彩绘颜料脱落起甲，对此类器物，应先整修、进行表面加固后视其强度选择洗涤法或纸浆包裹法除盐。

4）釉陶

釉陶烧成温度较高，如著名的唐三彩素烧温度高达1100 心，其强度比一般陶器高，加之其表面覆盖有一层玻璃质石灰釉或铅釉层，故其稳定性也比一般陶器要好得多；但若釉层不全或不完整时，盐类也会渗入陶体内部，在温、湿度变化时由于盐类结晶作用造成釉层剥落。对此类器物，若釉层与器物结合牢固，可直接用洗涤法除盐，若二者结合很松散应先加固，再视强度情况选用洗涤法或纸浆包裹法除盐。

（2）钙类、硅类难溶物清洗

此类难溶物在博物馆条件下很稳定，对文物也无任何损害，一般情况下不予去除，但若其掩蔽了彩陶文物的花纹图案，则必须将之清除。去除方法如下：

对石灰质覆盖层，视其厚薄，分别配制1%、2%.4%的稀盐酸溶液擦洗，有时也可加入0.5%

的乌洛托品试剂作为缓蚀剂；等图案花纹快出现时，用5%的六偏磷酸钠溶液浸泡，以除去剩余石灰质。覆盖层除去后，再用大量清水冲洗。

对石膏类（$CaSO_4 \cdot 2H_2O$）覆盖物，可用硫酸铵的热饱和溶液擦洗，除完后用大量清水冲洗。

对硅质类覆盖物，一般可用机械法去除，也可用1%氢氟酸溶液擦拭去除，但因氢氟酸有剧毒，应在通风橱中操作，同时它对陶质中的所有成分均有腐蚀作用，故操作应非常仔细。

（3）食物腐败物、烟熏污迹清洗

对于有机脂类污垢，可采用脱脂棉蘸酒精、丙酮、乙醚或二甲苯等有机溶剂擦洗去除；对于油烟类污渍可用5%碳酸钠加0.5%的十二烷基苯磺酸钠的热溶液擦洗清除；对于炭黑，可用3%的过氧化氢溶液擦洗，使其氧化去除。

4.瓷器文物的清洗

清洗瓷器的方法很多，常用的方法有：

（1）清水去尘、除泥

对残片上的泥土，灰尘和旧缝中存有的黄、黑垢迹，可用清水、洗洁精、漂白粉等浸泡，用刷子、竹签、刀子手工清洗。

（2）机械去污

对有些坚硬的附着物用小型超声波清洗或电动刻字笔等清洗。

（3）化学去污

瓷器上的$CaCO_3$、$MgCO_3$等盐类物质可用5%~10%的稀盐酸、甲酸或醋酸等清洗。

在上述清洗过程中，必须注意几个问题：

1）无论采取何种清洗方法，均应以不伤害文物为基本原则。无此把握的方法必须先经过试验，取得满意效果后再使用。

2）陶器的质地较酥松，且吸水率高，故需尽量减少用水量及其他有害溶液的浸泡。对风化严重的低温陶器和彩绘陶器，严禁采用水洗方法，酸液除垢浓度也要低。

3）清洗瓷器的釉上彩时需格外小心，因其年深日久极易剥落，有的对酸液敏感，易被腐蚀掉色。

4）陶瓷文物并非清洗得越干净、越彻底越好。

相反，有些器物上的异物应予以保留或保护：凡粘附在器物表面的各种历史遗迹应予以保留，如丝麻织品或其他印痕以及必要的各类锈蚀等；既有年代特征，又能反映品种特点的锈蚀应予以大部分保留，如汉代的所谓"银釉"；在不影响观看和鉴赏的基础上，应在不重要的部位上保留少部分能反映文物年代特征的各类锈蚀。

（二）拼对

拼对是陶瓷文物修复中最重要的环节之一。破碎不严重的器物拼对较易，关键是破碎严重的器物，对此，在拼合对接前，应仔细观察残件（片）的形状、颜色、纹饰，大体分一下类，初步确定其所在部位，然后再逐块进行试拼对并编号。同时，设计和做好粘接前的各项准备工作。

（三）粘接

粘接是修复陶瓷文物中难度较高的工序，粘接时一定要兼顾上下左右的关系，原则是由小到大，顺序可从底部往上粘接，也可从口沿部分开始粘接，但都务必做到每一片需整合的陶瓷片不能有丝毫的错位，否则，破损缝隙将无法复位。

1.粘接剂

修复陶瓷器，粘接剂的选择是关键。常用的适合于陶器粘接的有硝基纤维素三甲树脂、环氧树脂粘合剂、聚醋酸乙烯酯、乙烯-陶酸乙烯共聚物等，其中，环氧树脂粘接剂种类很多，有多种胶可用于修复瓷器。

2.粘接方法

（1）直接对粘法

这是应用最多、最基本的粘接方法。操作过程是：首先将粘合剂均匀地涂敷在已清洁干净的断面上；然后将两断口正确地吻合并对在一起，用力按实；再用脱脂棉蘸取少许溶剂并挤成半干，将溢出断缝外的粘合剂擦拭干净。粘接拼合后的部位需加以固定，直至粘合剂完全固化后，除去固定用具和用品。此法适宜于环境温度 20~22℃，相对湿度小于 85%的条件下操作。

（2）灌注粘接法

是将需要粘接的各部位，先各自就位，然后再将粘合剂灌注到断裂的缝隙中去的粘接方法。其基本做法是：将准备粘接的部位，调整固定好位置，再用橡皮泥或打样膏把断口两侧和下面的缝隙堵严，以防灌注时胶液外流；然后将配制好的粘合剂从断缝上方灌入；待粘合剂完全固化后，把橡皮泥去除干净即可。此法适用于经拼核发现裂缝间隙较宽的器物、各类非完全性断折者，以及用直接粘接法后而接缝尚有小部分缺损，又不必进行补配修复的器物。

（3）快速粘接法

是对破损不太严重的器物进行应急修复的一种方法。常用"502"瞬干胶或热固型环氧树脂胶进行粘接。

（四）补配

若一件陶瓷器的破损部位不存在了而不能通过粘接将其形体完全复原，此时就需要对其进行补配修复。常用材料有石膏粉、水泥、聚醋酸乙烯乳胶、钛白粉、滑石粉、虫胶清漆、丙烯酸清漆、白炭黑及环氧树脂粘合剂等，应根据修复对象、要求等的不同选择其中的某些材料进行配方。补配的主要方法有填补、塑补和模补三种，此外，还有陶补法、瓷补法及插接法等。

（五）加固

陶瓷器物的加固分为机械加固和粘接加固两类。前者是指陶瓷文物在运输与展览过程中的保护性加固，多用于大型器物或易损器物。后者是利用粘合剂或涂料的连结力及其固化物的性能来提高器物表面或局部的牢度、强度和硬度；既可起到保护性、预防性作用，又可防止风化器壁及剥落彩绘和釉层的继续风化和剥落，应用十分广泛。根据不同对象，常用的加固方法有：喷涂加固法、滴注加固法、浸泡加固法和玻璃钢加固法。

1.喷涂加固法

此法是将粘合剂或涂料稀释后，直接喷洒或涂覆在加固处的表面。适用于风化较轻的器壁、欲剥落的彩绘和釉层以及对补配部位的强化处理。常用的材料有环氧树脂粘合剂、丙烯酸清漆或三甲树脂等。

2.滴注加固法

此法是利用"502"粘合剂渗透性强的特点，对器物上非受力部位的裂缝、冲口以及粘接修补后尚不牢固者，进行加固的一种方法。

3.浸泡加固法

此法是把整个器物直接放入涂料液中，浸泡一段时间后，取出器物放到一个装有少量溶剂的加盖玻璃容器中，使其在饱和溶剂蒸气条件下缓缓干燥。适用于整个器物风化侵蚀严重的低温陶器的加固。加固涂料可用三甲树脂稀释剂或丙烯酸清漆；溶剂可用 1：1 的甲苯、丙酮溶液。

4.玻璃钢加固法

此法采用压层工艺把环氧树脂粘合剂和玻璃纤维布制成性能优良的玻璃钢，再利用它来加固大型易损的陶器。仅用于展览修复，且仅限于器物的非暴露部位，如大型马俑的内腹、器物的内壁等。

（六）作色

为了便于展览或其他需要，对某些陶瓷器需作色，这也是最难的一道工序。对于涂釉的部位和器物，作色往往还要与仿釉工作同时进行。作色首先应根据器物的原色，选择好颜料，可从色彩、遮盖力、着色力、粘度、比重、分散性能、耐光性、耐热性、耐酸碱性、耐溶剂性等10个方面考虑。其次应拟定作色方案，并根据方案，进行调色。最后着色，可根据不同情况，采取不同的着色方法，如喷涂法、刷涂法、擦涂法、勾画法、粘贴法、吹扑法等。

（七）做旧

1.瓷釉光泽处理

出土的陶瓷器物由于长期埋藏在地下，受到地下的自然侵蚀，大多失去光泽，年代越久，光泽差异越大；有些瓷器表面有一层极薄的透明膜，俗称"哈俐光"，观其釉色有一种散光现象，如唐三彩上的"蝇翅纹"，就是其中的一类。对此，根据不同情况及需要分别采用压光法、抛光法或罩光法达到做旧目的。

2.釉面锈蚀制作

（1）土锈

指由于陶瓷文物长期深埋地下，有些泥土变得坚硬板结，牢固地附着在器物表面，凝固成不同形状的土疤。可用扑撒法做旧：用"502"强力粘合剂或漆皮汁（虫胶酒精溶液）、清漆等喷在需要做锈的部分，然后将研好的黄土（发白的土锈可将黄土中加白粉子）撒在上面，干后即成土锈。也可将胶与泥浆混合，用牙刷弹、墩、刷，做出点状或斑状土锈。

（2）水锈

长期埋在地下的陶瓷文物的表面多附着一些白色沉积物，多呈水痕形状，俗称水锈。它们的主要成分是 $CaCO_3$、$MgCO_3$ 盐类物质，有些还杂有 Fe_2O_3 或 $CuCO_3$ 等物质。其做旧可采用扑撒法，即：将清漆、漆皮汁喷或刷在须做水锈的部位，然后将滑石粉或其他体质颜料粉末扑撒在上面，等涂层完全干燥后，清除干净浮粉即成。也可用复分解法，即在需要做水锈部位涂一层硅酸钠水溶液，待其干燥后，再用5%的稀盐酸在涂层表面刷涂一遍，盐酸遇硅酸钠后发生复分解反应，生成白色盐类物质并附在器壁上。还可用"502"粘合剂滴涂在须做水锈的部位上，胶液未固化前用水及时喷洒或冲洗有胶部位，胶遇水后即泛白并固化。

（3）"银釉"

基葬中出土的铅绿釉器表面，常会发现一层有银白色金属光泽的物质，俗称"银釉"。它主要是处于潮湿环境，铅绿釉面受到轻微溶蚀，溶蚀下来的物质连同水中原有的可溶性盐类沉积下来的沉积物。这种"银釉"以汉绿釉陶器上最为常见，在唐三彩和其他彩釉器上有时也能见到。其做旧可采用清漆中加银粉刷喷的方法；也可采用云母粉硅酸钠溶液刷涂，然后再涂稀盐酸，硅酸钠与稀盐酸发生分解反应产生一层带云母光泽的盐类物质，反复几次即可出现银釉的效果；还可采用"银镜反应"制取出氧化银中的银，或用银箔中的银粉，然后用清漆调匀，喷刷在器物上。

陶瓷文物的日常保护主要是为其创造适宜的外部环境条件，包括建设一个选址科学、环境优美而无污染的库房建筑；控制好库房温、湿度，按我国制定的标准，温度应在 18~24℃，相对湿度应在 50%~60%，且日变化幅度应分别不超过 5℃、5%；陶瓷器都易破碎，要避免碰撞及成堆累放；应保持库房干燥，以免陶器受潮；对各类彩绘陶器应当进行必要的表面加固等。

（八）半坡博物馆藏素面夹砂红陶瓮的保护和修复实例

红陶瓮破损严重，大小共 12 块，表面覆盖有大量土垢和泥垢，其中最大块残片由 25 个碎片粘接而成，高 34cm，宽 40cm，最小的一片仅长 7cm，残片边缘留有石膏等前修复痕迹。在实施修复前，对文物进行了系统的科学研究，制定了一个较为完整的修复计划。内容主要包括：修复前的记录，残片保存状况的描述，科学分析，器物残片的清洗、粘接、补全以及修复后的防护处理和建立"佳达"卡数据库档案等。

1.修复前的记录

包括拍摄器物照片 6 张和绘制器物病图 17 张。

2.保存状况

编号为 27 的器物残片破损相当严重，共 12 块。残片缺口都已磨损，很多残片无法拼对成型。由于表面覆盖层较厚，无法分辨器物的材质和制作工艺，只能推断可能是夹砂陶器的一些碎片。

3.成分及结构分析

器体样品岩相显微分析表明：陶片夹砂中含有云母，夹砂砂粒较粗，是夹砂粗陶片。器物表面结垢样品的 X 光衍射分析表明：结垢中除含有大量疏松的土质结垢外，还夹杂一些较硬的钙质结垢。从残片的 X 光片中可看到泥条盘筑的痕迹。根据上述科学分析结果制定了详细的清洗方案。

4.清洗

（1）机械清洗

沉积在表面的松软土垢用毛刷和吹气球清除；残片边缘一些松动的溢胶和石膏痕，用手术刀清除；渗入到裂缝里较难清除的胶痕，用加热的手术刀尖部慢慢剔除。

（2）化学清洗

残片上较硬土质结垢中含有的钙质物须用离子交换树脂清洗。残片上难以剔除的胶痕，用牙刷沾丙酮清除；残留石膏较多的地方用棉花包裹在上面，滴适量去离子水，待石膏软化后，用手术刀剔除。清洗后的 12 块残片呈现出原有的历史面貌，在两块口沿残片上发现有 LGZ、T276、W274·77·10 及 LGZ·T274·W186·77·9 标记，经过研究与核实，确定这 12 块残片分属于两个不同器物。

5.粘接

（1）试拼接

由于是两个材质和工艺相似的器物混在一起，拼接十分困难。试拼时把能够拼对成形的残片用胶带纸粘接在一起，依次编上序号，放置在较平整的台面上。当所有残片试拼完成后，把能够成形部分的胶带除去，依编号次序摆放，以备粘接时方便使用。

（2）粘接

先将所有残片的接缝涂上 15% 的 Paraloid B-72（丙烯酸树脂）作为保护层，然后涂 UHU PLUS 二合一胶（环氧树脂），按 1∶1 的比例调和后，对残片进行粘接，接口处用胶带纸及金属实固定。

6.补全

（1）配填料

选石膏加矿物颜料的混合物作为填料。配料前，先反复试验直至满意。最终配方为：石膏 240g，阴处烧土 19.5g，红色颜料 15.5g，阴处烧土 4.3g，Siena 天然土 3.6g。按 10∶3 的比例，使填料充分溶于水中，制成石膏色浆。

（2）补全

先在所需补全部位用蜡片或胶带作底托，然后将石膏色浆快速填充到底托上，不断修整，使其略高于器物表面 0.2~0.5mm。用棉球蘸去离子水擦去多余石膏色浆，待其干燥后用手术刀进行最后的修整、刮平。色浆完全凝固后，用细砂纸打磨，使表面光滑、平整。

7.防护处理

用 2%的 Paraloid B-72 涂抹器物内外壁及补全部位，使之形成保护层，隔离空气和有害物质，并使补全部分与器物整体保持统一的质感。

8.建立"佳达"卡数据库资料

修复后的器物进行拍照和填写"佳达"卡。卡片内容包括器物名称、来源、编号、保存状况、结构材料、制作技术、科学分析方法、修复前后照片、绘图及修复使用的方法步骤等所有数据。数据整理后输入计算机，使之成为永久资料。

第七章　金属类文物保护技术

金属类文物包括青铜器、铁器、金器、银器、锡器和铅器等。除了金银器，大多数金属类文物在外界不利的物理、化学、生物条件影响下，内部结构都会发生较大改变，随着时间的推移而发生各种腐蚀现象。这些腐蚀现象或发生在器物表面，或发生在实体内部。金属被腐蚀后，其体积、色泽、重量、强度、形状同原来相比会发生不同程度的变化，文物的科学、艺术价值和历史价值也随之降低。

铁器、锡器、铅器类文物与青铜文物相比，现存的数量不多且腐蚀严重。因此加强对这些金属文物的研究和探索，弄清其腐蚀机理，对锈蚀产物进行分析，研究保护方法刻不容缓。

金器和银器贵重稀有化学性质稳定，无论是出土的，还是传世的金银器，腐蚀程度均不严重。

第一节　铁器文物保护技术

在我国古代人类历史文明长河中，春秋战国时期生铁冶炼技术的成功标志着社会生产力又一飞跃发展。生铁性脆、强度不够，开始只能用于制造铁铲、铁锛等工具。目前秦皇陵兵马俑出土的 4 万余件的兵器中，只有铁矛 1 件、铁镞 1 件和铁铤铜镞 2 件，其余都是铜兵器。到了汉代，将生铁中的碳含量和有害杂质进一步降低就炼成了钢。自南北朝以后各种钢制农具、工具、兵器和生活用具大量出现，炒钢、百炼钢、灌钢工艺技术进一步改进，钢的质量明显提高。《宝刀赋》中"陆斩犀革，水断龙舟"就是对百炼钢优异性能的由衷赞叹。铁器的化学成分及结构决定其不稳定的理化性质，所以出土铁器文物数量不多。

一、铁器文物考古现场保护

考古出土文物是博物馆馆藏文物的重要或主要来源，考古现场文物保护是文物保护的重要组成部分。考古现场文物保护是指在文物将要发掘出土及出土后运送至实验室的这一时间段内，对文物进行的抢救性和临时性的保护或维护。由于文物出土后环境突变会导致文物腐蚀速率的激增，因此，考古发掘现场文物保护工作成为出土文物保护的重要环节，也是做好馆藏文物保护的重要方面。

与实验室内保护处理相比，考古现场条件简陋，情况紧急复杂，时效性强，应最大限度地保留出土铁器带有的各项信息，从而为后期实验室研究与保护提供依据。

1.工作程序

考古现场铁质文物保护程序包括评估环境与保存状况、确定文物提取方法、提取文物（必要时先加固）、采集样品、档案记录、包装与运输。

其中采集样品为非必要步骤。

考古发掘现场铁质文物保护所需的材料和工具主要有：pH试纸、滴管、手术刀、竹镊子、竹签、毛刷、吸耳球、喷壶、脱脂棉、麻纸、胶带纸、聚乙烯薄膜、聚乙烯样品袋、丝网、薄板、托板、去盐黏土、挖掘用具、手套、大小装具、减震填塞物、包装绳、标签等。

2.提取方法

考古发掘现场文物保护所涉及的保护技术非常多，其中提取技术是非常重要的一个环节。对于铁质文物而言，提取前必须先评估铁质文物的自身强度和其上附着的其他文物、周围土壤情况等，然后采取直接提取文物单体法或者整体提取法，避免盲目操作造成损害。整个提取过程要做好记录。

（1）直接提取文物单体法

直接提取法是考古现场提取中最常使用的方法。对于质地较好、体形不大、周围土质强度较好的铁质文物，直接提取器物即可。为了减少日后清理的难度和工作量，需对器物基本清理。通常用竹签及毛刷去除近处泥土，板结土壤可滴些乙醇疏松后剔除。然后双手托底，平稳缓慢提出器物，放入聚乙烯袋中。将器物移置于相对封闭的装具中，衬垫固定稳妥后进行包装，运至文物保管场所检测、保护和保存。

（2）整体提取法

整体提取法是指将铁质文物及同出的其他文物、迹象以及周遭一定范围的积土一起，提取、搬移的过程。作为一种考古发掘现场较为复杂的文物提取方法，整体提取并不是在任何时候都需要使用的。不顾文物保存状况及土壤情况，一概对文物进行整体提取，不仅会拖延考古工作的进程，同时还有可能对文物本身造成损害。因此，在决定对出土文物整体提取之前，一定要明确该文物是否需要整体提取。

一般状况下，对非常脆弱、碎裂严重或迹象复杂情况不甚明了的文物采取整体提取法。根据使用材料和处理方法的差别，整体提取法可大致分为基本提取法、套箱提取法、石膏提取法、聚氨酯泡沫提取法。常常几种方法并用，以应对不同的出土情况。一般情况下，对于土壤强度较好且体积最较小的铁质文物，可采用基本提取法；对于土壤强度较好但体量较大的铁质文物，可采用套箱提取法；对于土壤强度较差但体量较小的文物，可采用石膏提取法；而对土壤强度较差且体量较大的文物，可采用聚氨酯泡沫提取法。

1）基本提取法

基本提取法方法几乎不借助任何提取材料，完全依靠土壤自身的强度对文物整体提取。因此该方法只适用于土壤自身强度较好的情况。但由于土壤自身结构的限制，即使是强度很好的土壤，对于体量较大的文物也不足以提供一个完全安全的支撑。因此，该方法的另一个必要适用条件就是文物体量不大。基本提取法的具体提取步骤如下：

①去除文物周围泥土

整体提取中的所谓去除文物周围泥土并不是将文物周围泥土完全去除，而是指将包裹文物的周边泥土去除掉，从而使文物处于一个土质台基上。基本提取法中承载文物的土质台基剖面一般为矩形。但当土壤强度十分好时，也可以将其做成剖面为倒梯形的土质台基。这样可以减少后续底切处理工作量。但必须注意的是，倒梯形侧边与地面夹角应该控制在80°左右。这是因为如果角度太大则底切工作量减少不明显，如果角度太小则上层架空，土质坍塌的危险就会增加。同时应控制文物边缘距离土质台基边缘有4~5厘米距离，且土质台基高度（或文物底部距离土质台基底部的距离）最少为5厘米。

②周边加固

周边加固是指使用加强材料对土质台基周边进行简单、临时性加固。在基本提取法中周边加固法有纱布绷带法、石膏绷带法以及树脂绷带法等。

A.纱布绷带法

纱布绷带法是使用纱布绷带对承载文物的土质台基周边进行包裹加固的方法。具体加固方法是采用一定宽度的纱布绷带，沿土质台基底部紧密地将土质台基侧面螺旋式包缠起来，利用纱布绷带自身的强度对土质台基产生一个加强的作用。

B.石膏绷带法

如果普通纱布绷带加固不能提供足够支撑，就应使用石膏绷带包裹。虽然石膏绷带法较纱布绷带法更为安全有效，但由于石膏容易污染文物表面，必须在土质台基表面包覆一层隔离层（常使用聚乙烯薄膜），然后使用石膏绷带法，具体加固方法同上。

C.树脂绷带法

所谓树脂绷带是采用热塑性树脂为主要原材料，均匀涂布于网状棉织物表面制成绷带。树脂绷带较石膏绷带具有使用方便、强度高、污染小、可反复使用等特点，是基本提取法中最理想的周边加固材料。具体的加固方法同上。

2）石膏包固法

石膏包固法是用石膏固定和包裹器物，避免器物移位、碎裂、干燥、氧化的整体提取方法，是常规现场保护方法。主要分基础清理、预加固、切割、灭菌、加固、切底、封底几个程序。

①基础清理

一方面清理去除表面不必要的积土以减轻重量和体积，另一方面确定器物位置，对于埋藏复杂的堆积使用探针定位，画好切割线。针对边缘易损，器物边缘需预留3~5厘米。

②预加固

如有必要，需对器物预加固（临时加固定位），可用少许去盐黏土固定器物容易移位的点，辅以塑料签插入固位。对器物已裸露部分，则需重新敷盖一层土，避免器物移位破损。也可以做好隔离层后直接敷注石膏定位。

③切割

将器物侧面的积土同周围母土分离，去除不必要者，预设刚性模板。一般周缘预留数厘米左右注灌石膏。

④灭菌

喷洒灭菌试剂，避免微生物滋生导致铁器进一步腐蚀。

⑤加固

可覆盖比器物稍大些的聚乙烯薄膜隔离层，然后注石膏。视具体情况定石膏壁厚薄，太厚则重量大会使后期工作不便，太薄易碎会损害器物。有时为了加强石膏韧度，需辅以木质或铁丝网加强筋。也有间杂敷以浸蘸石膏的麻布多层，以应对搬拿运输中的牵拉、震动和挤压。

⑥切底、封底

待正面完全固化后，用刚性平板切底，然后翻转如上法处理，封护底部。

需要注意的是，隔离层一定要完全，否则石膏泄露会加速铁器的腐蚀。开始时贴近器物的石膏要稀一点，这样流动性好，贴敷固形效果好。外层石膏可以稍稠一点，固化成型快。操作时应避免器物移位。此法适合土壤强度较差、器物碎裂腐蚀比较严重和形体较小的器物。

还有一种石膏包固法，与上述方法相似，使用多层浸蘸石膏的麻布包裹、切块、打包和加固。该法较轻便、快捷，用于器形较小或者多块切割和切块不大的器物。

3）绷带缠固法

与石膏包固法相似，以绷带取代石膏。将侧面土壁捆扎固定，防止土体滑落坍塌。再用刚性平板切底并且托起，将器物整体提取出来，平移置于装具。为了避免器物在包装运输中移位、骤然干燥、氧化而破坏，要用聚乙烯薄膜将器物整体"块状物"包裹起来，再用惰性填塞物填满装具内的所有空隐，达到压力适中后封存。

绷带强度：纱布绷带<石膏绷带<树脂绷带。纱布绷带注意杀菌；石膏绷带注意防菌，并且避免污染器物；热熔树脂绷带制作费时，但可以重复利用，可根据实际情况选择使用。切底用刚性平板，最好一侧带刃，使之具有较强的嵌入性。切取时保持水平用力，防止土体碎裂坍塌。此方法适合形体不大和土质较疏松的情况。

4）套箱加固法

将器物临时加固、聚乙烯膜隔离后，将器物连同其下土壤一起与母土分离，然后自上而下套上木箱，使土基四壁与木壁结合稳固。再用刚性平板切底，整体提出，平移到敷设好绳索或铁丝的支撑底板上，然后加顶盖（中空处加一定量填塞物）。将上下支撑板绞紧，完成套箱打包。若器物形体较大，土质坚硬黏实，可选用拼板切底法，即掏空底部时不断加垫板，将器物置于一排板上整体托取，以"化整为零"的方式实现切底。此法适合器物体型较大和土壤强度较好的情况。

对于所有包固保护的器物，要做好位置及其他工作记录，贴好标签。打包后的箱包，应依照出土时的方向放置，切勿倒置，其下及周围需要垫海绵、秸秆、泡沫板等缓冲材料。

3.脆弱铁质文物的稳定性处理

如果铁质文物出土前已完全或接近完全矿化，应现场加固，提高其强度后再提取和运输。加固材料应具备较好的安全性、渗透性、稳定性、可再处理性以及适当的加固强度。目前所使用的加固材料主要分为水溶性和溶剂性两类。水溶性材料主要有乙酸乙烯酯乳液、硅丙乳液、丙烯酸树脂类等，溶剂性材料主要包括各种有机硅、丙烯酸类、聚乙烯醇缩丁醛、Paraloid B-72 等。在潮湿状态下，大多溶剂性材料会发生膜不透明现象，影响器物表面形貌。水溶性材料可避免此缺点，适合在潮湿环境中使用。

4.记录与样品采集

（1）记录

记录是出土文物保护修复的第一手档案资料，记录应贯穿考古现场保护的始终。记录包括所有操作程序的文字记录和照相、录像等音像资料和工作日记。

铁质文物出土时，首先按照考古学的要求依层位编号。所提取文物应及时标明登记号。选择次要部位标记，涂一层可逆材料（通常为丙烯酸树脂溶液），其上书写登记号，干后再覆一层丙烯酸树脂溶液。每件铁质文物都应附带一张登记表，详细填写器物来源，发掘期间处理、分析、取样等情况，在显眼位置标识保存状况说明，如易碎及适宜保存的环境条件等。

（2）样品采集

采集样品包括环境样品、文物样品和附带样品。环境样品是指考古现场环境中土质、水质、墓室内气体等。附带样品是指铁质文物与其他随葬物等相关的残留物样品，如颜料、织物、漆皮、皮革、木材、食物残存等。

采样的基本原则是，采集样品只在需要时开展。采样应有明确的层位和位置，同时关注共存的遗物。尽量选择破损器物，避免破坏完整器物。在次要部位采样，避开器物纹饰和其他重要部位。科学保管样品，避免外界因素污染。对取样后的器物部位进行防护处理。

5.搬运及运输

（1）铁质文物搬运

铁质文物搬运是指手工操作将铁质文物移入装具的过程。

小件器物用双手托捧，大件器物一手托底、一手扶持，或者双手捧拿器物的中下部，勿提拿口沿，耳部等连接脆弱的部位，避免应力集中造成器物破裂。脆弱器物可定位加固后放在托板上整体移动，搬运时谨慎专心，轻拿轻放，宜戴手套操作，避免污染器物。

（2）铁质文物运输

铁质文物运输是将考古现场取出的文物安全运回室内的过程，包括包装和运输两个环节。

包装要求装具内部可固定，硬度适中，与器物间能够相互依托并且具有缓冲功能；外部坚硬，可抵抗一定的挤压和冲撞。应使用不会释放有害气体和不受微生物侵害的惰性材料。聚乙烯材料制作的包装物密封后能防止潮气及污染物侵入，通常将出土器物装入聚乙烯袋，再用防震材料（可选择惰性材料制成的泡沫珠或海绵）包裹器物后放在硬质容器中。包装避免使用报纸、印染织物、卫生纸及金属材料制品。大型装具往往有多个隔断的空间，应采取更多的防震措施。可以在装具的底部垫一层较厚泡沫，甚至可以在泡沫上铺垫海绵。条件简陋时可选择稻草、麦草等具备防震功能的简易材料。

另外，装具外部需要注明出土地点、器物名称以及号码、方向标记、易碎标识等信息。搬运时要轻拿轻放，切勿倒置。存放空间的温、湿度要适宜。文物运输途中，车速不宜太快，力求平稳安全。

6.注意事项

（1）考古现场环境控制

考古发掘中，应尽可能防止温度和湿度的大幅度变化，可在考古现场搭建密闭性较好的临时大棚，减缓发掘现场与大气的能量和物质交换。

（2）整体提取文物的处理

无论采用哪种整体提取方法，在提取工作结束后，都应尽快将提取体运送回实验室，并尽快去除文物外部包裹的提取材料及文物周边泥土，进一步保护处理文物，不要将包有文物的整体提取块长时间储存。

二、铁器文物清洗与除锈

1.概述

清洗是指使用物理或化学方法去除文物上妨碍展示、研究或保存的附着物，如土垢、有机无机污染物及之前保护与修复残留附着物。除锈通常指去除铁器的疏松锈层，除锈程度将直接影响脱盐和封护剂的使用效率。

对于一些妨碍展示、研究或保存的表面附着物，一般情况下应清洗去除。需要注意的是，清洗是不可逆操作，在对一些附着物清洗前，需要了解其是否具有考古或保护研究的价值。例如包裹织物的残留、剑鞘残留物等，应予以保留；对于一些可以反映埋藏环境和腐蚀化学过程的附着物，也应保留。如果必须清洗，应该将去除的附着物放入有标签的小玻璃瓶中，与保护处理档案一起保存，以便于日后的研究。

在对铁质文物进行清洗和除锈之前，了解文物的现状与保存历史是非常重要的，可通过调阅文物保存处理档案和利用仪器分析，了解文物所经历的人工干预方式和过程、表面附着物性质和文物整体结构状态等信息，为清洗除锈方案的制订提供依据。如果铁质文物结构强度较大，矿化程度较轻，也可以整体浸泡或者超声波加速浸泡清洗；结构松散或者已经丧失了大部分力学性能的铁器，则不适合整体清洗，如确需进行，应在结构加固后采用温和方式进行。

2.常用方法

（1）机械法

机械法是指利用物理摩擦接触原理，采用手工或电动工具等，清除铁质文物表面的附着物及疏松锈蚀物。手工除锈比较方便、灵活，需要设备少，特别适用于含沉积物较多、锈层较厚的出水铁质文物的现场除锈。常用的工具有榔头、小锤、凿子、铲刀、钢丝刷等。

小型电动设备包括小型角磨机、小型电钻、刻字机等，这些工具轻巧、灵活、便捷，可适用于各种小件铁质文物的清洗和除锈要求。同时可以有针对性地去除大型铁质文物边角处的附着物和锈蚀物，效率较手工大大提高。实际操作中，手工与电动经常联合使用。使用机械清除需要严格控制力度，对于表面有金、银饰等较为珍贵的铁质文物，应由有经验的人员在放大灯或显微镜下操作。

（2）超声波法

超声波清洗是利用超声波在液体中的空化作用。在超声波作用下，液体分子时而受拉，时而受压，形成一个个微小的空腔（激发成细小气泡，直径50到500微米，并被清洗液蒸气充满），即所谓的"空化泡"。由于空化泡的内外压力相差十分悬殊，待空化泡破裂时，会产生局部液体冲击波（压力可达几百个大气压）。在此压力作用下，黏附在金属表面的各类污垢会被剥离。与此同时，在超声场作用下，清洗液的脉动和搅拌加剧，溶解和乳化加速，从而加速了清洗进程。

使用超声波清洗铁质文物时，应注意文物本体的力学结构是否稳定，矿化严重和结构疏松的文物不适合进行超声波清洗。进行水溶液超声波清洗时，可使用氢氧化钠等碱性物质将pH值调至碱性，减缓铁器的腐蚀。质地较好的小件铁质文物，较适宜采用超声波清洗方法。

（3）蒸气清洗

蒸气清洗也称"过饱和蒸气清洗"。基本原理是水在完全密封的蒸汽机加热炉缸中被加热成蒸气，在加热过程中，缸内压力会相应渐渐提高，喷射出的饱和蒸气温度可高达180℃。利用饱和蒸汽高温及外加高压，清洗零件表面的油渍污物，并将其汽化蒸发。在高温高压作用下的饱和蒸汽，能在清洗表面有效作用半径内自动捕捉和溶解微小的油渍物颗粒，并将其汽化蒸发。同时，过饱和蒸气可以有效切入任何细小的孔洞和裂缝，剥离并且去除其中的污渍和残留物。过饱和蒸气清洗具有操作方便与绿色环保的特点。使用时应注意蒸气清洗机的出口压力，喷头与被清洗文物必须保持合适的距离，可采取先远后近的方式进行清洗。

（4）喷砂法

喷砂法是通过喷砂机将一定尺寸的砂粒喷射到生锈的铁质文物表面。通过砂粒与锈蚀层的物理碰撞摩擦，来将锈层剥离。主要设备有干式喷砂机、湿式喷砂机等，分为开放式和密闭式两种。开放式喷砂机虽然机械程度高、除锈质量好，但使用的磨料一般不能回收，对环境造成的污染比较严重。密闭式（箱式）喷砂机和循环回收式喷砂机除了具有开放式喷砂机的优点外，还具有磨料自动完成回收分选功能，使用成本低、喷砂时无粉尘、利于环保、清洁耗气量小、气压可以任意调节等特点。喷砂效果主要由喷砂介质（磨料）决定，磨料分为效果强烈的金属磨料和效果柔和的树脂磨料。

在铁质文物除锈中，磨料和设备的选择非常重要，需要根据铁质文物的材质及具体的腐蚀程度来决定。目前使用在铁质文物除锈上的磨料主要有石英砂、刚玉砂、塑料砂、玻璃珠、核桃皮粉末等，颗粒有粗、中、细之分。设备主要有密闭式（箱式）喷砂机、小型喷砂机、用于精确操作的专业喷砂机，喷砂压力范围在 4~6MPa，喷嘴尺寸可在 4~10mm 内变更。操作者可根据器物的大小及锈蚀状况，选择不同的喷砂设备、磨料种类与颗粒度，调换不同的喷砂压力与不同尺寸的喷嘴，控制喷砂气流，达到较好的除锈效果。

（5）激光清洗法

目前工业生产中主要采用干式和蒸气（湿式）式激光清洗方法。干式清洗是将激光直接照射在被清洗物体表面，使污染物吸收激光能量后迅速升温，进而产生一系列物理效应，最终使污染物与基体脱离，同时不会对基体产生损伤。蒸气式激光清洗是在被清洗物的表面上喷洒或涂敷一层薄薄的液体，在激光照射下产生蒸气，使得污染微粒在蒸气的作用下脱离基体，达到清洗的目的。激光清洗因其自身的优点而在许多领域中逐步取代传统的清洗工艺。例如激光清洗具有无研磨和非接触性，可消除机械作用力对清洗物体的伤害；激光清洗具有选择性，根据器物的锈蚀程度来控制清洗强度，同时不损伤基体，有利于环境保护。早在几十年前，英国就用红宝石脉冲激光成功清洗了大理石雕刻上的风化壳层。激光清洗技术已应用于石质文物、青铜、油画、陶瓷、象牙文物、纺织品、木质彩绘清洗等方面。其中在石质文物上应用最为先进和成熟。20 世纪 80 年代起，国外科学家还尝试用激光法去除铁器上的有害锈蚀。

目前，激光技术在文物清洗中常用蒸气式激光清洗，以及用激光使污物松散后，再用非腐蚀性的化学方法去污两种方法。利用激光进行清洗时，激光器的选择极为重要，目前激光器的种类比较多，如 CO_2 激光器、Nd：YAG 激光器和准分子激光器等。在文物清洗中，常用 Nd：YAG 激光器，以中等脉冲宽度（50~110μs）工作。

（6）化学法

化学试剂法即采用溶剂或乳液等与铁锈发生化学反应来溶解金属表面的锈蚀层，从而达到清洗除锈的目的。此方法一般需要对表面进行多次处理，清洗周期长，在铁质文物保护处理中是普遍采用的方法。目前用于铁质文物清洗除锈的化学试剂很多，主要包括柠檬酸、草酸、磷酸、EDTA二钠盐等。在实际操作中，应根据器物的材质、腐蚀程度、表面硬结物及原埋藏环境的不同，选用不同的化学除锈剂。使用化学除锈剂除锈后，均需用蒸馏水反复清洗，以防止药物残留在器物上，然后配合使用小型机械或电动工具，除去铁器上的锈蚀习。

1）煤油可去除金属表面附着的油腻和污物，并可软化铁锈。但要注意的是，煤油渗入后较难置换出来，会加深铁质文物的表观颜色。

2）柠檬酸可溶解铁的锈垢。柠檬酸铁的溶解度小，如果在柠檬酸清洗液中加入氨水，调节 pH 至 3.5~4.5，生成柠檬酸单铵，可以和铁离子生成柠檬酸亚铁铵和柠檬酸高铁铵的配合物，对铁的氧化物具有很高的溶解度。常用浓度为 5%~10%（质量比），其毒性较小，但其浓溶液会刺激黏膜。

3）草酸对铁锈具有很好的溶解能力，主要用于清除铁的氧化物。草酸对铁的氧化物的溶解作用除了与其酸性有一定的关系外，更重要的是其螯合作用。但由于大部分草酸盐是难溶于水的，因此，不能用硬水配制草酸清洗液，应使用纯净水。常用浓度为 5%~10%（质量比），有毒，而且其酸性对皮肤和黏膜有刺激和腐蚀作用。

4）正磷酸具有较强的结合能力，与铁的氧化物生成可溶性的络合物。其酸性较弱，对铁基体的腐蚀作用较小。常用浓度为 10%，无毒性，有一定的刺激性。

5）EDTA 二钠盐具有较强的结合能力，与铁的氢氧化物生成可溶性的络合物。

EDTA 二钠盐对铁基体有一定的侵蚀作用，常用浓度为 2%~5%（质量比）。常使用氢氧化钠将其 pH 值调至 8~10，无毒性，但有一定的刺激性。

将脱脂棉涂敷锈蚀处，并将配制好的清洗除锈溶液滴于脱脂棉上，使其完全浸润。待锈蚀软化后，去掉脱脂棉，配合使用手术刀、牙钩或小型电动工具除去锈蚀物，最后用蒸馏水反复清洗，直到药液完全去除。需要掌握涂敷时间，避免药液长时间作用对文物基体造成伤害。

3.清洗除锈处理步骤

（1）制订清洗除锈方案

应根据实际情况制订清洗除锈方案，通常包括下列步骤。

1）调查器物收藏前的环境，如文物的埋藏环境和水下环境。

2）仔细观测器物的原始状态，并拍照记录，测量器物尺寸。

3）判断铁质文物材质，分析附着物与锈蚀产物，评估器物残损及腐蚀状况，绘制器物病害图。

4）可使用 X 射线探伤等方法了解铁质文物的结构稳定性和矿化程度。

5）考虑处理器物时的实际情况，如作业场地、气候、人员、经费等。

6）综合上述情况，选择适宜的清洗除锈方法。

（2）除锈保护原则

锈蚀去除程度主要依靠分析检测数据和文物保护工作者的经验来确定。根据工作经验，对于铁质文物的除锈处理，总结以下几种类型的除锈保护经验。

1）对于已完全矿化的铁器，为了展览需要，可只去除表面的硬结物及疏松锈蚀，或带锈保护。

2）对于出土铁器，可选择手动、小型电动除锈工具或喷砂机。

3）对于出水大型铁器（如铁炮、铁锚），因其体积较大而且表面附着一层较厚的海洋沉积物，先采用手工方法除去大块沉积物，之后选用喷砂机除锈。磨料适合选择目数稍大的刚玉砂料，并结合角磨机进行边角部位的除锈。

4）对于室外保存的大型铁器，表面锈蚀物较少，可选择手提式喷砂机除锈，磨料适合选用树脂或塑料砂。

5）对于表面有纹饰或嵌金银类的铁器，锈层较薄，宜采用化学与机械相结合的方法去除锈蚀物。

4.常用工具和材料

（1）常用工具

常用工具有软（硬）毛刷、脱脂棉、棉签、竹刀、竹签、手术刀和放大镜等。一般遵循由软到硬、由轻到重的原则。使用硬质工具如手术刀时，应在放大镜辅助下进行。其他工具有微型电磨、手持式刻字机、角磨机和超声波清洗器等，以及密闭式喷砂机、环保喷砂机、手提喷砂机与微型喷砂机。此外还有牙钩、镊子、卷尺、温湿度记录仪、照相机、小型五金工具包喷水壶、烧杯、量筒、滴瓶等。

（2）常用材料

常用材料有护目镜，手套、帽子、口罩、工作服、脱脂棉、取样袋，标签，以及分析纯柠檬酸、草酸、正磷酸、六偏磷酸钠、EDTA 二钠盐等试剂，还有蒸馏水（或纯净水）、乙醇、丙酮煤油、表面活性剂等。

5.操作要求与注意事项

（1）器物表层应无疏松多孔的锈蚀物，可见坚硬无害的锈层或基体。

（2）应不改变器物的原始性状，不损伤纹饰和铭文。

（3）清洗除锈剂应对铁基体无明显腐蚀。

（4）器物颜色无明显改变。

（5）保留器物原始表面的历史信息，如织物残留等。

三、铁器文物缓蚀

缓蚀剂是一种少量添加即能阻止金属腐蚀或减缓金属腐蚀速度的物质，是铁质文物保护技术的重要环节。

根据美国试验与材料协会（ASTM）发布的《关于腐蚀与腐蚀试验术语的标准定义》中缓蚀剂定义，缓蚀剂是一种当其以适当浓度和形式存在于介质中时，可以防止或延缓金属腐蚀的化学物质或复合物。缓蚀剂种类繁多，根据其在介质中对金属电化学腐蚀过程影响可分为阳极型、阴极型和混合型。根据其在金属表面成膜特征可分为氧化膜型、沉淀膜型和吸附膜型。

由于铁质文物致密锈蚀中的 Fe（I）和 Fe（II）存在空轨道，容易接受电子，可与带孤对电子基团产生吸附。因此良好缓蚀体系中应具孤对电子的基团，在缓蚀体系中充当主剂，对金属铁和带锈铁器保护效果较好。缓蚀处理仅适用于仍存在金属基体的铁质文物。

铁质文物主要在库房保存或展厅中陈列，其腐蚀特征主要为大气腐蚀。大气腐蚀是铁质文物在大气中由于氧、水分及其他介质作用所引起的腐蚀行为。要使铁质文物长期保持稳定，对其缓蚀处理非常必要。

1.选择原则

缓蚀剂有如下特点：

（1）基本上不改变腐蚀环境，即可获得良好效果；

（2）以较少投入可达到防腐蚀之目的；

（3）针对腐蚀环境变化，可通过改变缓蚀剂种类或浓度保持防腐蚀效果；

（4）同一配方有时可同时防止多种金属在不同环境中的腐蚀。在筛选和研发铁质文物缓蚀剂时，一般须遵循以下原则：

1）文物保护原则

筛选、复配、改性铁质文物缓蚀剂时，除考虑缓蚀效果，所选材料必须严格遵守"最小干预""可再处理"和"不改变文物原状"的文物保护原则。

2）环境友好原则

随着公众环保意识日益增强，根据《污水综合排放标准》，一些效果良好的传统缓蚀剂已达不到防腐与环保的双重标准，开发性能良好的环境友好型缓蚀剂已成为主要研究方向。如铬酸盐、重铬酸盐、亚硝酸盐等高效缓蚀剂，已弃置不用。

3）优良缓蚀效果

由于文物的特殊性，不可能频繁开展维护，因此，长效性是铁质文物缓蚀剂筛选和研发的主要指标。

2.材料与配方

铁质文物缓蚀剂的应用主要包括两个领域。其一，清洗、除锈或脱盐试剂中的缓蚀剂，主要作用是阻止清洗、除锈或脱盐试剂对铁质文物基体的腐蚀。其二，铁质文物表面缓蚀剂，即涂敷于铁质文物表层的缓蚀剂，主要作用是减缓其在展厅或库房中所受的大气腐蚀。

（1）清洗、除锈或脱盐试剂中的缓蚀剂

清洗、除锈或脱盐试剂中常用的铁质文物缓蚀剂配方较少。专家研究了硅酸盐在羟基氧化铁上的吸附作用，并运用 XRD 分析研究了硅酸盐水溶液处理对钢铁表面氧化物形态的影响。结果表明，硅酸盐吸附在钢铁表面羟基氧化物上反应生成了新的物质，形成了较为致密的缓蚀膜，可同时抑制钢铁的阴、阳极反应，且对阴极反应的抑制作用较强。用添加了硅酸盐缓蚀剂的复配洗液处理了两块铁质界碑文物，在清洗过程中未产生新的腐蚀，效果良好。硅酸盐容易形成难以清除的硅垢，而且不易抑制；单独使用硅酸盐缓蚀剂缓蚀效果不理想，配方中常常需要添加膦系缓蚀剂。有机硅酸盐克服了无机硅的不足，具有较好的缓蚀效果，不易形成难以清除的硅垢。

可以看出，清洗、除锈试剂主要为酸性试剂，需要加入表面活性剂、硫脲或噻唑类缓蚀剂，减缓该试剂对铁质文物的腐蚀。脱盐溶液目前仍以碱性溶液为主，可加入硅酸盐或钼酸盐等缓蚀剂，起到一定缓蚀作用。据近年来的最新研究，碱性脱盐溶液几乎不会腐蚀铁质文物基体，加入缓蚀剂后反而会减缓脱盐速率，因此认为，碱性脱盐溶液中不需添加缓蚀剂。

（2）铁质文物表面缓蚀剂

铁质文物表面缓蚀剂种类繁多，除了单宁酸、苯并三氮唑可单独用作缓蚀剂外，其余均为复配型缓蚀剂，这也是目前国内外的研究趋势。在模拟古代组织与成分的白口铁和灰口铁，以及铁炮、铁钟、铁锚和数件馆藏小件铁质文物上应用效果良好。

3.处理工艺

（1）缓蚀处理一般工艺

常用的缓蚀处理工艺主要有刷涂、喷涂、涂敷等。

1）刷涂

刷涂是缓蚀工艺实施普遍采用的方法。优点是工具简单，节省用料，受场地限制较少，渗透性较好。缺点是工作效率较低，缓蚀成膜质量受文物形制和操作者影响较大。注意事项：刷子在使用前先去除脱落的刷毛，然后用溶解缓蚀剂所用溶剂润湿；避免取料过多造成回流现象；缓蚀剂一般需刷涂两遍以上，第二遍应与第一遍刷涂方向垂直，力求缓蚀形成的膜层厚度均匀一致。

2）喷涂

喷涂是利用喷枪或高压柱塞泵等将缓蚀剂加压，喷出后形成雾化气流作用于文物表面。该法工效较高，膜层均匀，成膜质量受文物形制和操作者影响较小。

注意事项：喷涂时应采用先上下后左右或者先左右后上下的纵横喷涂方法；喷涂与文物表面应维持在同一水平距离上，防止喷枪高距离或弧形挥动。

3）涂敷

涂敷是利用无酸性纸浆吸附缓蚀剂后均匀贴附在文物表面，并定期更换，最终使缓蚀剂在文物表面形成致密膜。其优点可使文物在较长时间内处于缓蚀成膜状态，成膜效果较好，既解决了大型铁器无法浸泡预膜的难点，又解决了刷涂、喷涂等方法成膜不均的缺陷，尤其适用于成膜速度较慢的缓蚀剂。缺点是操作时间较长。

注意事项：纸浆需选用无酸性纸浆，更换周期为24~48小时；由于缓蚀剂的类型不同，涂敷时间也不等，一般为7~10天。

（2）缓蚀处理注意事项

1）缓蚀工艺实施过程中，需要对文物遮蔽，避免大风、雨、尘等的影响。

2）缓蚀工艺操作者需着工作服和口罩，根据缓蚀剂类型，必要时配备防毒面具，并且保证操作场地通风良好。

3）缓蚀工艺实施完毕后，用热风机将缓蚀部位干燥，根据缓蚀剂类型不同，一般控制干燥温度低于50℃；待热干燥后，再在常温下干燥一天，或借助设备常温干燥0.5~1小时，使缓蚀部位彻底干燥。

（3）验收评估

以肉眼观察缓蚀膜层不改变文物外观为标准。

（4）缓蚀期间的保护措施

文物缓蚀干燥后，应在2天内封护处理，在此期间，应避免尖锐物体或酸类液体损失缓蚀部位膜层。

如遇下雨或其他天气因素暂时无法实施封护时，应对缓蚀部位遮蔽或覆盖，防止沾染尘土和水汽，影响缓蚀膜层附着力。待实施封护条件成熟时，需对缓蚀部位再次干燥，方可封护。

四、铁器文物封护

大多数铁质文物在保护过程中表面需要增加涂层，以阻隔水分和空气污染，降低水分和氧到达阳极区速率，提高耐腐蚀性。1888年，德国柏林皇家博物馆成立了世界上第一个博物馆研究实验室，率先开展了铁质文物保护方法和材料研究。随着近年来对铁腐蚀机理研究的不断深入，材料选择和具体保护操作都有很大进步。

1.封护材料

国内外文物保护工作者在铁质文物封护材料选择方面做了许多尝试，从天然树脂到人工合成高分子材料，如蜡、硝酸纤维素、环氧树脂、丙烯酸类、聚氨酯等。经过多年的保护实践，普遍认为铁质文物封护材料的选择需要遵循以下几点：

（1）可再处理性；

（2）基本透明，无眩光；

（3）耐老化性能好；

（4）防腐性能好；

（5）防水性能好；

（6）膨胀系数尽量接近金属；

（7）具有一定的硬度和良好的耐磨性。

其中，可再处理性原则已成为广泛共识。

1）天然材料

早期铁质文物主要采用油脂浸注，主要目的是加固以及隔绝水分和有害物质，所用材料包括蓖麻油、石蜡等。油脂是一个较广义的概念，指从植物或动物中获取的脂溶性物质，都是脂肪酸和甘油的反应产物。油和蜡的化学结构没有明显差异，只是物理性质有所不同。在室温条件下，油是液体，蜡是固体。

①微晶石蜡

微晶石蜡是一种在文物保护中应用较早、较广泛的材料，直到目前仍继续用于金属文物保护，特别是馆藏铁质文物保护。

微晶石蜡是从原油蒸馏精制获得的片状或针状结晶，其主要成分为正构烷烃，也有少量带个别支链的烷烃和带长侧链的环烷烃。其熔点较高（62.8~90.6℃），相对硬度大，水汽不易透过。商品微晶蜡分子量是580~700。微晶石蜡具有韧性，不易破碎。

在保护过程中，通常将小型器物直接浸泡在熔融微晶石蜡中，处理温度大约在175℃。使用微晶石蜡作为最后一层封护材料时，器物不需脱水，可以直接放入加热熔融石蜡中。由于蜡熔融温度高于水的沸点，水分会以水汽形式蒸发出去。器物在熔融微晶蜡中放置时间要足够长，直到没有气泡生成。然后将融熔蜡温度冷却至93~107℃，移出器物，擦除多余的蜡。如果器物比较脆弱或者表面风化严重，则应先将器物干燥，之后再用微晶蜡封护，防止溢出的气泡破坏文物。如果器物表面残留明显蜡层，可以采用热喷枪或者用刀轻轻刮除。

微晶石蜡适于处理较小器物，对于大型器物（例如铁炮和铁锚），由于目前工艺条件限制难以操作，可以使用其他封护材料。

长期研究和实践表明，微晶石蜡能够在较大程度上满足文物保护需求。微晶石蜡除了可以隔绝水和空气以外，还可以作为加固材料使用。

②虫蜡

虫蜡又称虫白蜡、川蜡、中国蜡。是雄性白蜡虫幼虫生长过程中分泌的蜡，为动物蜡，主要含大分子量酯类，及少量棕榈酸、硬脂酸。熔点高（约80℃）、硬度大，理化性质比较稳定，具有密闭、防潮、防锈、防腐等作用，可应用于铁质文物封护，作为涂在表面的牺牲层使用。虫蜡微溶于醇和醚，全溶于苯、异丙醚、甲苯、二甲苯、三氯乙烷，主要采用热熔涂刷方法。将虫蜡置于器物表面，用热喷枪吹扫，使之熔融，渗入器物表面。

③干性油

干性油含有不饱和脂肪酸，在空气中氧参与下发生交联反应，形成稳定的膜。亚麻油（Linseed Oil）、鱼油（Fish Oil）都是干性油，都可以用于涂层。其优点是黏度低，可以渗透到缝隙中，浸润表面。但它们防水能力有限，容易滋生细菌和微生物。

干性油主要用浸注法，最常用是亚麻油，广泛应用于铁质文物保护和加固中。亚麻油干性组分是亚油酸，通常加入钴、锰或铅的化合物作为催干剂。将器物浸入盛有干性油的容器中，待没有气泡出现，将器物取出，并加热到150~160℃，使涂层干燥。也可用软毛刷将亚麻油涂在器物表面，然后加热干燥。

2）合成有机高分子材料

硝基清漆、聚乙烯醇缩丁醛、聚氨酯、丙烯酸树脂、聚硅氧烷等多种合成聚合物在铁质文物封护中使用过。合成聚合物的一个普遍问题是，涂层强度和耐候性越好，其可逆性就越差，将来去除就越困难。为了解决这一问题，通常采用两种涂层。第一层耐候性较差，相对容易去除；第二层涂层耐候性较好，相对难以去除。

①丙烯酸类涂料

丙烯酸涂料是在丙烯酸树脂中调入适当颜料、填料、助剂所得到的涂料。丙烯酸树脂是丙烯酸、甲基丙烯酸及其酯或其衍生物的均聚物和共聚物的总称。

丙烯酸树脂涂料具有许多优点，有较好的耐光、耐候性，户外暴晒持久性强，紫外光照不易分解和变黄，能长期保持原来光泽和色泽，耐热性好，耐腐蚀，有较好防沾污性能。

丙烯酸类涂料是铁质文物封护的重要材料。其常温干燥、附着力强、透明性好等特别符合文物保护要求，具有可再处理性。

丙烯酸类材料常温干燥，附着力强，透明性好，基本能保持文物原貌。如果漆膜长久暴露在环境中遭受破坏，还可用丙酮、甲苯、二甲苯等擦除后重新涂刷。

将纳米二氧化硅或二氧化钛粒子添加于涂料当中，可提高常规力学性能如附着力、抗冲击、柔韧性等，同时还可提高涂料的耐老化、耐腐蚀、抗辐射性能。此外，纳米涂料还具有自洁和抗静电等性能。将纳米二氧化硅或纳米二氧化钛添加到丙烯酸乳液中，获得的复合材料其憎水性、耐紫外老化性能、耐水性、耐酸碱性能均有所提高。

添加纳米粒子通常需要高速搅拌（3000 转）或超声分散方式。纳米粒子加入量一般不应超过 5%，如果加入量过大，会影响分散效果，产生团聚，增加涂层脆性。

②环氧树脂漆

环氧树脂是分子中平均含有两个或两个以上环氧基团的高分子预聚物。环氧树脂与固化剂反应生成热固性树脂，具有优异性能，如高强度、韧性好、耐化学溶剂。多数环氧涂料采用双酚 A 二缩水甘油醚或改性双酚 A 二缩水甘油醚。

从 20 世纪 60 年代起，环氧树脂作为加固和粘接材料在石质文物保护中广泛应用。随着环氧树脂在涂料方面应用开发，开始作为金属文物保护涂层使用，以富铝环氧瓷漆或环氧富锌漆作为底漆，再涂聚氨酯面漆。

环氧是热固性树脂，交联后无法溶解，可用二氯甲烷或以二氯甲烷为主的脱漆剂脱除。

③聚氨酯漆

聚氨酯漆即氨基甲酸酯漆，是指漆膜中含有相当数量氨酯键的涂料。

聚氨酯漆树脂中除氨酯键外，还含有酯键、醚键、脲键、脲基甲酸酯键、油脂不饱和双键以及丙烯酸酯等。聚氨酯漆树脂一般由多异氰酸酯（主要是二异氰酸酯）与多元醇结合而成。

聚氨酯漆有许多优良特点。高聚物分子之间能形成氢键，漆膜附着力强，漆膜弹性可调节，漆膜具有优良耐化学药品、酸碱、盐等特性，漆膜固化既可高温固化又可低温成膜。缺点是聚氨酯树脂涂料多为双组分，要求现配现用。异氰酸酯异常活泼，需要小心贮存。残留的游离异氰酸酯对人体有害，施工现场必须通风，否则容易中毒。聚氨酯施工时由于与水反应，漆膜容易起泡，施工时间太长会产生层间剥离现象。

聚氨酯清漆也是铁质文物保护中应用的封护材料。聚氨酯耐候性和耐紫外老化性能优良，涂层使用寿命较长，室外环境下使用寿命最长可达 15 年。在采用多层封护材料时，一般使用聚氨酯材料为最外涂层，可以增加封护层寿命。聚氨酯材料在固化后无法用溶剂去除，可采用机械方法，如喷砂方法去除，也可以采用以二氯甲烷为主的脱漆剂或树脂分解剂溶胀后去除。

④有机硅涂料

有机硅聚合物简称有机硅，广义指分子结构中含有 Si-O 键的有机聚合物，其特点是分子中至少含有一个 Si-O 键。有机硅涂料是以有机硅聚合物或有机硅改性聚合物为主要成膜物的涂料。

硅氧烷低聚体作为石质文物防风化材料应用广泛，其作为金属文物封护材料还处于试验研究中。有机硅烷低聚体封护后的铁质文物，具有比丙烯酸甲酯和 PB-72 更好的耐蚀性能，更适于铁质文物的带锈保护。

涂刷时将器物在 50~60℃下预热 1 分钟，用软质毛刷蘸配好的硅烷低聚体涂刷 2~3 遍，用吸水纸擦干表面残留的硅烷低聚体，在 70℃处理。如果涂层干燥后有眩光，可用软毛刷蘸丙酮或甲苯轻轻涂刷表面一遍，降低表面光泽。

⑤氟碳涂料

氟碳树脂是由氟烯烃聚合或氟烯烃和其他单体共聚合成的高分子聚合物。在欧美等国家，将氟烯烃聚合物或氟烯烃和其他单体的共聚物等为成膜物质的涂料称为"氟碳涂料"，我国习惯称之为氟树脂涂料、有机氟树脂涂料或含氟涂料。氟碳树脂涂料具有优异的耐化学品性能、耐热性能，不粘性能和润滑性能等，广泛应用于重防腐、高档装饰、防粘接和润滑处理等领域。

有机氟涂料具有优良耐热、耐候、耐化学品性能，已逐渐受到文物保护工作者重视。国外文物保护机构已应用有机氟材料对砂岩和大理石保护处理，取得了良好加固效果。此材料也应用于铁质文物保护，起到良好的防腐蚀作用。

使用时，用稀释剂先稀释氟碳材料，再按照产品说明书加入固化剂和消光剂，搅拌均匀后熟化约 10~20 分钟，用刷子涂刷或喷涂于经处理的铁质文物表面。氟碳树脂涂料成膜后难以去除并产生眩光，为了消除眩光，一般需加入适当消光剂。消光剂可以选用经过表面处理的二氧化硅气溶胶，加入量一般为 3%~4%。

3）封护材料的选择

不同保存环境可以选用不同的封护材料。如果铁质文物保存在室内环境，可选用微晶石蜡、丙烯酸树脂、干性油等材料。如果铁质文物长期保存在室外环境，则需要选择聚氨酯、氟碳、有机硅等涂层材料。

随着材料科学发展，将会有性能更优良的材料应用于铁质文物保护。同时，文物保护是一个综合考量过程，实施封护必须注意保护方法要与当地实际条件相结合，采用的方法和材料选择应基于科学试验和分析。

影响封护层有效性有很多因素，器物在涂覆涂层前是否清洁、清洁程度、清洁后可溶盐是否存在、涂层是否完整等，都会影响封护效果。所有涂层材料都有一定的渗透性，因此涂覆前器物表面处理非常重要。文物含盐量较高时需要脱盐。封护涂层性能取决于涂层的物理结构以及老化过程中发生的变化。文物表面状况、文物和封护层之间的附着力、封护层连续性以及层中添加缓蚀剂均是影响因素。为了达到理想的保护效果，合适的除锈、脱盐和缓蚀步骤都必不可少。

2.常用的封护工具

（1）美工喷笔

喷笔是铁质文物封护处理的常用工具之一，特别适用于体量不是很大的器物。喷笔一般分为双动式和单动式两种。双动式其按钮可向下按动并向后拉动，通过按钮控制喷笔的出气量和出漆量；单动式其按钮则只能向下按动控制出气量，出漆量不可控制或需另外调整控制。

喷笔喷嘴口径大小在 0.2~1.0 毫米之间，口径越小越喷出线条越细。喷笔涂料杯有固定式和活动式。固定式涂料杯每换一种涂料就需要洗喷笔，而活动时只需要更换涂料杯（瓶）装入新涂料即可。

将涂料稀释到合适浓度装入喷笔涂料杯，接上气泵就可以开始喷漆了。用较小出气量、出漆量和较近距离可以喷较小面积。当出气量和出漆量增加时，需要酌情增加喷笔和器物的距离，否则会使喷出涂料发生流挂现象。

喷笔使用完毕后要马上清洗，当用过加有消光剂涂料后，需要增加清洗次数，以便将喷笔清洗干净。喷笔不宜长时间浸泡在有机溶剂中，以防密封圈老化，影响密封效果。

（2）毛刷

常见的毛刷可分为硬毛刷和软毛刷，制作材料有猪鬃、羊毛、马尾、棕丝等，硬毛刷通常用猪鬃制作，软毛刷通常用羊毛制作。为了不损伤铁质文物表面，应尽量选择软毛刷刀。

毛刷按其外表特征可分为扁平毛刷、圆毛刷和弯柄毛刷等。根据铁质文物的具体器形和体积，可以选择不同形状和大小毛刷。刷子的刷纬最好是长、短丝混编。短丝粘着涂料，长丝起涂刷作用。靠近柄托还应有过滤条，可截留涂料，使涂刷用量适中和均匀。

3.封护处理的一般程序

（1）制订封护方案

根据需要封护铁质文物的具体情况，如所处环境（室内还是室外），周围环境空气湿度高或低，昼夜温差以及冬夏温差等条件选择相应的封护材料。选定材料后，根据材料性质确定封护方法，如溶液浸注、热熔浸注、热熔涂刷、溶液涂刷、溶液喷涂、溶液擦涂、热熔擦徐等。

在文物表面不引人注意位置试验所选材料，满意后方可对整个器物封护。

（2）封护处理

封护一般分为涂覆和养护。

1）涂覆

刷涂或喷涂封护材料如需涂覆两遍（含）以上，应待第一涂覆层实干后再涂覆第二次，并可根据封护效果适当增减涂覆次数。浸注涂覆时，应待浸注液中没有气泡生成后再将器物取出。

采用喷枪喷涂时，喷涂方向应尽量垂直于器物表面，喷嘴与物面距离为200~300mm。操作时后一喷涂带边缘应与前一喷涂带的边缘重叠（以重叠三分之一为宜）。喷枪移动速度应尽量均匀。应严格控制喷枪出口处压力，防止损坏文物。

涂刷时，将毛刷浸入涂料至刷毛长的4/5位置，提起毛刷，在涂料罐内侧轻按或者刮一下，然后迅速用毛刷在涂覆面上按下述三步刷涂：

第一步，使毛刷与涂覆面保持45°~60°的角度，全面均匀地在涂覆面上刷涂涂料，难涂部分应用小毛刷预先涂覆。

第二步，用挤去多余涂料的毛刷先顺一个方向刷涂，然后再垂直方向刷涂。

第三步，用挤去多余涂料的毛刷顺一个方向轻轻刷动，直到涂膜中无气泡为止。

2）养护

封护后的文物必须养护，以使封护层充分干燥。养护周期应根据所选封护材料的规定条件确定。如封护层较厚，应适当延长养护时间。在养护期内，封护层应避免摩擦、撞击以及沾染油污和水渍。如遇有大风或雨雪等天气，应在文物周围搭建遮盖工棚，以达到封护材料的规定条件。

第二节 金银器文物保护技术

金银器通常指金质或银质的器物，有装饰品、生活用品、货币等类。

金银器文物稀有贵重、造型多样、光泽美丽、工艺精湛，是文物中的精品。据史书中记载，我国在殷商时代就有淘金和加工工艺。殷墟中出土重达50g的金块，还有反复锤打加工的金箔。

春秋战国时期我国金银器制造工艺水平十分精湛，如1976年辽宁凌源出土的春秋纯金鹿，重26.5g；1965年江苏涟水出土的战国蛟龙金带钩重56g，采用镂空、剔刻、镶嵌等方法制成；西汉中山靖王墓葬的金缕玉衣中的金丝含金量高达 96%。

唐代出现的金银器数量较多、品种齐全，如壶、碗、杯、铛、盘等食具，盒、盂、炉等用具，簪、环、镯、坠等饰品，还有佛教舍利棺椁以及幡塔、造像等。其中较为著名的是 1970 年陕西西安出土的唐代舞马衔杯皮囊式银壶，高 18.5cm，口径 23cm，采用焊接、抛光、锤揲、鎏金等技法。更值得一提的是 1987 年的法门寺考古发掘，地宫内珍藏的金银器就有 121 件，形体之庞大，数量之繁多，技艺之精湛，在国内考古发现中实属罕见。其中绝大多数都是国家一级文物，如八重宝函、鎏金银熏炉、金银丝结条笼子、鎏金银龟等。

1958 年北京昌平出土的明代万历帝金丝冠是考古发掘中唯一的皇帝金冠，通高 24cm，用极细的金丝编织而成，编织匀称紧密，现藏于北京定陵博物馆，饮誉世界。

在我国长达几千年的文明史中，银还一直是人们生活中主要的流通货币之一，直至清朝末年。

一、金银的理化性质

（一）金的理化性质

1.金的物理性质

金在自然界中以游离单质状态存在，金在地壳中的含量约为 5×10^{-7}%。纯金为黄色，光彩夺目，硬度低，相对密度高（19.3），质地细密柔软，晶体结构为面心立方。

在所有金属中，金的延展性和可塑性是最好的。1g 的金能抽成 3.4km 长的金丝，也能碾成仅有 2.3×10^{-9}mm 厚的金箔。金的熔点固定，熔化温度为 1063℃，在熔化时不会被氧化物污染，也不会改变自己的凝固点。金的这种物理性质使它的纯度能达到 99.99%。

2.金的化学性质

金的化学性质极为稳定，所以从古到今人们将纯金制成金条、金砖作保值储存之用。

（1）耐氧化

一般认为，金是唯一在高温下不与氧气反应的金属。

（2）耐腐蚀

块状金在低温和高温下均不与 S、Se、H 和 N 反应。在中等温度和无水存在时，也不被卤素腐蚀。

金在中等温度下，耐 H_2SO_4、HNO_3、HCl、H_3PO_4、HF 等酸的腐蚀。金的耐碱性好，甚至在熔融碱溶液中也不产生显著腐蚀。

（3）金只在王水中才能被溶解

虽然强酸强碱对金毫无腐蚀，但金却可溶于王水中。王水是按照体积比为 3：1 的浓 HCl 和浓 HNO$_3$ 混合溶液。

（二）银的理化性质

银在自然界主要以辉银矿（Ag$_2$S）和铅矿共生，很少以游离态存在，白银熔点低（960.8℃），容易冶炼，我国古代史书中记载的较为成熟的吹灰法炼银过程大致如下：

辉银矿＋方铅矿→精矿石→熔焦烧结成银铅混合物→吹去上层密度较小的氧化铅→分离出纯度较高的白银。

1.银的物理性质

纯银（Ag）为银白色，光润洁白，非常柔软，硬度只有 2.7，富有延展性和可塑性，仅次于金。1g 银可以抽成 1.8Km 长的细丝，也能碾成 0.1×10^{-4}mm 厚的银箔。

2.银的化学性质

纯白银的化学性质十分稳定，对多数酸类无反应。银在空气中无论常温或加热都不被氧化，银在室温下不与氧和水作用。但如果有 O$_3$ 的存在，在常温下也能被氧化，生成 Ag$_2$O。在室温下银与卤素反应较慢。但是在潮湿含氯化物的土壤中会生成 AgCl。很多含硫化合物会对银产生硫化作用，最具有腐蚀性的就是 H$_2$S 气体，当 H$_2$S 的含量为 0.2×10^{-9}%时就足以对银腐蚀，湿度越高腐蚀速度越快。硫化物对银的腐蚀在大气中有 O$_2$ 的参与下更为明显，使银的表面发黑，影响美观。

$$Ag+H_2S \rightarrow AgS+H_2\uparrow$$

二、金银器文物的保护

金银器文物有的纯度很高，但也有的是以合金形式出现，因而性能也各不相同。对于金银器的保护应区别对待。

（一）金器文物的保护

金的化学性质非常稳定，不产生电化学腐蚀和微生物腐蚀现象，有的纯金器物，虽然在地下埋藏千余年，只是受泥土挤压而变形，仍呈现黄色，不需要特别的除锈和保护。对于合金来说，情形就有所不同，金的合金中含有一定比例的 Ag、Cu，Fe 等金属，金的合金在硬度、色泽等理化性质方面与纯金有不同程度的差别，因此金的合金是容易腐蚀的。

1.纯金文物的保护

发掘出土的纯金器物，体质很柔软，通常与泥垢、石英和沙砾等结合一起，金质并没有被腐蚀。但观察到的器物表面往往覆有红色锈，这是由于地下铁的氧化或者埋藏地点附近铁器氧化的影响，很容易清除。

（1）去除金器表面石灰质沉积物，可用一根棉签蘸 5%稀 HNO_3 作局部涂布来去除。

（2）去除金器表面有机类的污垢，可用 2%的 NaOH 溶液浸泡几分钟，使其软化酥解，再用牙签、软刷或剔刀小心除去。

（3）去除金器表面灰尘，可用软毛刷刷除，也可用乙醚、苯、中性肥皂液或 10%氨水洗涤，随后用蒸馏水洗净烘干。

2.合金文物的保护

古代金器文物中掺少量 Ag、Cu、Fe 等成分是为了增加金体的硬度和耐磨性，但也改变了金的性能和颜色，产生了腐蚀的可能性。如 Au-Cu 合金会出现绿色的铜锈，Au-Fe 合金会出现红色的铁锈。对金的合金制成的文物，应根据渗入金属的种类进行针对性的处理。常用氨水或者酸类除去绿色的铜锈；用 HCl 去除红色的铁锈。由于金化学性质的稳定性，酸碱、盐等溶剂除锈后对金质不会造成损伤。

江苏南京板仓出土的明代"云龙纹金带"，出土时污垢堆积，锈迹斑斑，几乎看不到上面精美的花纹。专家们用稀 HCl 将金带浸泡除锈，再经过多次清洗，便出现了原有的黄灿灿本色。

3.鎏金文物的保护

鎏金文物就是指以其他金属和材料做内胎，在其外覆盖一层金质材料的文物。鎏金文物出土和传世的数量是非常大的。对于鎏金文物，胎质比外层更容易腐蚀，所以处理方法必须谨慎。尤其不能用还原方法进行处理，因为锈蚀产物的还原金属会覆盖到鎏金表面上，有损器物的外观和价值。

例如处理损坏的青铜鎏金文物，可以使用碱性酒石酸钾钠溶液来清除锈层。如果鎏金层的腐蚀物夹杂在中间，就只能用机械方法来去除了，即在双筒显微镜下，用钢针挑除锈蚀物，当露出鎏金层时，就用 1%的稀 HNO_3 将其表面进行清洗，但要谨慎耐心，防止鎏金层脱落。

保护鎏金文物，稳定胎质是一种非常必要的手段，通常的方法是采用青铜或铁的缓蚀剂来防止胎质的腐蚀病变。也可以使用较稀的高分子材料从边缘的缝隙中灌入，从而加固鎏金层和胎质，起到保护的作用。

（二）银器文物的腐蚀和保护

银具有比较好的化学稳定性，但仍然存在着不同程度的腐蚀现象，影响了文物的艺术价值和历史价值。银器的腐蚀与保存环境密切相关。

1.银器的腐蚀物

银的腐蚀物主要有 $AgCl$、Ag_2O、Ag_2S 等。

（1）银的氯化腐蚀

埋藏在潮湿的含有氯盐的土壤中，银的表面即转化成 $AgCl$（角银），是一种类似于泥土状的黏附物，微带褐色或紫色。腐蚀的过程中常伴有体积膨胀、强度下降、器物外形和颜色发生变化等现象。

如果银器氧化不严重，只在表面生成薄薄的 $AgCl$，$AgCl$ 呈现出的一种悦目的古斑，增加了器物的艺术魅力，是年代久远的象征，一般不必去除。

（2）银的氧化腐蚀

银在空气中一般不会氧化，紫外线作为外加能源时，既可促使银离子化，加速银与腐蚀介质的反应；也可以分解氧气分子，产生活化态的氧，活化态的氧和离子化的银一起反应形成氧化银。

（3）银的硫化腐蚀

银在活化态的 O、O_3、H_2S 同时存在的情况下，生成发黑的 Ag_2S，银器失去光泽而变暗。在银器表面上的黑色 Ag_2S 薄膜虽然不足以观赏，但性质比较稳定，可以减缓银的进一步硫化。如果银的硫化过程严重，器物变得又黑又脆，银本体便不复存在。

2.出土银器锈蚀实例

（1）四川彭州金银器文物埋藏环境分析

四川彭州金银器出土时在窖底发现有淤泥，大多数金银器表面都有包裹土。窖藏里的银器受附近水源污染的部位锈蚀严重。另外，窖藏底部的银器多生长有铜锈。经 $AgNO_3$ 溶液反应分析出有氯元素存在。包裹土的 PH 值为 7，呈中性。经 X 射线衍射分析，包裹土中的主要成分为伊犁石、高岭土方解石等，其中 SiO_2 与 $CaCO_3$ 各占约 40%。

（2）锈蚀机理

这批银器的锈蚀是受埋藏环境的影响，由于大多数银器文物生长有角银，据此推断，原始窖藏环境应该偏酸有 Cl^-。银器文物在该环境下（银器本身含有少量的铜），富铜相部位被优先腐蚀生成 AgCl 和可溶的 $CuCl_2$，氯化物的存在降低了银和铜的电极电势，加速它们的电离和腐蚀，这样就有利于角银的生长。随着反应的进行，导致表面 pH 酸碱度局部增加，使得银器表面土层中的 $CaCO_3$ 发生沉积。由于大多数银器外层包有麻布和地下水沉积泥土的作用，这种缝隙环境的电化学腐蚀使得外壁较器物内壁腐蚀严重，腐蚀的结果是生成了大量的 AgCl。相对过量的 Cl^- 则促进 AgCl 的溶解和迁移。这些因素促使了 AgCl 晶体的生成。

AgCl 在银胎表面生成并不断结晶成为条块状，大量的晶体条块聚集在一起就形成了角银层。由于 AgCl 晶体生长的不连续性，在角银层中就形成了许多孔隙。外界的水和 Cl^- 通过角银层的孔隙到达内部，使得角银不断生长加厚。加上银器锈蚀生成了大量的氢氧根离子，使得埋藏环境的 PH 值逐渐增大。

当环境接近或到达中性时，富铜相的铜腐蚀后就转化成 Cu_2O 和 CuO。黑色锈层内除了含有银单质外还有 CuO，铜锈的生成只能在裸露的银胎表面，已经生长有角银的表面不会生长出铜锈。

（3）彭州出土银器锈蚀层化学成分分析

银器的锈蚀使纯银 Ag 转变为 AgCl，在土层、锈层和角银层中 AgCl 分别达 18.6%、64.8% 和 53.8%，银的质地逐渐减少。

3.银器的保护和修复

银器的保护主要是维持器物的原型和确保银质的稳定性。对于轻微腐蚀的银器，只在表面形成均匀的 AgCl 或 Ag_2S 薄膜，尽管已影响了器物的颜色和光泽，但鉴于它的稳定性和保护作用，可以不作处理。

有时为了改善外观，使器物的纹饰或铭文清晰再现，这时要采取措施，将锈蚀物去除。从颜色上就可以判断锈蚀物的种类，从而确定不同的处理方法。

（1）去除 AgCl 和 Ag_2S

1）擦洗法

去除银的氯化物可用白垩粉加水调成糊状，或者用酒精溶液（加几滴氨水）擦洗；去除银的硫化物一般可用牙膏等磨料擦除，也可用稀的 $Na_2S_2O_3$ 溶液擦洗。

2）化学还原法

将银器和铝皮或锌粉一起浸泡在 5% 的 NaOH 溶液或 Na_2CO_3 溶液中，发生电化学反应，将 Ag 还原出来。待银器恢复到银白色时取出，用清水清洗，然后用纱布或滤纸将水吸干。

（2）去除 Ag$_2$O

银器在空气中氧化变暗，主要是在银器表面生成 Ag$_2$O 薄膜。可先将银器放入 20%~30%的 H$_2$O$_2$ 中，浸泡 5~10 分钟，此时银器表面会产生大量的气泡，对此可用清水清洗 2~3 次，然后用纱布或滤纸吸干。再将器物放入浓 H$_2$SO$_4$ 中浸泡 3~5 分钟，使表面活性银微粒膜溶解，取出后用大量的清水洗净，并用纱布或滤纸吸干。

（3）提高银器的韧性和强度

对于机械强度很低的脆性银器可以用加温的方法来提高其韧性和强度。但要注意，温度过高，可能会加剧器物的损毁状态，为安全起见，宁可温度低些，时间长些。将器物置于烘箱中，在两个小时内，温度从 250℃逐渐上升到 400℃左右，并保持一段时间就可以达到目的。

（三）金银器的库房保存条件

1.密闭保存

保存在库房中的金银器，可用柔软的薄纸包裹好，在外层再包一层可以吸附空气中的 H$_2$S 的包装纸（这是一种浸有铜化合物、叶绿素等化学试剂的软纸），然后存放于密封的聚乙烯袋子里或者是密闭的玻璃匣内。密闭还可以防止金银器受到紫外线的照射。

2.稳定保管环境

金银器文物一般要在恒温环境下保存，温度较低为好，湿度控制在 50%以下。为了使色彩保持艳丽，常用丝绸擦拭。器物不要受到碰撞或挤压，以免机械损伤。

三、金银器修复和保护实例

（一）修复唐代纯金壶

唐代纯金壶出土时被土层严重挤压变形，呈鞋底状，缺少壶嘴，腹部有纹饰，颜色暗黄。文物保护专家对其进行了整体修复。

修复和保护步骤如下：

1.整形

用锡锤将金器放在铁棍上，轻轻敲打逐步整形，必要时可用木棍支顶撬压。先恢复大致轮廓，然后再细整。整形要有耐心。整形时发现金壶上有裂缝，用环氧树脂补缺，再贴上金箔就看不出裂缝了。

2.配壶嘴

用红铜叶打制成壶嘴，按照壶腹部纹饰的样形移画在红铜嘴上，灌入錾花胶，雕刻上纹饰。用磨铜炭将壶嘴磨细，鎏上金。

3.粘接做旧

用环氧树脂将壶嘴粘上壶身后，在黏合处贴上金箔，再做点和壶身相近的土锈色和章丹红锈色。

（二）修复唐代打料银壶

唐代打料银壶高 29cm，腹部最大直径为 18cm，壶壁厚 3mm，出土时没有变形，但壶口残缺三分之二，腹部有孔洞。

修复和保护步骤如下：

1.补洞

把纸贴在壶的内侧，用铅笔沿洞孔的边缘画出洞的轮廓，剪下多余的纸，贴在 3mm 厚的银叶上，干燥后将银叶剪下，放在火中烧红，将温度较高的银叶按到孔洞处，用小锉把银叶多余部分锉掉，直到与孔洞吻合为止，还要保证补料不松动。

2.雕刻花纹

由于壶身有花纹，所以补缺的银叶也要雕刻上同样的花纹。

3.补壶口

用小锉将壶口破碴处锉上坡口，将银叶剪成缺块的形状并使之上端宽出壶口圈 1cm。包住锉平，将接缝焊严，并修整好。

4.做旧

旧银壶呈暗灰色，但新配的补块均为银白色，必须进行做旧。用等量的 NH_3Cl 和 $CuSO_4$ 白酒溶液浸泡 24 小时。溶液的颜色为浅绿色。作旧时可用毛笔蘸溶液在补块和焊缝上涂抹 2~3 次，清水冲洗干净即可。

（三）特大型鎏金带钩的保护与修复

1996 年 8 月在西安北郊战国墓中出土了一件特大型鎏金铜带钩。器物长约 23.5cm，表面覆满绿色的坚硬的锈蚀物。

修复和保护步骤如下：

1.除泥垢

用软毛刷轻轻刷去器物表面的泥土，并用放大镜仔细观察锈蚀情况。

2.测锈

用刻刀刮取适量的疏松粉状锈将其浸泡在蒸馏水中，用 HNO_3 和 $AgNO_3$ 测试浸泡液，发现有析出的氯化物锈蚀。

3.机械除锈

发现刮取的部位已经没有金箔，并呈现出黑色的凸凹不平的蚀坑。先采取机械方法除锈。在 10 倍放大镜下用钢针尖耐心地从边沿剔除小片锈壳，黄色金箔面开始出现。

4.化学除锈

将 90%的乙醇与 Zn 粉调成糊状，用小毛笔将糊状物点涂在锈蚀部，位，用刀尖压实封闭，然后连续用乙醇点湿，4 小时后 Zn 粉硬结，有灰绿色锈蚀物析出，8 小时后封闭层完全硬化。此时每一小时加一次水连续浸润。10 天后去除锌粉，涂饰缓蚀剂，基本控制器体的腐蚀和恢复原貌。以上三件名贵金银文物通过文物保护专家的修复，做到了修旧如旧，既能恢复原状，又展现出完美的立体感，使这些名贵金银文物重放异彩。

第三节 锡铅器文物保护技术

锡和铅是人类较早利用的金属，两者某些理化性质有相似之处，早期人们在冶炼中还不能将锡和铅区分得很清楚。

目前，在我国发现的最早的锡器是在商代，如小屯殷墟中的块锡，大司空村殷墟出土的锡戈等。到了周代，锡壶、锡烛台之类的锡器就已很普遍了。3000 年前的先秦古籍《考工记》，就记载了我国高超的炼锡浇铸技术。由于白锡在一定环境中会变成粉末状的灰锡，所以出土文物中纯锡器皿并不多见。现存的锡器文物大多是明清晚期和民国时期的传世品，由于锡器廉价易得，加工简单，广泛流行于市井平民和广大农村。

至于铅器文物，在我国商代晚期的墓葬中就发掘出有大量的铅器，如铅罐、铅爵、铅戈等，铸造精美细致，且铅的纯度很高可达 99%，说明当时对铅的认识和冶炼已具有相当高的水平。由于后来人们在生活实践中逐步发现和认识了铅的毒性，因而铅器的应用范围逐渐缩小，后来的铅器一般只作为明器或流通货币，不再作为生活用具。

在考古发掘出土的文物中，也有许多名贵的锡铅器。1954 年在河南洛阳出土了一组铅质礼器，有鼎、尊、瓢、爵等共 8 件，据考证是西周制品，制作精美，器型复杂，纹饰多样；1987 年 4 月在法门寺地宫出土的迎真身银金花十二环锡杖，是我国出土锡器的典型代表。该锡杖形体长大，浇铸、钣金成型，纹饰鎏金，鱼子纹地，雍容华贵，制作精绝。

一、锡铅的理化性质

（一）锡的理化性质

自然界中没有游离态的锡存在，锡主要是以氧化物矿石-锡石矿的状态存在。由于锡的熔点（231℃）比铜（1083℃）低得多，所以用木炭从锡石中冶炼出锡比冶炼铜更为容易。因此，我国古代在学会冶炼铜的同时，就已经掌握了炼锡的技术。

1.锡的物理性质

游离状态的锡是灰白色的柔软金属，比重 6.8~7.1，具有很显著的晶体构造。通常条件下锡有两种变体：白锡和灰锡。

白锡在 13.2℃以上是稳定的，在 13.2℃以下，白锡就变成灰锡。白锡转变为灰锡的过程，人们称之为"锡疫"。温度越低，转变越快。灰锡的密度远小于白锡，呈现为极细的粉末。

锡是最软的金属之一，锡的可塑性比铜、金、银都小，但是仍然可以制成锡箔，拉成细丝却相当困难。

2.锡的化学性质

（1）锡的氧化

锡在普通条件下很稳定，不与水反应，在空气中也不被氧化。单质锡在常温、潮湿空气和有水的条件下被氧化成灰白色的 SnO_2，氧化速度很慢。

（2）锡与酸的作用

单质锡在稀盐酸中溶解很缓慢，但浓盐酸容易溶解锡，并释放出氢气：

$$Sn+2H^+ \rightarrow Sn^{2+}+H_2\uparrow$$

王水可以溶解锡，反应生成氯化锡：

$$3Sn+4HNO_3+12HCl \rightarrow 4NO\uparrow+8H_2O+3SnCl_4$$

古代的锡器一般都是锡与其他金属的合金，如铜、铁、铅等。

（二）铅的理化性质

如同锡一样，自然界中没有游离态的铅存在，铅主要是以各种形态的化合物存在的。铅的最主要矿石是铅矿石（PbS，又叫方铅矿），铅金属熔点低（327℃），将铅矿石放在柴堆上烧烤，熔化的液态铅冷却后就能形成一块宽而薄的铅板。

1.铅的物理性质

铅是淡青白色的重金属，比重 11.3，质地柔软，易于切割。铅的机械性能不是很好，但却有特别大的可塑性。铅块即使经受相当小的压力彼此也能牢固地结合起来。铅的延展性很小，几乎不可能将铅拉成细丝。

2.铅的化学性质

（1）铅的氧化

浸没在水中的铅很少被腐蚀，但是在潮湿的空气中，铅却很容易被破坏，和水发生反应生成氢氧化铅。

（2）铅与酸的作用

铅一旦与酸接触后，在表面立即形成一层盐膜防止继续腐蚀。由于硫酸铅不溶于稀硫酸，故反应立即停止。因此硫酸铅形成的膜对铅器具有很好的保护作用。

在春秋战国时期，人们曾用铅熔铸成生活用品，很少用来制造饮食器，说明在长期的生活积累中，已经发现铅与铅的化合物都有不同程度的毒性。因为铅是重金属，人体即使摄入小剂量的铅也无法排出，长期积累在体内导致铅中毒。

二、锡铅器文物的保护技术

（一）锡器的腐蚀和保护

1.锡器的腐蚀

（1）锡疫现象

许多古代有历史文化价值的锡器没有保存下来，据研究，其主要原因是发生"锡疫"。用于制造锡器的白锡（β→锡）对温度非常敏感，当温度低于 13.2℃时会逐渐发生相变，缓慢变成性质非常脆弱的灰锡（α-锡），锡由银白色变为灰色，器物的体积增大，外貌发生变形，机械性能下降，易发生一定的散碎，最后变成粉末状。因此，锡器在保存时，温度绝不能低于18℃，以防发生"锡疫"现象。

在锡中附加0.5%的铋（Bi）可以防止"锡疫"。

（2）锡的腐蚀物

出土的锡器，由于长期埋于潮湿地下，锡器表面一般会失去光泽，生成一层粗粒状、暗灰色的氧化亚锡（SnO）。如果继续腐蚀，则进一步转化为白色的氧化锡（SnO_2）。锡器内有铜成分的文物，其锈层上还会带有绿色（碱式碳酸铜、碱式氯化铜）和红色（氧化亚铜）的铜锈。

2.锡器的保护

（1）还原法

对于轻微锈蚀的锡器可采用电化学还原法或者电解还原法进行处理，常用NaOH作为电解质溶液，Zn、Pb或Mg作为阳极。

但器物上有铭文或纹饰时，处理要极为慎重，不宜采用电化学还原法，而是用Zn粉、NaOH进行局部还原法处理。

对于"锡疫"现象严重的锡器，先要在热水中处理1小时左右，再进行还原法处理。

（2）嵌埋法

长期埋藏在地下的合金锡器会受到盐类局部的腐蚀，器物的表面出现肿胀的锈蚀物。锈蚀物如果呈硬皮状，说明锡器还处在相对稳定的时期，此时锈蚀物不宜剔除。

脆弱的锡制品可以使用嵌埋法保存，即将锡器嵌埋在透明的塑料颗粒中保存，或者嵌埋在甲基丙烯酸酯类的树脂里，以隔绝空气中的有害成分。如果锡器需要取出时，可将器物浸泡在四氯化碳（CCL_4）有机溶剂中，将树脂逐渐溶胀除去。

（3）密闭法

锡器性质柔软，要尽量避免机械碰撞或挤压，一般需要放在特别的布套或盒子里。

（二）铅器的腐蚀和保护

1.铅的腐蚀

铅器在潮湿空气中表面很快氧化，形成一层氧化膜。

铅的氧化物形成的膜是致密的，可以防止铅器继续被氧化，具有一定的保护作用。而出土的铅器，长时间受到各种盐类、地下水中的 O_2 和 CO_2 等的腐蚀，形成一层白色锈壳（碱式碳酸铅 $PbCO_3 \cdot Pb(OH)_2$）。由于锈壳的自身膨胀而影响器物的原貌，应当除去。

铅器还容易受有机酸（如乙酸、鞣酸等）和油脂等物质的污染而产生腐蚀现象。

2.铅器的保护

（1）HCl-CH_3COONH_4 除铅锈

先将器物浸泡在 50 倍于自身体积的 1.2 mol/L 的稀盐酸中，直到不再有气泡出现为止。将器物取出，滤干酸液，用大量的煮沸蒸馏水清洗除酸，反复洗涤三次。然后再将器物浸泡在 25 倍于自身体积的 1.2 mol/L 的乙酸铵中，直至铅器表面无锈蚀物为止，用大量的蒸馏水清洗残存的溶液。最后在常温下阴干，也可浸于酒精或丙酮后晾干。

（2）离子交换树脂除锈

一些小型的铅币、铅章等文物，可与离子交换树脂放在一起，互相接触，并浸泡在温热的蒸馏水中，更换多次树脂后，铅锈消失，铅本体不受任何影响。

（3）封护

对一些有文物价值的铅器可浸泡在石蜡溶液中，进行表面封护。

（4）密闭保存

铅器应保存在密闭的盒子或封套中，减少与 O_2、水蒸气、灰尘、有机酸、油脂、空气污染物等接触。脆弱的铅器也可以使用嵌埋法保存，效果很好。

铅器不能放在橡木制的橱柜或抽屉中，因为橡木能分泌出鞣酸会腐蚀铅器，应选用其他木材。

第八章　文物修复技术

当前人们的物质生活水平不断提升，对精神生活的追求也越来越高，到博物馆参观的人也越来越多。博物馆作为收藏、展示文物的主要场所，需要充分发挥社会教育功能，让人们通过观看文物了解它背后的历史与文化。然而当前我国诸多地区的博物馆在文物保护方面受制于管理制度、人才、技术等方面的影响，存在服务质量不高的问题，为此博物馆必须重视文物保护工作，加强内部管理，有效利用新的修复技术，使博物馆更加健康地发展。

第一节　谈文物保护与修复技术的新理念

一、文物保护与修复的发展现状

1.文物保护和修复中传统工艺的发展现状

传统工艺指历史遗留下具有悠久文化、地方特色的工艺品种和技艺，包括修饰、整形、焊接。传统工艺在我国文物修复和保护中一直发挥着重要的作用，不过我国多数传统工艺源自工匠的经验，缺乏系统的理论指导，同时又缺乏宣传和人才培养的力量，使一些传统工艺逐渐失传，最终影响到我国传统工艺的发展。此外，虽然我国目前的文物保护与修复工作取得了一定成绩，但部分地区博物馆未能做好相关宣传工作，同时也未能引进数字化管理技术和先进的文物修复技术，无法有效保障文物的文化价值。

2.文物保护和修复中现代科技的发展现状

现代文物保护和修复是社会科学、自然科学相结合的科学，也是和考古学、历史学、环境学、化学、物理学等多学科相融合的学科。科学技术的发展为我国文物保护工作的开展提供了极大的支持。新时期文物保护工作要以不破坏文物价值为前提，然后利用新的科技、材料对文物进行有效修复，使文物价值得以体现。文物的一大特点在于不可再生性，所以在利用高端技术的过程中也要避免对文物造成破坏。具体说来：一方面，需要对文物价值进行科学评估，分析文物的文化内涵，详细了解文物的结构、成分、材质、制作工艺，制定科学的解决措施；另一方面，由于文物的材质存在差异性，所以要开展针对性的保护工作，后期必须对文物进行长期跟踪和检测，确保文物处于良好的保存环境中。

二、加强文物保护和修复工作的重要意义

作为一个具有 5000 多年历史的文化大国，我国在漫长的岁月中留下了大量的文物。近年来，我国考古工作不断地取得重大发现，然而对考古发掘现场的文物保护以及博物馆内部展品的保存还存在一些问题，诸多文物出土后如何进行科学的保存也成为当今考古界和文物学界共同关注的话题。文物保护和修复工作的核心就是尽量保持出土文物的原貌，进而为后期的信息提取工作提供有效的支持。从保护文物的层面讲，修复与保护存在一定的差异，保护是指在文物出土后第一时间采取保护措施，而后期工作中还需要对文物的保存环境深入分析，以此对文物进行持续性的保护与开发。从修复的角度讲，修复基于保护的基础之上，采取有效措施延长文物寿命。目前我国博物馆主要采取预防性保护的方法，利用和博物馆产品风险管理有关的技术对藏品环境进行监控，使文物处于稳定、安全的环境中。一方面，通过预防性保护措施可以对博物馆内的文物环境进行实时监测，如通过对博物馆内部温度、湿度、光线的合理调控，利用监控设施提升文物安全保护力度；另一方面，通过预防性保护措施可以在文物的包装和运输期间，根据不同材质制定出科学的保护计划，如利用专用的支架避免文物运输期间出现损坏。

三、文物保护和修复的原则

在博物馆文物保护工作的开展过程中，需要技术人员明确文物保护的原则，其中包括保护文物原状的原则、最小损伤原则、最少干预原则、最大信息获取原则和耐久性原则。在文物保护和修复的过程中，不改变文物原状是基本原则，这就要求技术人员在修复艺术品的过程中不可抹去文物自身的任何历史痕迹。基于现代修复理论，普遍认为修复是一种被动的人为干预行为，不论是利用传统工艺还是采用现代先进科学技术、先进材料都会对文物的原貌产生不同程度的改变，而真正的文物保护工作是预防性的保护措施，使文物处于最佳环境中，最大程度减少由于物理或者化学变化出现的文物损害情况，通过该措施可以有效减少文物修复工作量。目前我国文物保护工作理念已经开始从被动地清除文物病害向主动干预文物环境转变，其中包括出土环境、展示环境、保存环境等，这些环境还涉及诸多要素，如博物馆管理部门、考古学家以及游客等，具体说来：

1.真实性原则

在文物保护和修复的工作中，真实性原则是技术人员必须坚持的核心原则，在保护文物的同

时，要求文物具有原始的特色和时代气息。因此，在开展文物保护与修复工作时，不能破坏文物原有的样式。

2.可识别原则

可识别原则基于真实性原则的基础上进一步对文物进行保护，在修缮过程中合理选择材料，让文物原有的结构形式、材料得以保留。

3.可逆性原则

可逆性原则为避免文物出现不可逆的毁灭性破坏，可以在修复之后对相关结构进行替换。

4.最小干预原则

最小干预原则是在修缮和保护过程中最低程度的进行干预。

5.完整性原则

完整性原则是为了保护文物的完整性，其体现在文物外部结构的完整性以及宗教价值等方面的完整。

6.安全原则

许多文物因经过千百年的风吹、日晒、雨淋，受到一定的破坏，修复难度较大，会耗费大量人力、物力和财力，修复过程中操作稍有不当就会影响文物的文化价值，因此技术人员在修复和保护文物时，要遵循安全原则，避免因保护方案制定错误或技术运用不当造成文物本身的损坏。

四、文物保护修复的影响因素

1.文物类型的差异性

文物保护修复方法的选择受文物的类型影响，技术人员需要明确保护和修复文物没有统一的标准，需要具体问题具体分析。在保护、修复具有较大的研究价值或欣赏价值的文物时，要将其表面进行精细处理，以便深入了解器物纹饰、工艺等方面的信息。而在对大型青铜器类文物修复和保护的过程中，要最大程度减少对器物表面的清理，以便技术人员通过相关技术性措施得到更多出土信息。

2.文物损坏程度的差异性

文物保护修复方法的选择受文物损坏程度的差异影响，损坏程度轻、对文物价值影响小的问题以预防控制为主。如文物出现失色的情况，不会在本质上影响文物的美学价值，所以在修复的过程中不可过度使用相关的技术手段，避免造成文物信息的破坏。

五、如何利用文物保护和修复技术加强文物保护

目前甘肃省庆城县博物馆需保护修复的陶质彩绘文物共 95 件，受温带大陆性季风气候和长期埋藏地下环境的影响，馆藏陶质彩绘文物保存难度较大，存在掉色、脱落、裂纹等问题。当地遗留诸多色彩鲜明、造型逼真的陶质彩绘文物，尤其是彩绘陶俑和女仕俑头像具有极高的历史价值，且新石器时代的三孔玉刀、唐开元十八年的穆泰墓的彩绘描金天王俑更具有诸多价值。对于庆城县馆藏彩绘陶俑来说，需要解决自然环境和人为因素对其保存的不利影响。通过研究这些陶俑不仅能了解春秋战国时期丧葬习俗、墓葬礼制、服饰、发饰等，还能为研究胡人汉化以及汉族、北方少数民族文化交流提供有力的证据；从艺术价值的角度讲，庆城县馆藏的唐代陶俑质地坚硬、造型多样、形象生动，是我国雕刻艺术和绘画艺术结合的有力佐证；从科学价值的角度讲，甘肃地区的陶俑从低温烧制一次成型到彩绘陶俑的彩绘加工，体现出了陶俑制作工艺的不断进步，尤其是在材料色料原料配方等方面具有极高的科学研究价值，能充分体现出不同时期造型装饰技术水平；从社会文化价值的角度讲，通过对庆城县陶俑的保护与修复可为相关学术研究提供宝贵的实物资料。具体的文物保护措施和修复技术如下：

首先，明确保护修复的原则。以陶俑和陶器文物修复为例，技术人员需要坚持修旧如旧的原则，即在文物修复期间掌握足够的研究资料，科学根据文物的形态结构和纹饰做好修复工作，最大限度地保留原貌，展示文物自身的风采。因此说目前需要科学利用全新的修复技术，通过有效的技术处理，让陶器文物呈现出更加真实的视觉效果。此外，陶器文物修复还应坚持补充性原则，技术人员修复陶器时，应尽量减少对陶器的干预，如减少修复面积以及修复材料的使用或者最大限度地减少对原有材料的更换，选择和原有陶器兼容的材料。

其次，加强博物馆的管理工作。在文化事业不断发展的今天，我国文物保护工作者需要与时俱进，深刻认识文物保护和修复的重要价值，最大限度地保护文物原貌。在人员管理方面，博物馆需要重视培养工作人员的专业能力，深入了解每件文物的材料构成以及文物价值。技术人员在修复过程中要怀有敬畏之心，充分结合专家建议细致地对文物进行修复。在环境管理方面，庆城县博物馆库房铺设混凝土瓷砖地面，采用 LED 普通光源，并且库房内设置恒温空调，可以满足多种陶瓷器文物的保存要求。在博物馆展厅、库房内设置监控和消防系统。展厅内部全部采用人工照明，并且配备中央空调，可根据温度情况开启或关闭，在有效保护文物的同时也为人们的参观提供了良好的环境。此外，博物馆需要合理利用现代化的文物修复技术，与传统性的文物修复技术相比，利用现代化的文物修复技术可以在还原文物整体面貌的同时最大限度地为文物提供良好

保存环境。

再次，利用数字图像修复技术。青铜器、陶器、瓷器、木器等文物，由于历史久远，在长期的自然环境下受湿度、温度、光线等影响受损较为严重。利用数字修复技术可以对陶器等文物进行数字化的虚拟修复，如借助数字图像修复算法可以最大程度对文物面貌进行恢复。文物工作者还可以利用计算机对实体进行修复，通过构建出视图数据 3D 建模有效减少修复过程中的二次损伤，所以在今后的庆城县博物馆文物修复中需要加快数字化发展。

最后，掌握陶器文物修复流程。技术人员在研究陶器文物的过程中需要了解其原貌形态以及陶器文物的背景信息，在修复工作中做到有的放矢，利用多种物理检测和化学分析方法确定修复方法，先用石膏对残缺处补漏以此保证陶器完好无损，之后根据陶器文物的破损程度以及病害情况制定详细的修复方案，并且对于修复期间可能出现的意外制定应急措施。在陶器文物的修复过程中，技术人员主要应用清洗、黏结、配补、加固、上色等方法，如在清洗的过程中会利用到毛笔、棉签，在黏结材料的过程中使用热熔性胶粘剂、环氧树脂胶，在配补阶段利用石膏粉，在固定期间需要利用橡皮筋、夹子等。

第二节 纸质文物虫害预防性修复技术

纸质文物是灿烂历史文化得以传承的重要载体，具有重要历史研究价值。虫害是纸质文物保存过程中面临的重大威胁之一，对虫害预防以及因虫害受损的纸质文物修复一直以来都困扰着文物工作者。近年来，预防性修复作为一种新兴文物保护观念引起了广泛关注。预防性修复强调在损伤隐患出现时或损伤发生的初期，进行"主动性的修复"以达到预防目的，而非损伤已经达到一定规模后"被动的抢救"。纸质文物受虫害造成巨大损失，往往是因为在出现虫害隐患或虫害发生初期未能及时采取相应修复措施导致的。因此，通过预防性修复相关技术手段，可以很大程度上降低虫害对纸质文物的潜在风险，对于我国纸质文物保护工作具有先决性作用。

一、纸质文物虫害的预防性修复原则

1.预防性修复的理念及重要性

预防性修复这一概念由《修复理论》中首次提出。任何一件艺术品，在经历了岁月的侵蚀以后都会产生各种材质、形态等的变化，这些变化既有可能为艺术品带来特别的古色古韵，但也有可能对艺术品本身造成各种不可逆损害。因此，为了阻止或者减缓这些变化对艺术品有害部分，就必须采取一些预防性手段。同时专家还认为：同极端紧急情况下的修复相比，预防性修复即便不是更必要的也是更紧要的，因为其目的的恰恰是为了避免急救性修复，而到了那个地步，人们就几乎无法完全挽救艺术作品了。这说明了预防性修复的重要性。

纸质文物虫害的预防性修复，是指运用传统工艺与现代技术结合的方式，以排除尚未发生或已发生的虫害危害因素，避免文物保存过程中虫害产生，以及减少虫害在文物后续保存中造成更大损伤为目的，在文物一般性修复行为上辅以虫害预防手段，提高文物自身防虫能力并创造良好保存环境，保证文物安全并长期保存的一种修复手段。

2.纸质文物虫害预防性修复原则

纸质文物虫害预防性修复主要针对有虫害隐患或处于虫害损坏初期的纸质文物，其目的是排除虫害隐患、加固纸质文物、修复虫害初期所造成的细小损坏、改进纸质文物的保存条件及环境。因此，针对纸质文物虫害的预防性修复要尽可能遵循"最小干预原则"，在具体修复技法及修复材料的选择上，也要尽可能选择可逆的修复材料和技法，保证修复过程安全性、可靠性、可逆转性。在进行文物的预修复工作时，要进行科学严谨的分析检测，根据文物类型、保存情况、特点、修复目的以及期望修复效果，结合历史修复案例，选择具体的修复措施，选择最佳的修复方案，在努力保证文物历史价值的同时，发挥其艺术美学价值和商业价值。

二、纸质文物受虫害损坏表现

纸质文物的纸张本身、画框、画轴等材料含有丰富的淀粉、纤维素、动植物蛋白等物质，在一定条件下会成为害虫良好的食物来源。当纸质文物保存不周，一旦环境气候等条件适合，害虫便会快速滋生，对纸质文物产生巨大危害。根据调查研究，我国主要的纸质文物的害虫种类已近百种，其中有六个种类威胁最大，分别为毛衣鱼、烟草甲、书窃蠹、书虱、花斑蠹、白蚁。依据害虫对纸质文物的危害方式及损害表现，可以把纸质文物受虫害损坏的类型分为钻蛀型损坏、侵蚀型损坏、污损型损坏及其他类型损坏。

1.钻蛀型损坏

钻蛀型损坏是纸质文物保存过程中比较常见的一种由虫害引起的损坏类型。钻蛀型损坏通常发生在书籍、卷轴等纸质文物内部，在虫害发生初期文物表面通常难见异常，容易导致文物工作者的疏忽，对纸质文物造成难以估计的损坏。可引起钻蛀类损伤的害虫包括档案窃蠹、黑毛蠹、烟草甲等，这些害虫成虫一般把卵产于疏松质地的纸质文物的裂缝和凹陷等处，在温湿度条件适宜下，虫卵孵化为幼虫后取食纸张等材料引起钻蛀类损伤，损伤一般呈现出近于球形或不规则隧道式裂缝的形态特点。

2.侵蚀型损坏

和钻蛀型损坏发生在纸质文物内部不同，侵蚀型损坏是由害虫由外向内逐步蚕食纸质文物导致，在纸质文物形成层状且较深的不规则形状的侵蚀。毛衣鱼、白蚁等害虫极易对纸张造成侵蚀型损坏，该类害虫往往从纸质文物边缘取食纸张或淀粉等物质，最终形成层叠状的损坏。

3.污损型损坏

除害虫直接取食纸张造成的损坏外，污损型损坏也是纸质文物虫害的主要类型之一。害虫的分泌物、携带的脏污、尸体等沾染到纸质文物上会造成纸张污染并覆盖文物原貌，也会给纸质文物造成腐蚀、颜色污染、粘连破损的损害。例如白蚁及蕈蠊在取食纸张的同时也会将分泌物、排泄物黏附在纸张上。

4.其他类型损坏

其他类型的损坏主要指由虫害带来的霉菌等次生损害。蕈甲、覃甲等小型甲虫在取食纸张表面的霉菌菌丝的同时，也会作为霉菌的小孢子的携带者传播霉菌。也有部分害虫的分泌物或排泄物中带有一种胶状黏性物，会成为霉菌生长的基础，霉菌长时间生长会造成纸质文物材料霉烂、脆化等危害。

三、针对纸质文物虫害的预防性修复技术

虫害的预防性修复技术按步骤可分为清洗去污技术、针对虫害的预防性修复技术、再装裱技术以及防虫保存技术。

1.清洗去污

清洗去污是文物修复工作的前序环节，也是虫害预防性修复技术的重要组成部分。对于虫害的预防性修复而言，清洗去污的主要目的是祛除纸质文物表面可能附着的虫卵、霉菌孢子等附着物，去除潜在隐患，避免对后续修复环节产生干扰。纸质文物的清洗去污技术根据其性质可分为干洗法和湿洗法两种。

干洗法是去除纸质上尘土和其他固体脏污最基本的手段之一。一般是用软毛刷拂除，或使用小型的真空吸尘器等物理方法吸取纸质文物表面尘土，也有较为先进的使用静电除尘的原理，或使用虹吸原理的技术对纸质文物进行物理清洗。干洗法通常和文物直接接触较轻微，对文物的结

构性质影响较小，但清洗效果也有限。

湿洗法根据使用的清洗材料不同，可分为化学溶剂清洗法和水清洗法。化学溶剂清洗法使用化学水溶剂对纸质文物进行浸泡清洗，常见的化学溶液包括双氧水、次氯酸钠、高锰酸钾、草酸混合液、氯胺等。化学溶剂清洗法对纸面上的油渍、霉斑、墨斑清洗效果较好，但对纸张也会产生较大副作用，影响纸张寿命，在使用该方法时应结合实际慎重选择。水清洗法即使用纯水进行清洗去污，其方法是使用温度适宜的纯净水对纸张进行清洗，这种方法对纸张寿命影响较小。根据对水的使用方式，传统的水清洗法可分为水淋法、水洇法，目前也出现了水蒸气法、负压超声波清洗法这样的先进水清洗技术。不论干洗法还是湿洗法，对已严重损毁或纸质十分脆弱的文物都会产生冲击损伤。因此，对于纸质文物清洗去污方法要根据文物的实际情况慎重选择。

2.针对虫害的预防性修复

对于纸质文物孔洞、侵蚀等虫害损伤，通常以手工作业为主，配合适当的修复技术，合理运用补、托、裱、镶、衬等技术对损伤的纸质文物进行修复。

纸浆修复技术是目前应用最广泛的纸质文物修复技术。现代纸浆修复技术包括手工纸浆修复和机器修补。手工纸浆修复是纸浆维修工艺中最常见的方法，主要是指通过手工操作纸张或纤维溶液覆盖破损纸质文物，再通过利用原纸与纸浆的结合力、纤维的相互贯通力等而形成的"纸膜"进行修复。该作业过程大致包括三个步骤：一是根据被修复古纸质文物的情况，评估纸张的厚薄、纤维种类、字迹是否洇化等，以被修纸物的材质为依据选择纸浆材料。将纸浆材料原纸、悬浮剂、水按照一定比例一起放入搅拌器中，搅拌粉碎均匀并得到纸浆溶液。二是将需要修补的原纸平置于手工抄制纸帘上并充分展平，将反面朝上，把已制作好的浆成品溶液吸入滴管中，对原纸破损处进行滴补，用浆成纸时结合强度、纤维之间的相互贯通形成"纸膜"进行修复。三是将滴补过的纸张从抄纸帘上取出，并吸水、晾干、压平。

机器修补主要指利用纸浆补书机对纸质文物进行修补，采用计算机辅助修复工作，通过扫描计算缺失面积，精确投放纸浆溶液量，主要应用于虫蛀严重、纸质较好、不易洇色晕墨的破损书叶。相比手工修复虽有一定的使用限制，但其修复质量与效率较高。

3.再装裱

再装裱技术主要针对书画类纸质文物，在文物完成基本的清洗去污以及预防性修复环节后，为了降低在展出或收藏时出现进一步损伤风险，使病害现象不再继续恶化，对其进行再装裱是十分有必要的。此外，通过再装裱，也能一定程度上抵御虫害对纸质文物初期影响。再装裱技术依据其修复目标可分为保留原裱、还旧装裱、重新装裱。

保留原裱即为保留原来装裱的形式，一般是原装裱所用的绫、锦、纸、绢等装裱材料和画芯都保存较好，病害较轻微、稳定且可消除的纸质文物，仅通过基本的清洗、修补、加固就能起到延长文物寿命、最大程度保留其价值的作用。还旧装裱是采用修复装裱工艺中的"还旧"方式进行装裱处理，用来还原书画文物原先的装帧形式。其主要针对原装裱材料和画芯部分保存状况良好，存在的病害为微生物、虫害等潜在损坏，但原镶材料保存较齐全的纸质文物。重新装裱则是针对书画物品中所用材质量不好、破损程度较重、文物价值不高甚至不能完成复原的进行完全的重新装裱。在实际操作时，需要对纸质文物进行调查评估，然后根据纸质文物的保存程度，选择合适的再装裱修复方式。

4.防虫保存

我国多数博物馆尤其是广东省等沿海地区博物馆现实环境光线、温湿度十分适宜虫害滋生，因此对虫害预防性修复完成后的纸质文物，其防虫保存处理必不可少。防虫保存主要从环境控制、化学防治、物理防治三个方面入手。

环境控制法，是指纸质文物的保存场所要尽可能保持密闭、清洁，保持地面平整的同时通过对保存地点加装自动下降防尘器的方式隔绝有害昆虫的进入。同时，采用环境温湿度控制设备，将纸质文物的保存环境维持在不利于虫害滋生的状态。

化学防治法，是指通过喷洒或熏蒸化学除虫剂，达到驱虫、杀虫的目的。常见的化学除虫剂包括硫酰氟、环氧乙烷、溴甲烷等。化学防治法使用成本较低、除虫效果好、操作简单，是目前各博物馆进行除虫的首选方式。但其容易造成化学残留，长期使用易使害虫产生抗药性，对环境及文物工作者的安全也有较大风险。

物理防治法，是指利用物理原理，驱虫、隔绝害虫或直接除虫的防治方法。目前常见的物理防治方式有气味避虫、低温灭杀、远红外线照杀及微波灭虫等方法。物理防治法一般不会产生毒性物质留存，对环境及文物工作者的安全风险较低，且操作方法简便。

但其通常需要借助大型物理设备，使用成本较高。

四、纸质文物虫害预防性修复技术研究发展

随着时代的发展、科技的进步，对于纸质文物虫害的预防性修复技术也在不断进步，文章在此列举其发展趋势。

1.修复技术改进

纸质文物的虫害发生频率较高且难以彻底预防，传统修复技术往往工序复杂、周期长、易操作失误、成本高，难以高效应对虫害的预防性修复工作。为满足纸质文物虫害预防性修复工作，对传统的修复技术进行改进，将老一辈匠人的"手艺"与现代科学技术进行结合势在必行。例如针对文物损伤探查，专家们利用 X 射线探伤技术对文物进行无损检测，辅助文物修复工作者观察文物破损情况及文物内部结构。针对破损的文物修补，戴维康石等将彩色 3D 打印技术应用于文物修补过程中，进行了工艺流程和材料性能的测试，并与传统手工修补流程与材料进行比对，证明了 3D 打印技术应用于文物修补工作的潜力。

2.修复材料改进

修复材料的优劣往往会影响修复效果并影响文物后续的保存。如前文所述，传统的纸质文物修复过程中使用的材料，如动植物胶料、浆糊、纤维等，是造成虫害发生的潜在风险来源。因此，对修复材料的研究与改进是十分必要的，需要避免在修复过程中使用的材料再次成为虫害的饵料。目前对于修复材料、纳米材料及化学合成原料的研究十分火热。有专家分析总结了不同功能的无机纳米材料及其复合物在文物修复、加固与保护研究中的应用，并介绍了纳米氢氧化钙、二氧化钛和二氧化硅等材料的实际应用，并对无机纳米材料在未来的发展提出了建议。还有专家研究了以纳米纤维素纤丝为主的非水相加固剂对纸张的加固作用以及纳米纤维素纤丝作为胶粘剂对纸张的修裱黏接效果，为纸质文物的保护提供新方法。

3.数字化修复技术应用

如前文所述，虫害对纸质文物造成的损害主要是钻蛀、侵蚀、污损等，造成图像信息丢失。针对纸质文物的这类损害的数字化修复，目前主要的研究集中在破损纸张图像修复技术上，从图像纹理、结构、颜色等特征出发，利用图像多维知识属性进行针对性的数字化修复。专家们针对文物表面的破损孔洞，提出一种孔洞修补算法，此方法在纸质文物数字化修复应用中有着巨大的价值。专家们提出了一种纸质文物修复方法，利用多光谱技术，实现了对破损、褪色纸质文物颜料色彩的高精度还原。有专家利用高分光谱数据，实现高光谱数据中 RGB 波段影像和所有受污渍影响程度较重波段影像的修复，能还原污渍干扰程度较大波段的光谱特征，有利于提升彩绘纸质文物后续研究的解译精度。

第三节 古代纺织品文物修复技术

古代纺织品文物的造型美观、工艺复杂，是中国宝贵的文化遗产。其主要是利用动物纤维或者植物纤维制作而成的，其中动物纤维是指动物的皮毛，植物纤维包括丝、棉和麻。古代纺织品文物受到制作材料的限制，较为脆弱，很容易受到阳光、温度和湿度等的影响，较易发生腐烂、褪色等不良情况，而这些不良情况会对其产生强大的破坏力度。由此可见，要不断创新研究针对古代纺织品文物的修复技术，以此起到对古代纺织品文物的保护作用，通过对古代纺织品文物的修复实现对其最大程度的保护，让我国精美的纺织品文物能留存于世间，做好古代纺织品文物的传承工作，守护我国文化之根。

一、古代纺织品文物的类型

我国古代纺织品文物的类型多种多样，包括服饰、地毯、床单等。由于古代纺织品文物的种类众多，人们在不断实践中积累了大量的经验，总结出了多样化的修复方法，也产生了不同流派的保护理念。随着时间的流逝，各个流派开始互通互融，不断减少彼此之间的差异，虽然这种情况越来越普遍，但是彼此之间的差异不可能完全消失，因此各流派之间对同一件古代纺织品文物的修复会采用不同的方法。

二、古代纺织品文物腐蚀的原因

古代纺织品文物腐蚀的原因有内因和外因两种。其中，内因是指古代纺织品文物由纤维素、半纤维素或者蛋白质构成，随着时间的流逝很容易老化；外因是指外部环境会对古代纺织品文物造成影响。从古代纺织品文物材料的构成中可以了解到，其受外界环境的影响较大，如光、温湿度、生物病害、大气中的有害气体。

首先，古代纺织品文物对光比较敏感，因此其在受到光辐射之后很容易产生光化学反应，进而出现褪色、泛黄等情况。此外，紫外线是对古代纺织品文物损害最直接的一种光线，纺织品文物受到紫外线的照射之后会发生光氧化以及出现被降解的现象。其次，温湿度的高低也会对古代纺织品文物产生影响，温度过高，有利于纤维素和蛋白质获取较多的能量并将其转换为活化分子，进而造成古代纺织品文物老化，产生虫霉；而温度较低，则会使纺织品出现结露的现象。另外，古代纺织品文物在湿度较高的情况下会发生水解，从而使纺织品变形；在湿度比较低的情况下，则又很容易使得纺织品变脆，容易发生纺织品收缩断裂的现象。再次，古代纺织品文物主要由纤维素以及蛋白质等成分构成，这些成分本身就是霉菌和子喜欢集聚的地方，因此古代纺织品文物相比其他种类的文物更易产生生物病害。最后，大气中的有害物质主要有臭氧、含硫化合物、酸雨等，这些物质很容易诱发纺织品自身材质的活性降低、腐蚀等，进而对其造成一定程度的损害。

三、古代纺织品文物的保护与保存措施

人们对古代纺织品文物的保护与保存仍处于不断摸索的阶段中。在对古代纺织品文物进行消毒的过程中，大多是利用环氧乙烷或者溴甲烷对纺织品进行熏蒸消毒，有的还会利用专门的消毒设施对其进行消毒杀菌。在古代纺织品文物的污渍清洗方面，文物保护人员有较为深入的研究，在不断的实践摸索中找到了清洗污渍的有效方法，如利用超声波、弱氧化剂及混合溶剂等相关的清洗方法。在古代纺织品文物加固方面，文物保护人员除了利用较为传统的托裱法，还研究出了丝网加固法，即利用丝网加固法对纺织品文物的正反两面进行加固工作。在古代纺织品文物的保存方面，文物保护人员最常使用的方式就是加强对放置古代纺织品文物库房的温度、湿度、光强度及防虫防霉的控制。在较小的环境中，文物保护人员会利用密封隔绝的方法保护古代纺织品文物，例如在抽真空之后利用塑料薄膜保存古代纺织品文物，或者制作一些专门的保管橱柜，在橱柜中充满氮气。

四、古代纺织品文物的修复技术及其实践

1.针线修复技术

对于破损程度比较严重的古代纺织品文物，最常用的修复技术就是针线修复技术，利用针线加固的方式，最大程度上使古代纺织品文物保持其原貌以及艺术风格。针线修复技术应依据古代纺织品材料的染色、强度及粗细情况，选择与之相符合的现代织物进行加衬缝合。总而言之，在开展古代纺织品文物修复工作的过程中，对材料和修复技术的选择都要与古代纺织物材料、特征、技术手段相近，以恢复其原貌为主要目的，但是修复后的效果应与修复前有一定的区别，以此遵循修复理论中的可辨识性修复原则。因此，针线修复技术虽然比较简单，却是一种可逆的修复。针线修复技术主要有丝线衔接绣补法、同类织物衬补法和补缺整合复原法。

（1）丝线衔接绣补法

适用于古代纺织品文物发生破洞或者裂口的情况。修复过程中需要用到与古代纺织品文物相似的纱线，如纱线的性质、纤维素及加工工艺等都要相似；利用绣花针穿线并按照纺织品的结构机理情况进行绣补，尽可能使缝补的经纬线屈曲状态与纺织品原件的经纬线屈曲状态相符，从而使纱线修复达到理想的效果。

（2）同类织物衬补法

适用于对古代纺织品文物破洞的修复。古代纺织品文物比较脆弱，承受不住外力的作用，因此很容易产生破洞。破洞不能用一般的织补方法进行修复，只能利用衬补修复的方法。在衬补修复过程中，要选择与纺织品同样色彩或者相同质地的织物，将其托衬在破洞的背面，然后利用绣花针将同颜色的丝线或者利用暗针法进行纺织品破洞的修补。

（3）补缺整合复原法

适用于形制遭受严重破坏的古代纺织品文物。通过对古代纺织品文物原料的调查，选择与其在花色、质地及造型等方面相似的材料进行整合缝补，以达到完整复原古代纺织品文物的目的。

除此之外，还有部分科学研究机构针对古代纺织品文物的老化情况及保护剂材料进行了深入的研究，常采用比色法、电子顺磁共振法等。

2.回潮技术

回潮技术能够有效帮助古代纺织品文物抚平褶皱、展开折叠部分或者除去印记，如通过间接或直接的方法，利用该技术增加古代纺织品文物的纤维含水量。开展这项技术之前，文物保护人员需要对纺织品的湿度敏感性、霉变情况及外观变化等多项内容进行细致的观察与分析。一般来说，回潮技术可以分为密封型和敞开型两种方法，密封型回潮方法包括湿度自动控制回潮箱回潮、半透膜回潮等；蒸汽法、房间环境控制法等属于敞开型回潮方法。如今人们日常生活中常用的加湿方法就是超声波加湿器等。

3.清洗技术

古代纺织品文物的清洗技术主要分为两种类型，一种是物理清洗方法，另一种是化学清洗方法。物理清洗是利用除尘工具去除纺织品表面或者内部的杂质，该方法常被用于古代纺织品文物表面的清洁工作。化学清洗方法主要是利用化学试剂去除纺织品表面粘连牢固的污染物或者纤维内部的污染物，该方法大致上又可以分为湿法清洗技术及干洗清洗技术。其中，用水清洗古代纺织品文物的清洗技术就是湿法清洗技术，通过水的冲洗将古代纺织品文物表面的污渍去除，这种方法在必要的情况下可以利用一些清洁剂，因为能利用清洁剂进行清洗的纺织品具有染色程度高、纤维素强的特点，能够承受住清洁剂的力度；而选取的清洁剂不同，清洗的方式也不同，其主要可以分为水洗法、漂白清洗及生物酶清洗等。另外，干洗清洗技术是一种使用强度比较低，将有机溶剂作为清洗的主要洗剂，只适用于不是很重要的古代纺织品文物修复清洗的清洗技术。

4.除霉技术

除霉技术有物理方法和化学方法两种，其中常用到的物理方法是对纺织品进行冷冻或者微波，化学方法则是通过一些化学试剂对纺织品进行熏蒸。古代纺织品文物的主要构成成分是动植物的纤维素和蛋白质，而纤维素和蛋白质是一些微生物喜欢寄居的地方，因此文物保护工作人员应当重视对古代纺织品文物的除霉工作，选择合适的除霉技术，防止古代纺织品文物在放置的过程发生腐烂的现象；还要做好古代纺织品文物库房的温度及湿度调节，以库房环境为出发点开展古代纺织品文物的防腐工作。若是有古代纺织品文物已经发生腐烂或者是霉变的情况，就需要对该文物进行及时的保护及修复工作。文物保护人员要根据古代纺织品文物具体的霉变程度选择适用性较强的除霉技术，高效率地完成处理工作。

中国有五千多年的文明历史，古代纺织品文物历史悠久，资源、种类丰富。如何将其最大限度地保存和发展下去，是目前文物保护工作人员要思考的主要问题。对此，在进行古代纺织品文物的修复和实践探索中，文物保护工作人员应当对古代纺织品文物的保护和修复形成正确的认识，在实际修复的过程中有效分析各种修复技术的优缺点，从而更好地发挥出各项修复技术的最大效用，有效修复我国古代纺织品文物，以此推动我国古代纺织品文物修复工作的可持续发展。

第九章 文物管理

伴随着文物保护受关注与重视程度的不断增加，博物馆在文物保护工作开展，文物保护措施选用上的压力不断提升。如何在新时期更为有效的进行文物管理措施选用也是博物馆需要认真思考的现实问题。

第一节 不可移动文物的保护与管理

1.不可移动文物保护与管理工作的重要意义

首先，不可移动文物具有极高价值。全国重点文物保护单位，已经成为中华文明或者是中国的象征。诸如长城、明清故宫已经成为最具代表性的中国符号，秦始皇兵马俑更是拥有"世界第八奇迹"之称。这些不可移动文物对于中国国家形象、文化形象的代表性和重要性不言而喻。其次，中国是世界文化遗产数量最多的国家。2021年我国被列入《世界遗产名录》的项目已经达到55处，其中文化遗产37处，自然遗产14处，文化与自然双重遗产4处。其中，属于不可移动文物近40处。可以说，正是庞大的不可移动文物支撑起了我国作为文化遗产大国的"身份"。

最后，不可移动文物是中华文明演进的象征，是中华文明上下5000多年历史的有力证据。无论是震惊世界的殷墟、美轮美奂的莫高窟、新石器时代具有城邦雏形的石峁古城，抑或是东亚玉器起源的饶河小南山，这些重要的历史遗迹，都是中华大地上文明不断演进的重要证据。

综上，不可移动文物是国家文化的象征、是文化遗产的重要组成部分，记录着人类文明、政治制度、社会习俗生产力水平，体现着某一时期的民族文化、地区文化宗教文化等。承载着当时历史人们所追求的美学观念和功能需要等信息，反映着人类认识世界、改造世界的发展体系和规律，饱含着历史的记忆、文化精神的传承和社会凝聚力的产生等。不可移动文物的自身特征和其所蕴含的价值凸显了其珍贵性和无法替代性。善待文物是传承中华文化，守住民族之魂的应有之举，需要对不可移动文物实施有效地保护管理工作。

2.不可移动文物保护与管理工作面临的挑战

（1）不可移动文物数量高速增长范围不断扩大

2007年至2011年，我国开展的第三次全国文物普查，共登记不可移动文物766,722处，较第二次文物普查结果增幅超过200%，其中新发现不可移动文物536,001处。单从黑龙江省数据来看，第三次全国文物普查登记不可移动文物 10，759 处。其中，复查不可移动文物 3694 处，新发现不可移动文物 7065 处，不可移动文物总量在原有的基础上增加了 1.3 倍。随着不可移动文物内涵的不断扩大，工业遗产、文化景观、文化线路等被纳入文物普查对象，进入不可移动文物体系。文物类型外延不断扩展，对原有文物保护管理工作和人员素质都提出了新的挑战，加重了各级文物保护工作的任务。

（2）文物保护力度和监管措施与文物增加速度不适应

国家领导人曾多次对文物保护工作做出指示批示，国家也不断加大对文物保护的投入力度和资金扶持，文物安全也成为文物保护工作的重要部分，文物保护管理工作的广度和深度不断加大。按照目前的文物保护管理权责划分，市县级文物保护单位和未核定等级一般文物的保护经费多由本级财政承担，受地区经济发展制约，个别市县财政压力大，对于文物保护项目的资金支持力度难以维系，难免会造成文物保护单位在安防手段方面处于落后的状态。

（3）火灾是不可移动文物不可忽视的严重隐患

近年来，巴西博物馆、巴黎圣母院先后发生火灾，火灾成了一些文化遗产难以抹去的伤痕。随着社会经济快速发展，文物本体和举办大型活动时大量电子设备的使用，加大了文物、博物馆火灾事故风险。2019 年，国家文物局共接报文物火灾事故 21 起，其中不乏全国文物保护单位和省级文物保护单位，这些文物主体轻则部分损坏，重则被严重烧毁。为加强和改进文物消防安全工作，2020 年国家文物局发布《全国文物火灾隐患整治和消防能力提升三年行动实施方案》，火灾防控成为当前文物安全工作的重要任务和紧迫工作。2021 年，国家文物局接报各类文物火灾事故 6 起，较 2020 年的 15 起，数量呈下降趋势。文物数量和文物保护单位数量的增加，文物安全防范等工作的不断加深，逐步加大了文物安全巡查、建档、保护利用等工作任务，对于文物单位、文物管理人员和从业人员都是较大的挑战。

（4）文物保护与管理工作形式复杂多样

文物保护与管理工作的复杂性主要体现在社会经济发展、多部门管辖、文物活化利用等与文物保护间的矛盾。随着人民对物质生活需求不断提高和城市化进程逐步加快，文物所处的环境变得复杂。如何在提升居民生活水平的同时确保文物保护单位及其周围环境的保护、确保文物安全是需要多方参与研讨的课题。文物的安全与巡查离不开多部门协作，文物资源权属不一，除文化和旅游部门外，还有权属于住建、民宗、民政、地质、水利等行业管理部门及乡镇村集体的文物。文物的安全防范需要文化旅游部门与公安、消防、市场监管等部门的共同参与。在多部门管辖、参与的情况下，如何促成文物工作的顺利、高效实施考验着文物工作者的能力。因活化利用的需要，不可移动文物被赋予了新功能，如，作为陈列展览纪念馆、公共服务、经营服务办公场所等。活化利用必定会吸引来大量游客，在利用文物传播历史文化知识的同时确保古遗址、古建筑的安全，仅靠单纯的限流是不够的。如何通过法律、教育等多方面引导游客爱护文物，文物保护单位如何采取多种措施积极预防人为破坏文物的行为等，都是文物工作者需要应对的实际问题。

（5）文物管理队伍不稳定和人员紧缺

文物工作是一项专业性极强的工作，需要有足够的历史责任感和使命感。"2019博物馆馆藏资源授权峰会"上，时任国家文物局局长刘玉珠指出，目前机构改革使得基层文物行政力量减弱、管理缺位，伴随着机构改革，带来了诸如文物管理所撤并，文物业务、管理和执法三部门之间职能不清、权责不明，文物工作者业务不熟等一系列的问题，使得本就压力重重的文物工作日渐严重。

3.不可移动文物保护与管理对策

（1）压实责任，树立正确文物保护观念

当前的文物保护法律法规体系正在日益完善，《中华人民共和国文物保护法》的最新修订工作也已经启动，国家关于文物保护利用的一系列文件、规定，充实了当前的文物治理和管护体系。当前虽然各类文物法律法规不断出台，但是具体落实到工作中还需加大力度。比如，将文物保护工作作为政府考核项，做到文物工作"五纳入"等等。很多地方仍然存在纸上谈兵的情况，为进一步加强不可移动文物的管护工作，一定要层层压实责任，通过法定、签订责任状等方式，构建省、市、县、乡多级文物保护治理体系。明确权责，促使政府部门提高文物保护理念，将不可移动文物的保护措施融入到社会整体平衡与和谐发展计划中，从而避免因城市发展建设项目破坏文物的悲剧发生。

同时，各级政府应落实文物保护主体责任，将文物安全管理工作纳入辖区政府签订的文物工作任务书，作为各级政府绩效考核指标。各地文物行政管理部门要加强对文物保护单位的安全管理、指导和检查，督促其健全内部安全制度排除安全隐患、建立巡察制度，完善安防设施设备。各级文物行政部门和消防救援机构要加强对本辖区内各类不可移动文物的监督和检查，加大指导力度，提升火灾防控能力和水平。文物保护单位的管理人员须签订文物保护管理工作任务书，并作为年终绩效考核指标。

（2）运用互联网，构建互联网+文物管理系统

互联网+发展迅速，特别是以智能手机作为终端设备开发的软件给人们生活带来了巨大变革。微信或APP等平台与文物工作结合研发出的系统，可显著提高工作效率，及时查找工作漏洞。将

定位、多模式导航、信息储存等功能引入文物管理系统 APP，开发文物巡查、管理工作平台，可有效解决巡查管理不到位、协防响应不及时、缺乏决策支撑能力等问题，利于文物部门实时掌握巡查工作的进度。在管理系统中导入修缮数据、文物执法数据、消防检查数据、文物保护工程审批数据，可进一步提高数据管理工作，实现数据全方位采集、任务全过程管理、安全全天候监管的巡查管理模式。积极转化最新文物保护成果的运用，通过将文物保护单位各项数据的矢量化数据接入文物大数据库，制作文物手机一张图，将文物信息旅游信息、文物法律等多重信息作为地理标识介绍延伸阅读点，增加文物知识、法律知识的同时，更加便捷的让社会大众参与对文物保护工作的监督之中。

（3）号召社会参与，扩大文物保护队伍

我国文物数量庞大，仅仅依靠政府难以保护好散布在祖国大地上的文物，文物保护的最佳模式应该是政府主导、全社会参与。首先，加大对于文物保护工作重要性宣传。定期或不定期开展历史、文物知识宣传讲座，提高广大人民群众对历史文化的认知程度，增强全社会保护意识。其次，面向社会招募文物保护员，让其加入日常文物巡查、管理工作。再次，借助文物资源，开展好中小学教育教学工作。既为青少年提供研学课堂，又可以在青少年一代心中埋下文物保护的种子。

（4）加强文物保护队伍的人才培养

各级政府特别是一些文物工作相对薄弱的地区，应该通过制定相关优惠政策，吸纳文物专业人才充实到队伍中，为文物事业发展培养更多的接班人。同时，利用老同志经验丰富优势，发挥传帮带作用。建立健全地方文物保护专家库、智库，加强与地方高校的合作，吸纳有意向、有知识、有能力的年轻人投入到文物保护工作中去。综上所述，在不可移动文物保护与管理工作当中，政府要起到带头作用，为文物保护与城市建设和谐发展夯实基础；文物工作者要从多方面入手，善用新手段、新方法，注重与公众之间互动，通过社会各方面的配合，强化文物保护与管理工作。踔厉前行，笃行不怠，早日实现让文物"活"起来的工作目标，"让中华文明同世界各国人民创造的丰富多彩的文明一道，为人类提供正确的精神指引和强大的精神动力。"

第二节 博物馆文物管理现状和改进措施

现阶段，人们对精神文明方面的需求越来越高，现对国家文物和博物馆的关注度也越来越高。文物管理作为博物馆管理过程中非常重要的一个环节，发挥着非常重要的作用。博物馆内的文物是人们了解历史发展的主要途径之一，虽然外部环境对博物馆进行文物管理的要求越来越高，但是，博物馆在进行文物管理的过程中仍然存在一些问题，主要包括博物馆文物管理制度不完善、文物管理手段和方法传统且落后、缺少专业性人才和完善的人员管理制度、文物管理细化程度低、法律法规不完善等问题。为了加强对博物馆文物的管理和保护，需要相关部门对管理现状进行综合分析，探索出科学合理的博物馆文物管理改进措施，从而推动博物馆文物管理工作的开展。

一、博物馆文物管理的重要性

博物馆是一种非营利性机构，是主要用于收纳人类文化和自然遗留下来的产物的场所，其主要责任不但包括对文物进行管理和维护，还有着向社会宣传历史文物相关知识的责任。文物管理工作是博物馆管理中非常重要的一部分，博物馆内的历史文物价值都非常高，它们具有非常丰富的历史价值和艺术价值。由于博物馆内的文物来源于不同历史时期和区域，同时其也是后人了解历史发展情况的主要途径之一，因而博物馆内的文物具有较高的研究价值。因此，这就需要加强对博物馆文物管理工作的重视程度，对博物馆文物管理的发展现状采取相关改进措施予以解决，对文物进行保护和管理，以减少博物馆内文物发生损坏的概率，推动博物馆文物管理的顺利进行。

二、博物馆文物管理的现状

1.管理制度不完善

在博物馆文物管理的过程中，容易出现管理制度不完善的问题。在源远流长的人类历史发展过程中，存留下来的文物不但种类复杂且多样，而且这些文物所涉及的历史时期和地区范围非常广，所以对博物馆来说，进行文物管理是一项非常艰巨的任务。在博物馆的管理过程中，文物管理工作是一项系统性的工作，它并非要对这些历史文物进行简单的整理和分类，这一工作相对复杂，由于每个博物馆内的历史文物的种类不同，再加上部分博物馆的管理资源稀缺，使得博物馆在进行文物管理时管理制度不完善；根据博物馆内历史文物自身的具体情况，博物馆相关管理部门需要制定系统性的管理制度，加强对博物馆文物的系统化管理和精细化管理。在经济建设发展过程中，由于我国的经济建设起步相对较晚，且进程较慢，就使得之前我国将建设重心放到了经济方面，忽略了我国社会主义文化建设的发展，只注重提高人们的生活水平和质量，忽略了人们在精神上的需求，对博物馆文物管理的重视程度较低，使得博物馆缺少系统完善的文物管理制度。

2.管理手段落后

在博物馆文物管理的过程中，由于管理手段相对落后，在一定程度上影响了博物馆文物管理的进程。首先，虽然近年来我国加强了对精神文明建设的重视程度，进而在一定程度上推动了我国博物馆文物管理进程的发展，并且使得我国博物馆具备了基本的文物管理能力和手段，但是，由于精神文明建设起步相对较晚，博物馆仍然需要依靠人工管理手段进行文物管理，这样的管理手段不但在人力、财力、物力上增加了博物馆文物管理的成本，而且在一定程度上使文物管理工作的工作效率大大降低，同时也阻碍了博物馆文物管理的发展进程。其次，博物馆的文物管理方法传统且落后，文物管理方法更新速度慢，而且无法跟随社会发展的脚步，满足不了社会发展的需求，无法对博物馆文物进行有效管理，在一定程度上增加了博物馆文物管理的难度。最后，在管理人员进行文物管理的过程中，由于没有引进先进的现代化设备，容易出现因设备出现故障而对文物造成损坏的现象，这对博物馆和国家来说都是一项巨大的损失。

3.缺少专业性人才

在博物馆文物管理的过程中，由于博物馆内缺少专业的管理人才，缺少完善的人员管理制度，在一定程度上阻碍了博物馆文物管理工作的进程。由于博物馆文物非常重要，所以对进行文物管理的人员的专业性要求也非常高，但是，很多博物馆不但缺少专业性的管理人才，而且文物管理制度也存在各种问题。首先，博物馆内大部分管理人员都是以保安的形象进行现场秩序维护，这些管理人员并不具备强大的管理能力或专业技术能力，对博物馆文物的保存环境并不熟悉，也不具备专业的判断能力和分析能力，容易把博物馆的文物放在可能具有破坏性的环境中，这在一定程度上提高了文物受损的可能性，从而可能给博物馆和国家造成不可磨灭的损失。其次，管理人员在面对突发情况时不具备随机应变的能力，没有解决突发情况和问题的能力，无法对突发情况进行有序处理和解决，会对博物馆文物管理产生一定的影响。总之，专业性人才的稀缺使得博物馆文物管理工作的进程较慢，再加上缺少完善的人员管理制度，使得博物馆文物管理的整个过程没有得到规范的监管和控制，容易造成博物馆文物损坏甚至盗窃等问题，对博物馆和国家而言有非常大的威胁。

4.文物管理细化程度低

俗话说，细节决定成败，在进行博物馆文物管理的过程中，最重要的就是细节问题。部分博物馆在开展文物管理工作时，容易在细节方面出现问题，如出现细节管理不到位、细化管理细化程度较低、细节管理落实程度低等问题。特别是对于博物馆内一些非常珍贵的文物来说，在进行文物管理和保护工作时需要特别注重细节，如果出现文物管理的细化程度较低的问题，会在一定程度上影响文物管理制度的可实施性和有效性。

5.法律法规不完善

国家制定法律的最初意图是用于调整和规范关系，而单单依靠道德无法实现关系的调整和规划。在博物馆文物管理的过程中，容易出现法律法规不完善的问题。因此，在制定博物馆法律法规的过程中，需要将国家制定的博物馆管理方法作为规范，由于博物馆在文物管理过程中缺少相关法律法规的规范，使得博物馆不能健康合理地进行文物管理工作；同时，博物馆在制定规章制度时，如果不根据博物馆自身的特点进行相对应的分析，会导致博物馆文物管理工作不规范。

三、博物馆文物管理的改进措施

1.建立完善的文物管理制度

首先，建立文物管理制度时要与现在社会发展的需求保持一致，对文物管理的实际情况和变化趋势进行有效结合和综合分析，加强对文物管理制度的改进和完善，对文物管理过程进行规范化约束，科学地引导相关管理人员进行制度化管理，从而在一定程度上提高文物管理工作的效率。其次，要加强对文物管理制度的有效落实，对文物管理工作的相关法律法规进行有效落实和完善，各级、各部门加大对制度的宣传力度，同时可以通过网络等媒体形式进行宣传，使广大群众认识到博物馆文物管理工作的重要性；在进行文物管理工作时，必须严格遵循规章制度和法律法规，加大对文物管理工作的监管力度。最后，为博物馆文物管理各部门制定责任机制，确保各级各部门明确自己的管理责任，同时，博物馆进行文物管理还包括向博物馆的参观者普及文物管理常识，从多个方面对文物进行管理和维护，以推动博物馆文物管理工作有效进行。

2.加大国家的支持力度

为了解决博物馆文物管理过程中出现的管理方法和手段落后的问题，国家需要加强对博物馆文物管理的支持力度。首先，作为非营利性机构，博物馆文物管理工作在设备和资金方面都需要国家的支持，不只是文物管理方面，博物馆的其他日常运作方面也需要资金支持。为了满足博物馆对资金和设备的需求，国家需要加强对博物馆管理工作的支持力度，为博物馆文物管理提供先进的管理设备。其次，博物馆相关部门可以向国家和政府申请先进的管理模式和资金设备支持，在进行文物管理的过程中，应用先进的管理模式和信息化技术，这样不但能有效地减少资源的投入和消耗，减少成本，而且能在一定程度上提高博物馆文物管理的工作效率。最后，采用先进的管理模式可以实现对博物馆文物信息的系统化管理，对博物馆文物信息进行录档、分类和整理，这样，参观人员就可以查询到所有文物的电子版档案，方便参观人员对文物进行了解和认识，也方便博物馆文物管理人员开展文物管理工作，从而大大提高文物管理工作的效率和质量。

3.加强对专业性人才的培训

为了解决博物馆文物管理工作中出现的专业性人才短缺的问题，并满足博物馆对专业性管理人才的需求，相关部门需要加强对专业性人才的培训和引进。首先，为了满足现代社会对人才的需求，可以加强对文物管理工作人员的专业性培训，定期对培训内容进行专业性考核，对于考核结果比较理想的员工进行适当的奖励，对于考核结果不理想的员工，则需要重新培训或给予一定的处罚，这样不但能有效地提高员工的工作积极性，而且能在一定程度上提高管理人员的专业素质，这种培训方法不但花费的成本较低，而且培训的效果比较明显。其次，博物馆文物管理工作方面的人才短缺问题仅仅靠专业性人才培训是无法完全解决的，还需要加强对专业性人才的引进，加大对专业性人才的招聘力度，通过良好的福利政策吸引广大专业性人才投入博物馆文物管理工作中。如通过校企合作的模式，博物馆机构与各大院校进行合作，院校为博物馆提供相关专业的优秀学生，博物馆为学生提供良好的学习机会，把学生培养成为博物馆文物管理的专业性人才，从而满足博物馆对人才的需求。

4.对文物管理的措施进行细化

由于博物馆内所有的文物都是不可再生的，且这些文物都具有一定的历史价值，因此，博物馆文物管理工作非常重要，这就需要相关部门对文物管理的措施进行细化。由于博物馆内的文物种类复杂多样，涵盖不同历史时期和不同地域，在进行文物管理工作时就需要进行大量的细节管理工作，且对细节管理工作的要求非常高。首先，需要在一定程度上对博物馆文物管理的各项管理措施进行细化，充分发挥各项管理措施的指导价值，并且需要将各项管理工作具体落实到个人身上，使其明确自身岗位需要承担的责任和义务，只有这样，才能最大程度地保护博物馆的文物，有效地提高博物馆文物管理工作水平。其次，在博物馆进行文物管理的具体操作过程中，提高对博物馆珍贵文物保护和管理的重视程度，学习先进的与文物保护和管理相关的专业技能，能够有效地避免因管理人员专业性较差而使文物管理在细节上出现漏洞的问题。最后，需要根据博物馆文物管理的具体情况，制定系统化的文物保护系统，从多个细节角度对文物进行管理和保护。将博物馆内文物的保管权与所有权进行分离，可以使一些不符合文物保护条件的难题得到有效解决，不但可以在一定程度上对文物管理的具体措施进行细化，而且能够对博物馆的文物资源进行有效整合，同时还能将整合任务分区域完成，从而能够有效地实现博物馆之间的文物资源共享，对博物馆的资金进行有效集中，进而为博物馆的文物管理和保护提供资金支撑。

5.完善相关法律法规

在博物馆文物管理相关法律法规的建设过程中，博物馆需要基于操作性强、应用范围广、科学合理、重点突出等方向，加强对博物馆文物保护技术标准体系的建立和管理，制定系统性的框架，加强对博物馆文物管理工作的指导和规范，确保管理工作标准化和规范化。首先，我国的博物馆在文物管理过程中，主要将国家制定的法律法规作为管理依据，并结合博物馆自身的特点和需求，制定科学合理的文物管理办法，以确保文物管理的各项工作都将法律法规作为依据，必要时，还会在博物馆文物管理的法律体系中加上地方性的法律法规和部门规章制度，这样能够有效地解决相关管理人员分工不明确的混乱问题。其次，在博物馆文物管理法律法规的执行过程中，加大对法律法规的宣传力度，可以使博物馆文物管理相关法律规定在管理人员和参观人员中得到普及。博物馆不但需要对相关文物管理人员进行法律法规的普及和规范，还需要让公众在一定程度上了解和熟悉文物管理保护的相关内容，有效地激发公众保护文物的积极性，从而从多个方面规范文物管理工作，推动文物管理工作的顺利进行。

综上所述，在博物馆管理过程中，加强对文物管理工作的完善和改进是非常有必要的。在社会发展的过程中，不但要推动经济建设的发展，还需要为人们提供充足的精神食粮。面对博物馆文物管理过程中出现的问题，相关部门需要采取相应的改进措施，建立完善的文物管理制度，加大国家的支持力度和对专业性人才的培训力度，对文物管理的措施进行细化，完善相关法律法规，以充分满足现代化社会的发展需求，推动博物馆文物管理工作精细化发展。

第三节 国有博物馆文物资产管理存在的问题与对策

文物是由历史沉淀下的重要的文化遗产。文物具有较高的科学研究价值、艺术价值、历史价值，能从不同角度体现不同的历史发展阶段中人类的生活环境、生活特点、生产情况等场景。文物代表着历史文化，是国家历史源远流长的重要见证。因此，我们需要加强文物保护工作。国有博物馆作为储存文物的重要场所，肩负着更为重要的社会责任。文物资源的不可再生性，导致其一旦受到破坏，则会造成不可估量的损失。因此，加强国有博物馆文物资产管理的重要性日益凸显。在此就国有博物馆文物资产管理中存在的不足进行分析，并提出相关解决对策。

一、概述

根据《中华人民共和国文物保护法》相关规定，博物馆中的藏品就是其馆藏文物，馆藏文物又被称为文物藏品，文物藏品也是国有博物馆中的文物资产。国有博物馆中的文物资产是博物馆通过合法渠道所收藏的，这些文物具有较高的历史价值、艺术价值、科学价值。博物馆收入文物后，文物资产需要经过一系列流程如清理、编目、鉴定、建账和分级等，再经过一系列工序后才能保存至专门库房，专人负责承担其管理及保护这些文物的工作。

博物馆的文物资产主要有以下特点：第一，博物馆所收藏的文物性质需要符合本馆实际情况。博物馆的创建是具有其特定价值定位的。在博物馆开展的一些展览活动中，对于文物也有一定要求，对于文物的收藏以及研究有明确界定。基于这种情况下，博物馆收入的这些文物资产的性质和任务必须与本馆相符，包括其历史价值、科学价值以及艺术价值等。第二，藏品必须具备展示、利用和研究的价值。从对文物资产进行收藏、研究及展览角度分析，可以具备不同的价值。

二、开展文物资产管理的意义

文物藏品是历史的瑰宝，是人类在社会历史发展过程中遗留的痕迹，具有历史研究价值，是十分宝贵的文化遗产。文物藏品具有不可再生性的特点，若受到损坏，其损失不可估量。因此，文物藏品的保存环境以及使用过程都需要严加控制、谨慎保管及使用，尤其是对于那些评级较高的藏品更是需要重点注意。在进行陈列展览或研究中，可以使用一些替代品代替原件。尤其是一些保存较难的文物，如丝帛质地藏品或对紫外线和湿度、温度较敏感的纸张，若频繁提取会造成其寿命快速缩短，加快其老化进程。而在博物馆开展文物资产管理工作能提升藏品的安全系数，更好地发挥保护文物的作用，减少文物损耗，从多方面考虑藏品实际情况，严格控制藏品使用，意义重大。

三、国有博物馆文物资产管理工作中存在的问题

1.文物资产管理制度尚不健全

目前，许多国有博物馆开展文物管理工作依据主要是文物保护的相关法规，保证文物的安全与完整是其开展管理工作所遵循的主要思想及原则。可是，许多国有博物馆在工作中忽略了文物本身的特性，未采取差别化管理方式以区别管理文物与其他国有资产。此外，文物作为博物馆资产管理中的重要组成部分，所应用的资产管理系统是与其他资产相同的，文物资产管理系统的个性化开发缺乏，管理中仅仅记录一些如数量、价格、名称等的文物信息，而对于具有相似名称的文物，其独特的历史价值无法得到有效区分。虽然文物保管工作的重视程度在不断提升，但管理过程中却未注意文物独特的历史文化内涵，仅仅是保存于库房，无法发挥其独特的价值。

2.缺乏统一文物管理部门

国有博物馆中文物保管职能部门主要所负责的工作内容是对文物资产的归口管理。许多国有博物馆也制定了相对完善的文物藏品管理制度。文物保管部门主要工作就是保管文物，同时建立文物藏品总登记账并进行定期维护，而财务部门则是设立全馆固定资产账。根据这种管理体制开展文物管理工作，由于两个部门存在不同的登记规范，且双方信息未互相联通，这就易造成藏品总登记账与财务资产账不一致等问题。

3.文物管理信息化水平较低

虽然国有博物馆文物管理系统的信息化建设不断推进，但还存在一些不足。如文物管理信息系统功能单一，仅是进行文物管理，但缺乏数据方面分析。文物管理系统中的信息录入功能已经转变了传统的手工记账方式，目前普遍应用计算机录入，这种情况下虽然使博物馆人力成本得到了有效降低，但依然是简单堆砌的基础信息，无法通过该系统了解文物的调拨动态，无法分类整理、归纳、分析库存文物，无法从根本上促进文物管理水平的提升。造成这种情况发生的原因与文物管理信息化缺乏顶层设计、经费投入不足、一些工作人员思想保守、未足够重视文物信息化管理工作等原因有关。

4.国有博物馆文物存在盲目征集现象

一些国有博物馆的绩效考核主要将预算支出执行进度作为考核指标，而忽略了考核文物资源利用效率情况。国有博物馆中的文物征集费用归于项目支出这一项，若未达到预算执行进度标准，那么该博物馆在实施该项目的下一年中预算金额将受到核减。这就易导致国有博物馆盲目征集文物，仅仅是为达到预算执行进度标准，而这些被征集的文物无法发挥其价值，与展览主题不符，在征集后将其放入库房闲置，导致了文物价值得不到有效发挥，文物资源以及财政资金被浪费。

四、博物馆文物管理工作建议

1.建立健全文物资产管理制度

根据《事业单位国有资产管理暂行办法》中相关规定，文物的所属范畴仅仅是资产核算，更为偏重的是文物的历史购置成本，并未将文物资产的具体实物管理纳入其中。而文物资产的价值不仅仅局限于其购置成本，还包含了其文化传承价值、历史研究价值，也可将其征集成本作为衡量其价值的依据之一。相关部门应制定一套专门的文物资产管理制度，以区分其与其他资产的配套管理制度。管理水平的提升离不开健全的绩效考评制度。科学设计国有博物馆绩效考评体系，避免为盲目达到绩效而出现的不良情况，加强监督文物的征集工作，并将文物资源陈展时间长度和频率纳入绩效考评指标，以便在征集文物后，博物馆能将文物的宣传教育功能充分发挥出来。同时应在考核中关于征集文物项目的支出预算执行进度这一项标准之外，调整并修订现行的财政支出预算执行进度考核，考核标准也应当合理进行调整，以文物的征集是否与布展陈列主题所符合为主。国有博物馆征集文物的时长与其支出进度之间无必然联系，但根据现有的相关规定，博物馆需要在规定时间内完成预算执行标准，保证项目的开展是按照预算执行的。在工厂中大批量生产的产品中，还可以根据不同的产品型号、规格等信息制定出不同的公开市场价格，而文物则与此存在极大区别，珍稀的文物具有的价值是无法通过市场进行估量定价的，其价格不是由博物馆决定的，博物馆几乎无法根据项目支出序时进度要求购买到布展要求的相关文物。因此应对预算执行进度考核指标进行淡化，以免出现盲目征集文物的不良情况发生。

2.优化文物资产管理系统，充分利用数据资源

在如今的信息化时代中，互联网得到了普及，互联网技术也在不断发展。在开展文物管理工作中，国有博物馆也应当充分发挥处于信息化时代中的优势，需要将信息化技术的价值充分激发出来以推动文物管理的改革创新。现有的工作中所暴露出来的一点问题就是，虽然积累了大量的文物基础数据，但始终无法将这些数据进行有效整合。博物馆应加强建设文物信息系统，使各部门能更方便地交流馆藏文物信息，了解文物情况。首先，需要制定一套统一的业务流程，对其采集流程、标准等进行详细的计划与规定。加强关于文物的原始发票及其入库单的审核，保证文物来源的可靠性及信息真实性与完整性。根据与文物一致的原始数据，登录国有资产的相关信息，并且应当对不同的文物生成其对应唯一的文物资产编号。其次，加强信息的沟通，加强各管理系统间的信息互通，使信息能实现在各系统间的无缝对接，能对文物的动态数据进行实时更新。有效整合目前国有博物馆中的各文物管理系统的数字资源，做到业财融合，各文物管理系统只需登录同样的系统就能对文物从征集到展陈的各项动态信息全面了解，实现信息资源共享。最后，博物馆需对互联网技术充分加以应用，使文物的教育价值得到充分的发挥。除办展会等方式，国有博物馆还可以利用新媒体平台将其文化宣传覆盖面进行扩展。如可将文物的相关知识、图片、历史背景等信息通过微信公众平台进行分享，使公众能在线就参与到历史文物的学习研究中，充分提升文物的社会效益。

3.加强建设博物馆管理人才队伍

博物馆文物管理工作的开展离不开人员，因此要想提升其文物管理水平，加强人才队伍的建设十分重要。管理人员需具备良好政治素养，坚定文化自信，弘扬中华优秀文化。除了思想要求

外，管理人员还需具备高水平的学术研究能力以及较强的专业知识背景，要求其需具备研究馆藏文物历史的能力，还能有计划地组织学术交流活动。此外，对管理人员的综合素质要求较高，不仅需要其能清晰认识到博物馆中的内设机构职能，还必须十分了解博物馆的各项发展规划，掌握行业发展的最新动态。同时，管理人员还应当不断提升自身水平，能主动积极地学习，不断提升自身的专业知识，应加强管理基层职工，积极培训，为基层职工提供轮岗、培训机会。

第十章　文物管理现代化

文物管理是文物事业的基础，文物管理现代化研究对文物部门来讲基本是空白。实践证明，文物管理现代化是在传统管理中孕育而生的，新中国文物工作与国家现代化相伴而行。从现代化的视角对文物管理进行研究，把握住与国家现代化的关联，有利于增强现代化意识，加强现代化管理措施。

第一节 绪论

一、文物管理现代化研究缘起

国家治理的主体一般包括政府、市场和组织，但是鉴于政府管理在国家治理中的政治、经济、文化、社会等各方面均处于主导地位，往往具有重要作用，可以说实现国家治理现代化的关键就是提升政府管理现代化水平。因此，讨论"文物管理"即指"文物工作的政府治理"。"文物管理"中的"文物"不仅是指文物本体，还包括文物所处环境/文物本体与环境间的互动关系，以及文物保护与发挥文物作用，亦可简称为文物的保护利用工作；"管理"也不是传统的"统治型"或"管制型"的政府管理，而是政府"治理"，或称"善治"。

深化行政体制改革是实现国家治理现代化的重要途径。在现代社会的行政管理过程中，社会公众日渐觉醒和理性，对社会公益更为关注，对政府管理水平的期望值更高。转变政府职能，强调理性主义方法和实用主义的价值追求，最终提高政府管理质量和改进行政绩效，逐步建立精简、廉洁、高效的行政管理体系成为必然。文物管理是政府管理体系中的有机组成部分，如何在这场正在加速开展的国家治理现代化进程中实现文物管理的现代化是一个值得深入探讨的理论问题，也是实践问题。

回顾我国改革历程，文物事业一直伴随着改革开放的步伐前进，文物管理水平和手段也不断得到提高和改进，不断趋于更加符合文物事业发展的实际需求。然而，应该承认的是，随着改革开放的深入，文物领域管理体系和管理能力也面临着严峻挑战。文物管理中存在职能转变不到位，对微观项目运行干预过多，社会管理和公共服务相对薄弱等不足。这些现象导致了管理成本高、行政效率低，文物市场管理欠规范，公众对文物工作了解不够，甚至误解，文物安全形势依然严峻等问题。为此，国家文物局顺应国家治理现代化的大势，积极推进行政体制改革，推动文物行政部门由保护文物向管文物、由微观管理向宏观管理、由管理文物系统向全面管理文物工作的转变。2013年底，国家文物局提出建立"体现文物事业科学发展导向的、可考量的评价体系"。同时要求各级文物行政部门加强效能建设，形成政令畅通、运转高效、协调有力的行政运转机制，确保各项工作落到基层、落到实处，进而实现文物管理现代化的大目标。评价，是反馈系统中提供反馈信息的重要行为，是区分系统有无反馈的唯一标志，其结论将直接影响系统的运行效率和质量。自然界和人类社会都是由无数个系统构成，以带有反馈机制为优质，优质的反馈系统是人类社会发展进程中所追求的目标之一，文物管理也是如此。文物事业发展有赖于不断地评价、反思，并依据评价结果进行调整、优化。所以说建立评价体系，其行为本身，就是现代化管理方式的体现，是现代化进程中文物管理变迁的科学化表达。

二、文物管理现代化相关评价

中国政府、社会组织和学术界对政府管理、绩效、治理的评价研究日益重视，与文物管理现代化相关的评价研究与实践已经陆续开展，并取得一定成果。但相关评价研究基本处于起步阶段，尤其是专门针对文物管理现代化评价的相关研究成果或者实践甚少，且都是局限于某个具体领域。

1.现代化评价

《行政管理现代化及其评价系统分析》《关于行政管理现代化评价系统的若干理论问题》《行政管理现代化评价与促进系统初探》《行政管理现代化评价系统初探》等系列文章，研究分析了行政管理现代化评价体系、评价对象和评价方法，并围绕行政环境、行政职能、行政体制、行政执行、行政人员和行政效率六个方面设计建立了一套评价指标体系。研究成果现在看来固然有不少有待深化完善的地方，但是鉴于当时国内对于行政管理评价研究还刚刚起步，相关研究成果非常少，几无借鉴，所以从建立一种新理论、新方法乃至新思维来说，其研究成果无疑具有一定的开拓性意义。这个研究成果可以说是关于行政管理现代化的专项评价，其他还有涉及教育、农业、水利、法制、环境、生态、城市管理等方面的现代化评价，以及对某一地区现代化进程的评价。近年来，政府和学者对这方面的关注度越来越高，研究成果越来越丰富。

2.政府管理评价

目前我国在依法行政评价、政府绩效管理评估、法治政府评价方面的研究和实践比较丰富，因为这些评价都是围绕政府管理的各方面工作开展的，所以在此将这类评价统称为政府管理评价。根据评价目的可以将此类评价分为研究性和实用性两类。研究性评价的目的是通过设计一种评价体系，为实际工作提供理论上的指导。比如《关于构建我国法治政府指标体系的设想》一文，将法治概念引入政府建设评价中，介绍了构建法治政府指标体系的重要意义、可行性、基本内容、基本步骤和评价可能存在的问题；《法治政府的价值取向及指标体系探析》一文，主要从法治政府的内涵、基本特征与价值取向等几个方面研究法治政府的绩效评价。

与之相对，实用性评价多为政府主导，目的明确且实用，就是为了实际测评政府管理水平和指导政府工作，以加强政府自身建设，通过行政过程优化控制，实现绩效提升和工作持续改进。评价实施具有强制性且自上而下进行，领导挂帅并成立专门实施机构，制定专门评价办法，评价结果的效力较强，直接关系到工作考核、工资分配等。

西方政府绩效评估方法中最具代表性的主要有三种："3E"评价法、标杆管理法和平衡计分卡法。这三种评估方法分别代表了政府绩效评估的三个不同发展阶段：

（1）"3E"评价法

这种方法是从经济、效率、效能三个方面进行评价。20世纪60年代，为了严格控制政府财政支出，美国会计总署率先采用多重指标对政府工作进行审计，也开启了政府绩效评估方法的探索之路。这种评价法因节约成本而生，所以经济性是其根本价值准则。

（2）标杆管理法

这种方法最初产生于商业领域，后被引入政府绩效评估领域。标杆管理法强调过程管控与评估，突出政府在社会管理中全方位的责任，通过比较的方法对政府绩效进行评估，即确定标杆，设立政府奋斗目标，将完成情况与标杆对比，以评估绩效水平，再设立更高标杆，以此不断推动政府进步。

（3）平衡计分卡法

这种方法同样最初适用于企业绩效评估，是由哈佛商学院两位教授在1992年开发出来的，具体是从财务、顾客、内部业务和内部学习与创新四个维度平衡考核企业绩效。平衡计分卡法被引入行政管理，要求政府思考其在社会发展中应承担的使命，以长远的眼光对社会发展做出，远景规划，勇担引导社会良性发展重任。这是一种当前发展与远期目标并重的评估方法，是政府绩效评估方法的一大进步。

从西方国家政府绩效评估的过程看，评估理论和实践发展呈现以下特点：

1）建立完备的评估组织体系

很多西方国家都设置了专门的评估主管部门，如美国的"国家绩效评议组织"，法国的"全国评价组织"，评估活动不断趋于专业化、职业化，绩效评估逐渐发展成为一个独立而成熟的职业活动，从业人员必须经过专门培训，接受资格认定。

2）强调政府的社会服务功能

现代政府的角色定位不再是一味强调社会管理的管制型政府，而是变管制为治理，变管制为服务。政府与公民的关系，某种程度上已经由管制与被管制关系，转变为提供服务与享受服务关系。如果用商业的眼光来看待这种关系，政府作为公共服务的提供者，应更加注重效率和质量。

3）评估主体多元化，保障公民表达权，倾听公众声音

评估主体除了政府部门，还有社会组织以及公民个人。在发达国家，依靠独立于政府之外的中介机构进行评估（即第三方评估）的做法渐成气候。第三方评估机构聘请某一领域专家，其专业知识丰富，熟知本领域发展状况，又与被评估者没有利益关联，更能客观公正地做出评估。公众满意度调查是评估中常用到的方法，该方法最能体现公众的表达权，可以了解公众对政府施政的基本评价，及时发现薄弱环节，督促政府改进不合理的行政行为和公共政策，并及时反馈给相关公众，使公众了解政府行为、对政府行为更加满意，取得良好社会效果。调查结果可作为政府年度评估的重要组成部分。

4）政府绩效评估程序化、制度化、法制化

从西方国家的政府绩效评估中，我们可以得到一些有益的启示：在推进服务型政府绩效评估中应更加关照公共利益，提供公共服务。注重评估结果的运用，充分发挥评估的导向性和约束性，形成评估分析内部通报制度，并将不涉及国家机密和商业秘密的评估结果向公众公开，接受监督和意见。制定相关法律法规，为评估体系、评估标准及评估办法的执行提供有效保障。

3.治理评估

20 世纪 90 年代，治理评估的概念首先在国际社会和西方发达国家流行起来，其中影响较大的是世界银行提出的"世界治理指标"，包括发言权与责任性、政治稳定与无暴力、政府效益、管制质量、法治和遏制腐败。大约从 20 世纪 90 年代中后期，治理评估开始应用到实践层面，比如联合国人类发展中心提出了"人文治理指标"，包括经济管理、政治治理和公民治理三方面；"大赦国际"和美国评价体系重点关注各国的人权状况，并发布了世界各国人权状况报告；"透明国际"主要评价世界各国的腐败情况，并发布《全球清廉指数》，等等。国内的治理评价开始于 21世纪初，中国学术界的关注点逐渐转移到治理评估领域后，相关研究成果无论在数量上、深度上还是广度上，都迅速提升。这些研究成果有的属于综合性评估，比如"和谐社会评估指标体系"和"小康社会评价指标体系"，但更多的是聚焦国家治理的某一方面，比如"社会稳定指标体系""城市法治环境评估指标体系""科学发展观指标体系"等。

4.文物领域评价

目前我国文物管理在各个工作领域均已不同程度建立评价体系或举办评选活动，比如在不可移动文物保护领域，有全国优秀文物维修工程推介、中国历史文化名镇（名村）保护评价指标体系、传统村落评价认定指标体系；在考古领域，有考古项目实施状况评估、国家考古遗址公园评估、田野考古奖、全国十大考古新发现评选；在博物馆领域，有博物馆定级评估和运行评估体系、全国博物馆十大陈列展览精品推介、中国故事一全国博物馆优秀讲解案例展示推介活动；在文物行政执法领域，有全国文物行政处罚案卷评查活动、全国文物行政执法十大指导性案例遴选推介活动；在文物保护研究成果和设备领域，有文化遗产十佳图书评选推介、全国十佳文博技术产品及服务推介。

国家考古遗址公园评估在保证文物安全，严守客观性、导向性的基础上，秉承政府组织、部门合作、公众参与的原则展开，旨在规范和监督公园依法履行文物保护职责，落实文物保护规划和国家考古遗址公园规划，建立健全相关管理规章制度，改善公园日常运营和管理，提高服务质量，引导公园发挥社会职能和综合效益，促进公园可持续发展。

国家考古遗址公园评估由专项评估、开放状况评估和满意度调查三部分构成。其中，专项评估由专家现场完成，对国家考古遗址公园的资源维护、管理与服务情况进行综合判断和评分；开放状况评估是根据国家考古遗址公园填报的《国家考古遗址公园年度运营报告》中反映的数据，对可以量化的指标进行核查和统计；满意度调查是对游客和周边社区成员进行问卷调查，并对问卷结果进行综合评定。三者相互补充，从定性、定量和效果评价多个层次评估国家考古遗址公园的实际运行情况。最终评估成绩满分为 100 分，分为"合格""基本合格"和"不合格"三个等级。

此次评估工作进一步完善并规范了国家考古遗址公园的管理工作，也对已进入公园大名单的单位起到了鼓励和鞭策作用，为将来国家考古遗址公园的各项评价指标树立了标杆，促使国家考古遗址公园迈向更成熟的发展阶段。

20 世纪 90 年代开始，文物行业内的机构与相关行业组织、学术团体合作主办了一系列专业成果评选、推介活动。各项评选活动基本制定了推介或评选章程、办法或者原则，有的还提出了详细的评分标准，并不断完善评选机制，这对文物管理现代化评价具有重要的借鉴作用。为提升文物保护管理、展示利用、学术研究水平做出了贡献，并促进有关方面管理水平的提高，客观上推动了文物管理的现代化进程，使文物管理不断走向现代化。

比如，"全国十大考古新发现"评选启动于 1990 年，作为全国重要考古新发现宣传推介活动的成果，目前已经得到行业内的高度认可，堪称中国考古界的最高奖项。根据推介标准，一方面，程序上要符合国家文物局的报批手续；另一方面，发掘内容要具有历史、艺术、科学价值，能够为中国考古学科提供新的内容信息及新的认识。入选十大考古发现，除了具有一定观赏性和故事性，学术性无疑是评判发现价值的首要和根本的标准，具有填补学术空白意义的考古发现被公认为最具价值项目。此外，发掘技术、研究方法和文物保护措施也是评判发现价值的重要标准。通过评选活动，树立了优秀考古案例，提升了行业内整体考古水平。参评单位积极走向公众，走进校园、走进博物馆，也使得该项评选活动的社会认可度不断提高，影响力不断扩大，成为公众了解考古、认识中国考古学的最重要的窗口。传统纸媒、电视台、网站平台，以及微博、微信等自媒体集中深度报道，把考古发现的真正价值正确传播给公众，同时也对行业宣传和媒体应对提出了更高要求。

"全国文化遗产十佳图书"评选推介活动发端于 2001 年，最初名称是全国文博考古十佳图书评选活动。创办以来，这项文博行业年度图书评选活动几经更名，现在确定为年度全国文化遗产十佳图书评选推介活动。活动与时俱进，参评图书范围不断扩大，参与单位分布更加广泛，关注热度逐年升温。活动秉承公开、公平、公正原则，更加突出规范性、专业性、权威性。将来还要进一步制定更为具体的评选标准，以便评委遴选推荐时更有据可循。此外，评审会专家库得到不断完善，以保证评审的专业性、客观性和公正性。该项活动一方面能够促进文化遗产类图书编撰和出版质量的提高，引导思考文化遗产图书出版如何满足公众的读书需求，更好地为公众服务；也为图书作者、出版机构、文博单位、广大读者搭建起沟通平台，吸引公众参与文物事业，从而为文物事业发展和精神文明建设服务。

再比如，国家文物局自 2006 年开始举办两年一度的"全国文物行政处罚十佳案卷"评查。具体评查方式是：评审专家分组对参评案卷进行审阅并按照《文物行政处罚案卷评查标准》进行初评打分，初评结束后，评查活动进入复评、实地复核和终评阶段。案卷评查主要考察内容是执法主体资格、执法行为、执法依据和执法程序的合法性问题，以及相应的行政执法决定、行政复议、行政诉讼和申请法院强制执行等有关情况。案卷评查活动旨在提升地方文物行政部门执法能力，规范文物行政处罚行为，提高文物行政处罚案卷的质量，提高文物行政执法水平，进一步推动文物行政执法工作的规范化和标准化建设。2015 年 8 月，国家文物局组织开展了首届"文物行政执法十大指导性案例"遴选推介活动。经地方推荐、案例初评、专家复审、实地复核、媒体评议，最终从各地报送的 24 个典型案例中，确定了在法律适用、整改落实、责任追究、促进保护等方面具有指导意义的 10 个案件作为指导性案例，并于 2016 年 3 月正式对外公布。这一文物执法领域的创新活动，受到地方政府的高度重视，媒体也进行了全方位报道，这必将对提高文物行政执法能力和办案水平，促进各级文物行政部门和执法机构主动作为、依法履职尽责，产生积极的推动作用。

但是值得注意的是，这些评价或评选活动所面向的往往是某一专项文物领域，且相互之间独立，目前文物行业尚没有建立一个统一的评价体系。

第二节 现代化理论与文物管理实践

一、什么是现代化

按字面的理解，"现代"显然是一个时间的概念，其内涵可以包括"近代"和"当代"，或指特定的历史时代、特定的历史阶段。我国学者与西方学者关于历史时代的划分是不同的。中国学者倾向于把历史分为古代（1840 年以前）、近代（1840~1919 年）和现代（1919 年以来），这也是以重大事件为标准的时代划分；西方学者则把历史分为古代（公元 600 年之前）、中世纪（600~1500 年）和现代（1500 年以来）。

我国现代化理论研究专家、北京大学罗荣渠教授经过详细考证，指出"Modern"一词是在文艺复兴时期人文主义者的著作中最先使用的；这个词在当时用于表达一个新的观念体系，即把文艺复兴看成是一个与中世纪对应的新时代。由于文艺复兴否定中世纪的神学权威，尊崇古典文化，故而文艺复兴以后的时代被视为欧洲历史的一个新时代；"现代"不是一个绝对的词语，而是相对于传统而言；"现代化"一词是用来概括人类社会发展进程中急剧转变的过程。

根据韦氏辞典，英语单词 modem 是形容词，产生于 16 世纪，具有两层含义：

1.表示性质、价值

现代的，新近的，时髦的，只有时间限制，没有领域限制，所以，它可以指人类活动各个方面的特点。指的文艺复兴以后的全新时代；

2.表示时间

现代的，指从大约公元 1500 年到当前这段历史时间，只有时间上限（大约公元 1500 年），没有时间下限，所以，现代是可以无限延长的。

"现代化"的内涵很丰富，不仅包括大约公元 1500 年以来出现的新特点，还包括将来发生的新变化；新变化是多种多样的，可以是进步的，也可以是退步的；一般而言，现代化指进步的变化；现代化既可以表达一个历史过程（发展过程），又可以表达一种最新特点（发展状态）。

国内外有不少专家学者从不同立场、不同角度和不同层面对"现代化"的内涵进行过思考与阐述，但就其具体含义，目前尚无统一的意见。有学者在《现代化的内涵及其理论演进》一文中对各方关于现代化内涵的观点进行了概括，该文认为比较有代表性的主要有以下四种：

第一种：现代化是指非西方社会落后国家在西方资本主义崛起并占据世界中心以及形成世界性的国际资本体系的格局下，如何通过科学技术革命，在经济上赶超世界先进水平的过程。这种观点是从政治上着眼，加速发展经济，以便巩固政治制度变革取得的成果。这是马克思主义的观点，也是我国的主张。

第二种：现代化实质上就是工业化，是经济落后国家实现工业化的进程，是人类社会从传统的农业社会向现代工业社会转变的历史进程。把工业化作为现代化的始发原因，或者把现代化视为工业化的最终结果，这是一种普遍的观点。这种观点所说的工业化，不仅仅是指从 18 世纪后期始于欧洲的工业革命所引起的那个工业化过程，还包括 20 世纪的高度工业化阶段。这种观点是从经济上着眼，注重发展现代工业，认为工业现代化就是国家的现代化；

第三种：现代化是指一种心理态度、价值观念和生活方式改变的过程。这种观点主要是从社会学、人类文化学、心理学的角度来考察现代化，也就是说，现代化可以看作是一种"文明的形式"。"现代化"的含义是指一种特殊的社会变革。德国社会学家和历史学家认为，现代化就是"合理化"，是一种全面理性的发展过程，包括合理的企业、合理的核算、合理的工艺和合理的法律，还包括合理的精神，一般生活的合理化以及经济道德；

第四种：现代化是指自 16 世纪和 17 世纪的科学革命以来所导致的"传统社会"向"现代社会"过渡的全方位急剧变动的过程的统称。也就是说人类社会在现阶段发生了很大的变化，这不仅仅是工业或经济，同时也有知识增长、政治发展、社会动员、心理适应等各个方面。美国社会学家布莱克认为现代化是"在科学和技术革命影响下，社会已经发生和正在发生的转变过程"。这一过程涉及政治的、经济的、社会的、思想的各个方面的变化。这种观点是一种系统思维，是从社会全面发展的视角来认识现代化的。

总之，我们可以把现代化看作社会各个方面在科学技术革命的冲击下，正在经历或者已经经历的转变过程。已经实现现代化的社会，其经验表明，最好把现代化看作是涉及社会各个层面的一种过程。某些社会因素被改变，另外一些因素可能随之发生意义更为深远的变化。因为新的，甚至表面上看来毫不相关的因素的引入，会改变历史因素在其中运作的环境。

在理解现代化的内涵时候，要充分注意在不同情况下，描述的对象不同，现代化的具体内涵也有不同。例如，管理现代化、教育现代化、企业现代化、政府现代化、城市现代化、农村现代化等。在不同的现代化理论视野中，上述不同领域、不同方向的现代化也被赋予了不同的内涵。

二、现代化理论发展进程

有专家认为："现代化理论不是一个单一的理论，它是不同领域、不同学者关于世界、国家或地区现代化的特点和规律的研究成果的统称。现代化理论的主旨是探讨一个国家怎样从传统农业社会过渡到现代工业社会或知识经济社会的理论，一方面要研究发达国家向更先进的社会阶段的发展问题，另一方面要研究落后国家如何实现现代化问题。现代化理论从根本上说乃是一种有关社会发展的学说"。

1.经典现代化理论

经典现代化理论认为现代化是一个历史过程，是一个从传统经济向现代经济、传统社会向现代社会、传统政治向现代政治、传统文明向现代文明转变的历史进程。这里的"传统"，便是农业；"现代"则意指工业，并且强调现代化的最终目标是要实现现代性。经典现代化理论由英美一批优秀的学者发起，建构了现代化理论研究的基本框架，并带动了现代化理论的持续发展；该理论的"传统—现代"两分式研究方法，以及通过发展工业化来实现现代化的观点在当时具有十分进步的意义。但经典现代化理论也存在一些固有缺陷，诸如"现代化"概念的时间不确定，现代性和传统性概念模糊，自然资源破坏、贫富差距等现代病问题。尤其是，当20世纪60年代，工业社会发展到一定程度，工业经济比重持续下降，服务经济比重持续上升，经济发展从工业化转入非工业化轨道，人们发现工业文明不是文明进程的终结，当然也不能是现代化的终极目标。对此，经典现代理论无法解释。

2.后现代化理论

鉴于经典现代化理论的固有缺陷，20世纪60年代末以后，以探索现代化或工业化以后的社会发展为对象的后现代化理论开始崛起。如果说经典现代化理论向我们展现了一个工业化世界，而后现代化理论则把研究触角伸向工业化以后的社会行进状态。后现代化理论认为：从传统社会向工业社会转变是现代化，从工业社会向后工业社会转变是后现代化。这一转变包括政治、经济、性、家庭和宗教观念的深刻变化。后工业社会理论、后现代主义等是后现代化理论的组成部分，它们是后现代化理论在社会经济、思想文化等领域的反映。

然而，无论是后现代化理论或者说是后工业化理论，一个无法自洽的瘤疾便是对于时间的界定。如果"后现代化"指的是"现代化"之后的状态，那么首先应该明确"现代"的时间边缘。但是，一般认为"现代"指公元 1500 年至今的历史阶段，并没有明确时间下限，也就是自公元 1500 到任何一个时间点都可以称之为"现代"。果如此言，"后现代"便无从说起，因为何时算是"现代"之后，无法计算。"后现代理论"中固有的时间阶段的无法确定性，会影响"后现代化理论"的传播和应用。在某种意义上，"后现代化理论"是以"经典现代化理论"为参照的，它没有完全超越"经典现代化理论"。

3.第二次现代化理论

1999 年，在《第二次现代化-人类文明进程的启示》一书中正式提出并全面阐述了"第二次现代化理论"。"第二次现代化理论"认为，从人类诞生到 2100 年，人类文明的发展可以分为原始社会、农业社会、工业社会和知识社会等四个时期，每一个时期都包括起步期、发展期、成熟期和过渡期等四个阶段，因此人类文明进程包括四个时期 16 个阶段。其中从农业社会向工业社会、农业文明向工业文明的转变过程是第一次现代化，即经典现代化理论描述的现代化。从工业社会向知识社会、工业文明向知识文明的转变过程是第二次现代化，包括后现代主义、后现代化理论等内容。如果说第一次现代化的动力是工业化、城市化和民主化，那么第二次现代化的动力则是知识创新、制度创新和专业人才。文明发展具有周期性和加速性，知识时代不是文明进程的终结，而是驿站，将来还会有第三次、第四次、第五次现代化等，那些都是未来的现代化。

"第二次现代化理论"的出现，为"现代化理论"注入了新的生机和活力。一方面成功地化解了"经典现代化理论"不能解释工业发达国家 20 世纪 70 年代以来发展状态的困境，另一方面破译了"后现代化理论"无法解释"现代"与"后现代"历史阶段重叠的天然缺陷。"第二次现代化理论"对人类文明发展规律做出了创新性的阐释，为人类理解自身文明找到了新的突破口。

在第二次现代化过程中，政治、经济、社会、个人、文化等领域的变化将是全新的现代化状态，尤其在社会、经济和文化领域，第二次现代化往往是颠覆性的。如果说第一次现代化的主要社会经济目标是加快经济增长，那么第二次现代化的主要社会经济目标是提高生活质量。

三、现代化理论在中国的新发展

经过长期努力，中国特色社会主义进入了新时代，这个新时代是承前启后、继往开来、在新的历史条件下继续夺取新时代中国社会主义伟大胜利的时代，是决胜全面建成小康社会、进而全面建设社会主义现代化强国的时代，是全国各族人民团结奋斗、不断创造美好生活、逐步实现全体人民共同富裕的时代，是全体中华儿女齐力同心、奋力实现中华民族伟大复兴中国梦的时代，是我国日益走近世界舞台中央、不断为人类作出更大贡献的时代。"进入新时代"是对中国所处新的历史阶段的基本判断。

这一论断的根本依据是当前中国社会主要矛盾已经转变，从"满足人民群众不断增长的物质文化需要和落后的社会生产之间的矛盾"转化为"人民日益增长的美好生活需要和不平衡不充分的发展之间的矛盾"。中华民族正经历着从站起来、富起来到强起来的伟大飞跃，中国特色社会主义进入新时代，中华民族正昂首阔步取得中国特色社会主义道路、理论、制度和文化的全面成功，中国正在建设社会主义现代化强国，也对建成社会主义现代化强国充满信心。

中华民族伟大复兴在新的历史起点踏上了新征程。从 2020 年到 21 世纪中叶可以分两个阶段来安排。第一个阶段，从 2020 年到 2035 年，在全面建成小康社会的基础上，再奋斗 15 年，基本实现社会主义现代化。第二个阶段，从 2035 年到 21 世纪中叶，在基本实现现代化的基础上，再奋斗 15 年，把我国建成富强民主文明和谐美丽的社会主义现代化强国。

"社会主义现代化强国"的美好蓝图：到基本实现社会主义现代化时，"我国经济实力、科技实力将大幅跃升，跻身创新型国家前列；人民平等参与、平等发展权利得到充分保障，法治国家、法治政府、法治社会基本建成，各方面制度更加完善，国家治理体系和治理能力现代化基本实现；社会文明程度达到新的高度，国家文化软实力显著增强，中华文化影响更加广泛深入；人民生活更为宽裕，中等收入群体比例明显提高，城乡区域发展差距和居民生活水平差距显著缩小，基本公共服务均等化基本实现，全体人民共同富裕迈出坚实步伐；现代社会治理格局基本形成，社会充满活力又和谐有序；生态环境根本好转，美丽中国目标基本实现。"到建成富强民主文明和谐美丽的社会主义现代化强国时，"我国物质文明、政治文明、精神文明、社会文明、生态文明将全面提升，实现国家治理体系和治理能力现代化，成为综合国力和国际影响力领先的国家，全体人民共同富裕基本实现，我国人民将享有更加幸福安康的生活，中华民族将以更加昂扬的姿态屹立于世界民族之林。"

文化是一个国家、一个民族的灵魂。文化兴国运兴，文化强民族强。社会主义现代化强国，强大的文化软实力必是其中重要组成部分，中华文化的，广泛影响离不开种类繁多、文化内涵丰厚的中华文物，"加强文物保护利用和文化遗产保护传承"是新时代中国特色社会主义思想的组成部分，是加强中国特色社会主义文化建设和增强中华文化软实力的重要内容，是对新时代文物工作提出的新的要求和新的使命。同时也为文物管理现代化在新时代的发展指明了新的方向。

第三节 管理理论与文物管理实践

一、政府管理、治理与善治

1.政府管理

如何给政府下定义？中国学术界对此存在较大的争议，学者们依据不同的标准从不同的角度对政府进行界定，可谓众说纷纭。乔耀章归纳了各方观点，按照政府定义外延的大小，把有关政府的含义归纳总结为以下五个等级：

（1）指政府，即指国家最高行政机关及其核心部分（内阁），这是最狭义的政府；

（2）指国家行政机构，包括国家政府和地方各级政府，这是狭义的政府；

（3）泛指一切国家政权机关，包括各级立法机关、行政机关和司法机关，这是广义的政府；

（4）指治理国家或社区的政治机构，包括各级各类国家机关和社区机构，这是最广义的政府；

（5）指各级各类国家机关和社会团体以及民间组织的总和，这是最广义的政府

其中第二类和第三类关于政府的定义是目前比较通行的看法。根据我国现行宪法，人民法院行使审判权，人民检察院行使检察权，人民政府自动行使行政权。可见宪法采用的是狭义的政府概念，认为政府指国家政权机构中的行政机关，即"一个国家政权体系中依法享有行政权力的组织体系"。因此，如无特殊说明，在此提到的"政府"，均使用狭义的政府概念。

至于政府管理，学界普遍认为应该对应狭义的政府概念，即"政府（行政）运用依法获授的国家公共行政权力，并在法律原则规定的范围内运用行政裁量权，以行政效率和社会效益为基本考量标准，处理公共行政事务的过程和活动"。

政府处理公共行政事务的过程涉及行政职能、行政权力、行政决策，以及组织形式、领导责任和人事管理等环节。

在不同历史时期，政府管理角色随经济社会管理需求的不同而多次变化。就资本主义阶段的西方政府管理来说，16 至 18 世纪，资本主义国家奉行重商主义，为了获得资本的原始积累，那个时代强调的是政府管制。19 世纪初，欧美现代民族国家形成，资本原始积累基本完成，"守夜人"理论逐渐盛行。该理论强调政府的最小干预，政府职责只是对所谓纯粹的社会公共事务进行管理。政府在社会中仅仅扮演着一个"守夜人"的角色。所以，在传统的阶级统治模式中的政府管理，无论是管理规模、管理权力还是管理效率都极为有限。二战之后，西方社会急需振兴经济，强调政府干预经济的凯恩斯主义受到热捧。20 世纪六七十年代以来，西方国家开始探索一条政府对经

济社会进行适度管理的新路径。

2.治理

随着现代科技革命的不断推进和信息化时代的到来，传统的政府管理制度中，自上而下的做出决定、发布命令、推行政令以及下级绝对服从上级的官僚等级秩序导致了政府机构臃肿、官僚队伍庞大、官僚主义严重等问题，进而导致了国家财政负担沉重，财政赤字严重，国债急剧攀升，甚至引发严重的社会危机。伴随公民的政治觉醒，政治诉求增强，越来越多的人对传统的政府管理产生了怀疑甚至不满和失望，开始寻找救治政府的良方。同时，发轫于经济领域的全球化，推动金融、资本、产品、市场、技术、信息和劳动力等生产资料在全球范围内空前流动，在政治生活方面，引发的深刻变革便是治理理念的诞生和发挥作用。

"治理"一词正被广泛应用，其内涵究竟如何，学者们莫衷一是。其中，全球治理组织机构的定义应当说颇具代表性和权威性。该组织在《我们的全球之家》中指出：治理是各种公共的或私人的个人和机构管理其共同事务的诸方法的总和。它是一个使相互冲突或不同的利益可以得到调和并且可以采取合作行动的持续的过程。它包括有权强迫人们遵守正式的制度和政体，也包括各种人们同意或认为符合其利益的非正式的制度安排。它有四个特征：治理不是一整套规则，也不是一种活动，而是一个过程；治理过程的基础不是控制，而是协调；治理既涉及公共部门，也包括私人部门；治理不是一种正式的制度，而是持续的互动。中国学者认为，"治理的基本含义是指官方的或民间的公共管理组织在一个既定的范围内运用公共权威维持秩序，满足公共的需要。治理的目的是在各种不同的制度关系中运用权力去引导、控制和规范公民的各种活动，以最大限度地增进公共利益。所以，治理是一种公共管理活动和公共管理过程，它包括必要的公共权威、管理规则、治理机制和治理方式"。

治理与统治，也就是传统的政府管理，虽然同样需要权威和权力，目的。都是为了维护正常的社会秩序，但是二者之间有明显的区别，区分治理与统治甚至被认为是正确理解治理的关键。俞可平通过总结各方面观点，归纳二者至少有四个基本区别：一是统治的主体必是公共权力机构，主要是指政府，而治理的主体是多元的，不一定是政府，也可以是企业组织、社会组织和居民自治组织；二是权力运行向度不同，统治是政府运用政治权威，通过发号施令、制定政策和执行政策，对社会公共事务实行单一向度管理，而治理则是一个上下互动的管理过程；三是管理范围不同，政府统治所及范围就是以领土为界的民族国家，而治理范围既可以是某一国境内，也可以是跨越国境的国际领域；四是权威的基础和性质不同，统治的权威主要源于政府的法规命令，是强制性的，而治理的权威则主要来自公民的认同和共识，是自愿的。

为了弥补传统政府管理的弊端，治理应运而生，治理相对于传统政府管理无疑是进步的，现代化的，但是治理不是万能的。治理不具备政治强制力，凭借政府、市场和公民社会三方的有效协作得以贯彻，但是，一旦相关各方的价值观念、利益取向，或是对原定目标是否仍然有效的看法产生分歧，都可能导致治理失败。

3.善治

认识到治理模式本身也存在一定局限性，政治家和学者们便开始寻求一种新的管理模式，以克服治理过程中的种种局限。善治理论应运而生。善治（good governance），又叫有效治理，是对治理的扬弃，是治理发展到一定阶段的产物。概言之，善治就是使公共利益最大化的社会管理过程。善治的本质是政府与公民对公共生活的合作管理，是政治国家与公民社会的一种新型关系，是二者相处的最佳状态。

善治的基本特性是什么？国际组织和相关学者有着不同的看法。世界银行认为善治应该包括："健全的法治与守法的观念、拥有能正确公平地执行公共支出的良好行政体系、政府高度负责、政策公开透明；国际经济协会认为善治应该体现自主性、参与性、责任性、透明性和可预测性；英国海外发展局则认为善治应该包括四个要素：统治的合法性、明确的政治责任、专业的行政能力和尊重法律及人权"一位法国银行家认为构成善治的要素应该包括："

（1）公民安全得到保障，法律得到尊重，特别是这一切都须通过司法独立、亦即法治来实现；

（2）公共机构正确而公正地管理公共开支，亦即进行有效的行政管理；

（3）政治领导人对其行为向人民负责，亦即实行职责和责任制；

（4）信息灵敏，便于全体公民了解情况，亦即具有政治透明性"。专家认为善治的基本要素包括"合法性、法治、透明性、责任性、回应、有效、参与、稳定、廉洁、公正"等十个方面。

综合上述有关善治特征的各种观点，鉴于对政府的文物管理现代化水平进行评价的初衷，从政府管理的角度总结出善治具备以下五个基本特征：

1）法治性

管理的法治性包括两方面的含义，无论从制度层面还是执行层面来说，法治意味着将法律作为政府管理的最高准则。维持正常社会秩序的保障，任何社会主体，包括法人、自然人和社会组织都应该服从法律，依法办事，一旦违法，就应当被追责，承担相应责任，政府官员甚至应该承担更大的责任。法治的最终目的是保证公民的自由、平等和其他基本权利。从理念层面来说，法治中的法是立法机构服从社会管理客观规律，为了保障最广大人民的根本利益和基本需求所制定的法，是良法，是善法，是政府施行善治的基础。法治权威来自全体人民发自内心的认可和服从，这样的法天然被人民遵从。如果立法机构任意立法，这样的法便失去了存在正当性，就不算是法治中的法，将丧失作为政府管理依据的地位。

2）服务性

服务性指政府为社会公众提供公共产品和公共服务。政府拥有强大的公权力，其发挥作用的领域在公共领域，随着社会经济的迅猛发展，社会组织大规模成长，日益活跃，公共管理的参与度增强，给传统的统治型政府管理模式造成极大的挑战和压力，政府必须积极改变管理思维，本着服务性原则，转变过去"官本位、政府本位、权力本位"的官僚主义思想，树立"民本位、社会本位、权利本位"的服务理念，制定公共政策，为全社会公共利益服务，保护、实现、满足大部分人的利益需求，为社会提供高质量，高效率的公共服务。正如某位学者所说："政府必须从事那些对于促进个人在体能、智能和精神方面的福利，以及国家的物质繁荣所需的事务。"应运而生的新公共管理和公共服务理论基本主张便是：

①顾客至上，民众优先；

②删减法规，简化程序；

③授予权能，追求结果；

④节约成本，提高效能。

3）民主性

民主性指的是公民通过民主的形式平等参与公共管理的过程，并且这一管理过程始终是公开透明的。这一特性包含了两个子特性：一个是政府管理的透明性，即政府管理过程信息公开性。现代社会每个公民都有对影响切身利益的政策信息的知情权，以便能有效参与公共决策过程，并对公共管理过程实施有效监督；另一个是参与性，主要指社会组织和公民个人对政治生活和公共管理的参与。善治实际上是国家权力向社会的回归，是一个还政于民的过程。社会参与水平反映了社会公众在公共管理过程中主观能动性的发挥程度，也反映了善治的程度。

4）责任性

责任性意味着管理主体，特定职位或机构，在公共管理中必须履行与法定职责相适应的职能和义务。没有履行或不适当履行其相应的职能和义务的，就是失职，甚至渎职，也就是缺乏责任性，就应该追究其行政责任、民事责任，甚至刑事责任，并受到相应处罚。

而传统的政府管理体制中，政府与公民之间是一种委托关系，公民通过选举产生政府，并以契约形式将公权力委托给政府，由其代行公共管理职责。政府将权力层层授权给各级官僚组织，借以进行公共管理。政府对官僚组织通过各种行政法律进行约束，但是选民对官僚组织几乎没有约束，因此，这种模式下产生了责任错位：选民对政府承担公民的责任，而官僚组织只对政府负责，而无需对选民负责。这种错位最终造成了把公共权力委托给政府的选民却不能从政府委托的官僚组织那里获得权利的保证，政府的责任通过官僚体制被轻易地逃避。随着人们权利意识的逐步增强，社会公众对政府责任的要求也日益提高，政府的责任意识和责任范围都必须随之发生改变。如果政府的责任性不够，不能够很好地履行其承诺的责任，就会导致政府的公信力下降甚至丧失，从而影响到政府的合法性。

与责任性密切相关的一个延伸特性是回应性，回应型政府意味着对公民的要求做出反应，向公民征求意见，以及解释政策，是对公民负责的表现。但回应性与责任性有明显不同，"回应性"强调的是政府行为的动机，而"责任性"则强调的是政府行为的质量。

5）有效性

有效性主要指的是政府管理的效率，这一特性包含两方面的内容：一方面指公共管理绩效，即政府从事公共管理过程中以较低的成本、较少的资源实现政府最优产出，达到预定行政目标的水平和能力。近些年我国渐次开展的政府绩效评估、政府效率研究等活动反映了对政府管理有效性的认识和重视；另一方面指管理机构设置是否合理，管理程序是否科学，管理活动是否良好。

4.治理、善治与管理现代化

治理是一种由多元主体共同目标支持的活动，活动的主体未必是政府，也不一定依靠国家的强制力来实现，换言之，治理比政府管理的内涵更为丰富，既包括政府机制，又包括非政府机制。治理经过革新之后，发展到善治。善治就是政府管理的现代诉求，是管理发展到现代化阶段的表现形式。管理现代化是一个动态的过程，最终的目标是善治；而善治则是一种管理形态，是相对稳定的状态。

5.中国历史上的治国思想

中国数千年君主统治的历史中，有明君有昏君，有治世有乱世。每任君主都秉承一定的治国之道，这个道，因不同的统治需要而做出取舍。虽然中国古代的统治是君主专制，与今天的行政管理生态已截然不同，但古代的行政管理中也闪耀着几许统治智慧值得现代人去研究，去借鉴。从春秋战国到秦朝肇建，贵族政体由此转变为君主政体，治国之道从王道变为霸道。汉朝初立，百废待兴，统治者采用了崇尚无为而治的黄老学说，黄老之学强调以道为本，约法省刑、德刑并用，提出治大国，若烹小鲜，不朝令夕改，不折腾，不扰民。同时，重视法律在治理国家中的作用，提出法律是天下人言谈举止的"度量"，是衡量一切事、一切人包括君主的终极标准，从而要求统治者明法修身，带头守法，同时要求立法后应即公告天下，以保证法律的连续性、权威性和稳定性，并得到有效执行，避免"立法不明还自伤"2。从汉中后期开始直到清末，儒家学说逐渐登上历史舞台并发展为正统思想，这段时期采用德主刑辅的统治手段，成文法和习惯法并行，法律虽严密，但法律适用一直被限制在最小的范围内。

中国古代历史上多种多样的统治思想背后，实际上是人治与法治的较量。

人治思想是西周宗法贵族政体的产物，西周采用贵族分封制，京畿与封国同时存在，没有必要也没有可能制定统一的法律和制度，彼时习惯法盛行，司法中"议事以制"，得人则狱直，失人则狱冤，能否公正断案全凭司法者的个人修为。孔子在总结西周的统治经验时提出"为政在人"的观点，包含两方面的含义：一方面政令能否得以推行，取决于统治者是否在位，即"其人存则其政举；其人亡，则其政息"；另一方面，强调统治者的榜样作用，统治者要以身作则，带头执行政令，不用下命令，百姓自然会效仿，即"其身正，不令而行，其身不正，虽令不从"。

我们应当辩证看待古代的人治思想。统治者的自律与表率在行政管理和社会管理中往往发挥着重要的作用，对今天的管理者加强自身修养具有一定的启示作用。传统的人治思想，提倡选贤任能，要求即使是拥有至高权力的君王，也必须注意自身言行，谨防"一言丧邦"。这告诉我们在国家治理中，要发挥好广大领导干部的带头、带领、带动作用，做到自我约束、自我净化、自我完善，以身作则，率先垂范，正所谓正人先正己，风正好扬帆。

秦朝一统，建章立制，开启了中国君主专制下的成文法时代，随之产生了法治的思潮，有秦一朝，成为主导思想。持这一主张的法家认为，强化君主权力，以严密规范的成文法进行统治是最好的治国方法。唯此，可以避免统治好坏过度依赖统治者个人能力的状况，"圣人不必加，凡主不必废"，国家可按照制度逻辑自行。"尚法而不尚贤"是法治思想的核心。严苛少恩的秦朝二世而亡。自汉以降，法治逐渐被人治柔化，"法"的威严性与"人"的灵活性在统治过程中被同时应用。

古代的法治思想伴生于君主专制，决定了其无法跳出阶级的窠臼，其本质是用法律维护君权与皇权。古代法律往往野蛮残酷，统治者为了昭示仁政，便用道德来缓解，于是形成了德主刑辅的统治模式。德主刑辅，明德慎罚，强调法中求仁而不是求罪，刑罚旨在伦理教化。德治的引入，协调了法制、道德、习俗、舆论、伦理之间的关系，有利于达到全社会的综合治理。这是古代统治中的积极因素，值得今天进行国家治理时候学习和借鉴。

二、文物管理的现代化进程

文物管理是一个庞大的系统工程,从宏观管理到微观保护,涉及内容极为丰富,既要处理文物与自然环境的关系,又要协调文物与社会环境的关系。文物种类繁多,大小各异,所处环境也不尽相同,导致文物管理具有复杂性和艰巨性。处理文物与自然环境的关系,既涉及社会科学,又涉及自然科学或工程技术,表现了管理工作的专业性。协调文物与社会环境的关系,涉及历史人文环境、当代生产建设活动,还涉及人们的日常生活,其中也涉及公众对待文物的观念,这反映了文物管理的广泛性和社会性。加强文物保护管理,是国家权力机关和行政机关的职责,各级文物行政部门作为法定的文物主管部门,加强文物管理更是责无旁贷。

文物管理工作从中华人民共和国成立之初开展至今,其法治性、服务性、责任性、民主性、有效性等各个方面的现代化水平都得到不断提高。具体可以从以下几个方面回顾我国文物管理的现代化进程。

1.法规管理-从法令到体系

文物法律制度反映了文物管理的客观规律,是文物法规建设和文物学研究的重要成果。运用法律法规保护管理文物,是文物管理的重要内容,也是依法行政、以法治文的必然道路。根据文物自身特点、文物管理的实际情况、历史经验以及文物工作规律,明确文物立法指导思想和原则,制订文物政策和立法规划及实施方案,有计划、有步骤地开展立法工作,为文物管理提供充分的法律依据,是法规管理的重要任务。

2.规划管理-从计划到规划

规划管理是文物管理的重要内容,也是宏观管理的手段。主要是研究制定文物管理规划和各项计划,指导管理工作和文物事业健康有序发展。在深入调研文物现状和保护工作的基础上,根据国民经济和社会发展规划,研究制定文物管理和文物事业中长期发展规划,是文物管理的重要内容之一。从不定期的制定几年计划,到定期制定发布五年事业规划,从发布规划,到开展中期评估,规划更加规范,手段更为科学,更重实施实效。

从词义上来看,计划和规划都是计划性文体,但二者之间有明显差异:在内容上,规划中可能包含若干项计划,规划比计划更为宏观,是对前景的全面展望,对全国或某一地区、某项事业的原则谋划,规模宏大、涉及面广、概括性强;灵活度上,规划存在一定可调整性,根据某一年计划的变化、情况的发展,可做出相应调整,而相比之下,计划的调整就要小些。这样一个用词的转变,某种程度上体现出文物行政部门对文物事业理解的转变,从注重微观管理变为宏观管理。

但是计划和规划的区别并不是绝对的，从发展阶段上也没有严格的区分，有时候二者的区别甚至只是一个历史用词的问题。

3.人才培养-从训练班到科班

人的问题是事业发展的关键问题，早在中华人民共和国成立之初，老一辈的文物工作者便意识到这一点。国家第一个五年计划期间，我国要进行大规模的社会主义建设，而基本建设与地下文物保护产生了很大矛盾，为了解决这一矛盾，文物部门提出配合基建搞考古发掘，但当时突出的问题是技术人员严重短缺。文物局提出由文化部、科学院、北京大学联合举办短期考古人员训练班。最基础的工作让训练班学员学会，最基本的常识要知道，最基本的要求要了解，最基本的技术要掌握。结果连续举办了四期训练班，三个月一期，一共培养了341人。这就是人们后来说考古领域的"黄埔四期"。这些人后来都成为考古队伍的骨干。那时候动员了最高级的专家为培养人才服务。20世纪70年代，全国掀起了农业学大寨的高潮，有的地方结合农田水利建设，举办了亦工亦农的考古短期培训班，逐步培养了一支当地业余考古队伍，参与一些适当工作。这一培训模式在改革开放后得到了更好地发挥，按照"干什么学什么、缺什么补什么"的原则，20世纪70年代末到80年代初，国家文物事业管理局先后与北京大学共同举办古籍整理训练班、考古领队培训班，与吉林大学联合举办田野考古进修班，委托文物保护科学技术研究所在湖北当阳玉泉寺举办古建筑测绘训练班，委托山西省文物局在运城解州关帝庙举办古建维修培训班等。此外，国家文物局还委托山东省文化局、故宫博物院、上海博物馆、安徽省博物馆、四川省文化局、南京博物院等单位先后举办碑刻拓片、糊囊匣、青铜器修复、书画装裱训练班等，满足了文博业务工作恢复、开展的紧急需要。

20世纪八九十年代，国家文物局在山东、四川、扬州等地建立专门的培训机构，配备工作人员和培训经费，对文博干部进行专业培训。但是，由于当时培训需求不足，有时候一个培训机构一年办不了几次培训，加之拨付经费较少，导致运转困难，于是各地培训机构相继停办了。同时，还有一个重要原因或者说是重要的变化，就是文物部门需要的各种专业人才已主要来源于高等学校培养的毕业生，这是一个重大转变。

为适应人才培养专业化和现代化的趋势和要求，从20世纪80年代起，文物部门开启了与大学合作进行学历教育的新模式，起初是培养专科类文博人才，比如1984年至1989年，国家文物局以及地方20多个省、自治区、直辖市文化文物部门委托中国人民大学等几十所高校举办文博干部专修班，学制一般为两年，合格者获得大学专科学历。2016年起国家文物局与北京大学、西北大学等高校开启联合培养硕士研究生模式，并招收了第一批学生。

为使人才培养体系化，近年来，国家文物局对人才培养提出新举措，推进文博人才培养"金鼎工程"，实施专项深化培训，并将人才培养纳入国家"千人计划""万人计划"文化名家暨"四个一批"等项目；实施"高层次文博行业人才提升计划"；利用"互联网+"，建设完善全国文博网络学院，实现文博行业网络培训全覆盖。

从中华人民共和国成立初期的考古训练班，到现在的高校专业培养；从人员培训到人才培养，文物行政部门对"人才"的认识更为深刻。初期的培训多是就某一专业或某项专门技术开班授课，形式比较单一，更注重专业技术的传授。当然这样短平快的培训方式也与文物事业初期我国文物技术人员和文物干部短缺，而实际工作亟需的现实状况有关。人才培养形式上除了培训班，还增加了学历教育，内容上不仅是技术的培养，还注重赋予人才更大可能的上升空间，以及制定切实可行的激励机制和评估制度。我国文物工作队伍不断壮大，整体素质明显提高，优秀人才脱颖而出，人才成长的环境进一步优化，为事业的发展提供了智力支持和人才保证。

4.技术管理-从人工到智能

运用技术手段保护文物，依靠技术手段辅助管理，是文物管理的重要内容。技术管理主要包括制定或执行文物保护技术方针、政策，确定文物保护科技发展方向，组织文物保护技术培训和信息交流，审定文物保护技术方案与组织实施，评审文物科技研究项目开题，组织鉴定文物科技研究成果，评审文物科技进步奖，开展国内外文物保护科技合作与交流等。

技术手段是技术管理的核心内容，就技术手段来说，文物档案和文物信息从纸质档案发展到电子档案、数据库，发布公告、交换文件的方式从电话、电报、信件等传统方式发展到电子政务系统；田野文物保护、考古发掘监督从依靠人工巡查检查发展到利用遥感、物探、卫星影像数据分析等现代科学技术；安保措施从"三铁一器"发展到利用视频监控、巡更系统等技术手段进行安消防，这些变化无不体现了现代科技对文物管理的影响和渗透。

5.公众参与-从文保员到志愿者

发动群众力量保护文物是我国文物保护事业中的传统做法。发动群众的方式有应用广播、幻灯、黑板报等形式宣传文物保护政策和法令，普及文物知识；在发现文物地区举办临时展览；把积极分子组成群众性保护文物小组，进行经常的保护工作。从此，以建立群众性文物保护组织为标志，肇建了新中国动员群众参与文物保护的制度。

新时期，随着人们生活水平的提高，对文物保护的热情不断高涨，越来越多的人以志愿者身份自愿加入到文物保护中，诸如长城保护志愿者、博物馆志愿讲解员、田野文物保护志愿者等。文物行政部门也对公众的参与热情给予适时鼓励，比如针对我国长城点多面广的实际情况，国家文物局谋求建立长城保护员制度，2016 年 2 月 28 日公布的《长城保护员管理办法》中规定了长城保护员的条件、职责和保障。在当年文化遗产日的活动中，国家文物局负责人向长城保护员代表颁发证书，这是国家对长城保护员为文物事业做出贡献的充分肯定。

随着时代的发展，群众参与文物保护在宣传手段和参与形式上已经发生了很大变化。现阶段的公众参与形式更为丰富多样：培育社会组织，出台相关指导意见，推广政府和社会资本合作（PPP）模式，研究制定文物保护志愿者管理制度，培育文物保护社会组织，充分发挥行业协会、学会和基金会等社会组织作用等。这里不仅包括传统的人力保护，还囊括了资金参与、社会组织参与等多种形式。

第四节 文物管理现代化评价体系

一、文物管理现代化评价概况

评价，首先由评价主体借鉴国内外评价经验，制定一套评价标准，再根据评价标准，从政治、经济、社会、生态等多方面综合考察、判断，权衡利弊，对评价对象整体或其某类特性进行定量和定性考核，最终得出相对科学、令人信服的结论。

1.评价目的

科学的评价是正确决策的前提和基础，进行文物管理现代化评价的目的就是为文物管理的持续改进提供决策依据，保障文物事业规划目标和年度重点工作贯彻落实，促使文物行政部门的文物管理现代化水平得到提升，管理能力得到增强，管理视野更为宽广，推动国家文物事业不断向前发展。具体说来，评价目的有以下几个：

第一，评价。通过评价体系，客观反映文物管理工作的实际开展情况。既可以对各级文物行政部门作出恰当、准确地评价和定位，又能对存在的问题和解决途径作出科学判断。

第二，考核。评价结果可以作为考核各级文物行政部门工作水平和能力的重要依据。考核评价结果，及时发现问题，落实相关责任，并能总结工作创新经验，加强宣传。

第三，引导。评价可以为进一步推进各级文物行政部门管理的现代化、科学化和专业化指引方向。文物管理现代化评价体系以文物保护法律法规和司法解释、国家政府下发的相关文件、国家文物局制定的综合规划和专项规划，政府"三定"方案等为依据，通过对上述法律和文件中对文物管理工作的规定进行梳理、深入剖析和科学概括，将依法行政的内在要求分解、细化和量化，转化为若干清晰可辨、可供测评的指标，进而组成一个对文物管理各个环节具有不同要求的评价体系。该体系将从宏观上全方位引导各级文物行政部门向既定的方向努力，成为推进文物行政工作的驱动力，提高文物行政能力和水平。

第四，教育。通过评价促使广大文物干部转变落后的文物管理理念，加强法律，法规的学习，提高依法行政意识，增强为人民服务的意识，提高服务效率、能力和质量。

2.评价原则

评价原则体现了评价主体在评价中的基本精神、基本思想、基本理念、侧重点和中心。不同原则指导下的评价将会导致不同的评价结果。评价的基本原则主要包括以下几个方面：

（1）客观性原则

客观性可以说是科学评价的首要原则，在文物管理现代化评价体系中，要实现这一原则应注意以下问题：评价标准要客观，评价标准应当基于评价对象基本特征和评价目的实事求是地设计；评价资料全面且可靠，以保证作出的评价结果是根据评价标准得出的客观且恰当的结论，而不是预先设定的某个结论；评价人员没有主观偏见，并且能不受外界干扰。此外，只要不是涉密内容，应当尽量把评价标准、评价过程、评价结论及时公开，接受社会的监督，以保证评价的客观公正。

（2）系统性原则

系统性原则要求在评价过程中应从系统整体性、有机联系性、动态性出发，遵循全面的、发展的、相互联系的观点。文物工作涉及对象类型丰富、工作层级较多、涉及面广，评价指标较多，因此指标选取要注重综合性，力图涵盖评价目标的各个方面。

（3）分类原则

分类原则是评价结果得以客观、准确的重要保障。因为文物管理评价对象的多元性和复杂性，应当根据评价对象的不同特点和不同属性，确定分类标准，设计不同的评价体系、评价程序和评价方法以保证评价结果具有可比性。

（4）可操作性原则

评价的目的在于发现评价对象存在的问题，提出解决方案，并且指导实践活动。文物管理由于地域性差异，工作对象的不同，工作领域的复杂性，故要求评价时在立足全面评价的前提下，适当舍弃一些针对性不强、与实际情况关系不大的指标。评价指标尽量精简、层级不宜过多。以使评价体系便于操作。

3.评价主体

评价主体，又称评价者或评价人，主要是对某个对象进行评价的主观能动体，既可以是个人，也可以是团体。传统的政府管理评价机制中，一般是上级政府对下级政府或者政府对其组成部门进行评价考核。这样会导致实际政府管理中只对上级负责而忽略公众感受，甚至评价可能受到有关方面干扰。因此，在文物管理现代化评价中，采用多元化评价主体方式，根据文物管理的性质及其公开的程度，引入不同的评价主体，包括上级行政机关、本单位人员、第三方评价咨询机构和社会公众。在传统的政府自评价体系之外建立独立评价主体机制，作为政府自我评价体系的必要补充，可逐步实现评价主体社会化。如此，可使民意表达渠道更加多样和畅通，使民意反映更加充分、及时，以保证评价的客观性、科学性、公正性和严格性，进而使评价结果具有权威性和可信度，形成广泛社会影响。

4.评价对象

文物管理的主体包括负有监管责任的国家文物行政部门和地方各级文物行政部门，负有主体责任的县级以上地方人民政府，还有承担相应文物管理责任的公安、工商、海关、城乡建设规划、发改、财政、国土、旅游、宗教、海洋等其他部门。文物管理的现代化水平与多个职能部门密切相关。但是，若将评价对象范围扩大到各级政府以及政府其他职能部门，不可控因素较多，并且部分数据在采集时候也会遇到不少困难，甚至有的数据不可得而影响评价结果。鉴于评价的目的就是提高文物行政部门的文物管理水平，为了便于评价，同时积累经验，在此将评价对象范围适当缩小，定位为文物行政部门为主导的文物管理。

根据上述法律规定，文物行政部门包括国家文物行政部门和地方各级文物行政部门。前者是指国家文物局，后者指省、市、县级文物行政部门。目前我国地方文物行政部门的设置差别较大，情况比较复杂，主要有文化局、文物局、文物旅游局（管委会）等类型。

二、文物管理现代化评价指标的选取方法

构建文物管理现代化评价体系的程序可大致分为五个步骤。首先，要进行单位、部门或员工的职能分析或岗位分析，在此基础上，运用专家会议法收集和梳理专家列出的指标，形成文物管理现代化的理论指标。第二步，用隶属度分析对理论指标进行第一轮实证筛选，淘汰隶属度较低的指标。第三步，选出可能高度相关的若干指标对，对这些指标对逐一进行相关性分析，若指标确实高度相关，则淘汰其中隶属度较低者。第四步，通过计算和比较指标变差系数的方式比较指标的鉴别力，淘汰鉴别力较低的指标。通过三轮实证筛选的指标体系再经过信度检验和效度检验最终确定管理现代化评价体系。以下将分步骤进行解释：

1.理论指标的选择

利用专家会议法（即头脑风暴法），让专家在自由的会议环境内充分发挥自己的意见，说出他们认为能够评价文物管理现代化的指标，或者利用调查问卷法让受调查的专家根据自己的专业知识和对评价对象现代化管理工作的理解列出指标，将这些指标汇总、分类形成文物管理现代化的理论指标。

2.指标的隶属度筛选

隶属度筛选主要用来判断一个指标能够在多大程度上反映评价目的的情况。首先将理论指标逐一列出，利用李克特量表，将每个指标的隶属度分为由 1 至 5 五个等级，1 代表完全不能够反映评价目的的情况，5 代表完全反映评价目的的情况，让专家对指标的隶属度进行判断，求出平均值作为指标的隶属度，淘汰隶属度较低的指标。

3.指标的相关性分析

指标的相关性分析需要所分析的指标有成组的数据记录，例如某项指标有之前 5 年的统计数据，或某项指标有 31 个省级行政区域的统计数据均可进行相关性分析。其方法是首先从经过隶属度筛选的指标中选取可能相关的若干对指标，分别对每对指标利用 SPSS 软件包进行 Pear-son 简单相关分析，若某对指标存在显著相关，则淘汰这一对指标中隶属度较低者。

4.指标的鉴别力分析

指标鉴别力分析也需要指标有成组的统计数据。在实际应用中，人们通常用变差系数来描述评价指标的鉴别力。

以上评价体系构建的程序与方法是比较严谨的科学方法，部分程序环节，如相关性分析和鉴别力分析需要所选出的指标有成组的统计数据方可进行。若数据条件无法满足可用德尔菲法、专家会议法对经过隶属度筛选的指标进行分析，当专家意见逐渐趋于比较一致的情况时则视作是能够较科学反映文物管理现代化的评价体系。

三、文物管理现代化评价体系构建

结合现代化理论中所涉及的因素，经各方面专家、业内人员结合文物管理的工作现状和管理的特色，反复讨论筛选出依法行政、公共服务、领导班子建设、队伍建设、机构建设、国际影响、信息管理、评价机制、危机管理、责任与伦理等 10 个方面的要素，作为评价体系的二级指标。将以上二级指标归纳分类后，提炼出现代化管理过程、现代化组织建设、现代化管理手段、现代化管理意识等四个一级指标。根据《文物保护法》及其《实施条例》等相关法律法规，《2020 年文物事业发展目标体系》《国家文物事业发展规划》和各级文物行政部门职责任务实施方案，以及有关通知、意见等政策性文件资料，将二级指标进一步具化出 32 个三级指标。由此构建出评价体系。

第十一章　数字博物馆

数字博物馆建设是博物馆事业发展的必然趋势，数字博物馆是对传统博物馆的发展与扩大，它与传统博物馆有着紧密的关系，它不仅有自己的特点也具有与传统博物馆一致的相同点，当数字博物馆与传统博物馆的资源相结合后形成了其自身特点。目前我国的数字博物馆的建设还存在一定的问题，亟待解决。

第一节 城市文化与数字博物馆的关系

以沈阳市数字博物馆为例。

博物馆作为传播文化知识的媒介之一，已经成为提升城市文化品质不可或缺的重要场所。随着互联网技术的迅猛发展，传统的线下博物馆已经无法满足人们对文化知识的需求，数字博物馆应运而生。沈阳市部分数字博物馆本身存在一定的局限性，通过将沈阳市数字博物馆与其他城市的数字博物馆进行对比，明确沈阳市数字博物馆有待改进的地方，提出数字博物馆在活动宣传、满足参观者对展品内容的需求和增加互动环节这三个方面的改善措施，从而提升沈阳市的城市文化品质。

衡量一个城市的建设水平，关键在于人。城市发展离不开这里的市民，市民文化水平的高低离不开市民的整体文化素养。提升每一位市民的文化素养，就意味着要提升该城市整体的文化品质。沈阳市是东北地区最大的中心城市，还是国家历史文化名城，具有一定的历史文化基础。在拥有深厚文化底蕴的基础上，沈阳市通过展览、剧院演出等形式进行文化传播。有参观博物馆意向的群体不一定能够进行线下实地参观，导致许多文化传播无法进行。在此以研究如何提升沈阳城市文化品质为出发点，提出改进沈阳市数字博物馆的措施。

1.提升城市文化的积极作用

目前文化这一概念尚没有统一的定义，文化可以理解为物质文明和精神文明的结合，还可以理解为是相对于政治、经济而言的，人类全部的精神活动及活动产品。城市是人类文明的产物，也是文化进步的产物，城市的文化品质随着城市文化的发展而不断丰富与进步。沈阳市通过博物馆、展览会、剧院演出等不同类型的文化传播方式提升城市整体文化品质。这些不同的文化传播方式之间关联密切，形成一种合力，有利于提高沈阳城市文化品质。在这些不同的文化传播方式中，博物馆通过传播和弘扬传统文化，在社会公共教育中具有重要的作用。市民通过参观博物馆展品以及聆听展品讲解，拉近与展品的距离，满足自身欣赏与理解展品的精神需求。

我国的博物馆分为四类：历史类博物馆、艺术类博物馆、科学与技术类博物馆、综合类博物馆。从博物馆的分类角度来看，沈阳市博物馆主要以历史类博物馆、综合类博物馆、科学与技术类博物馆为主。历史类博物馆从历史的角度展示藏品，所涉及的是沈阳市或辽宁省具有地方特色的展品或具有代表性的事件，如历史博物馆、中国工业博物馆等，这类博物馆能够反映沈阳市或者辽宁省的历史发展脉络，让沈阳市市民进一步了解沈阳市的历史与文化渊源。综合类博物馆展出历史、艺术等方面的藏品，如沈阳故宫博物院和辽宁省博物馆，这类博物馆从不同角度展示了不同时期人类社会生活的各个方面，有助于提高沈阳市市民在历史、艺术等方面的素养。科学与技术类博物馆通过分类的方法展示现代科学技术对自然界探索的成果，如辽宁古生物博物馆。这类博物馆展示具有沈阳市或者辽宁省地方特点的展品，并且是与科学技术相关联的展品，能够帮助各个年龄层次的沈阳市民进一步增加科学与技术知识。沈阳市博物馆类型多样，体现了沈阳市博物馆正向着多元化方向进一步发展。不同类型的博物馆提供不同的文化内容，沈阳市市民通过参观各类博物馆获取所需的文化知识，有助于提高自身文化素养，间接地提高沈阳市整体的文化品质。

2.沈阳市博物馆现状

传统的博物馆以线下博物馆形式为主，参观者到博物馆所在地实地参观展品，并获得展品的相关信息。随着互联网技术的迅猛发展，参观者可以通过高科技手段在虚拟空间获得博物馆展品或者活动的各种信息，这就是数字博物馆。参观者通过互联网即可在线上参观博物馆展品，通过博物馆的数字平台，以数字方式获得博物馆展品的文字、图片、视频、虚拟漫游等相关信息。运用互联网技术展示各个城市的各类博物馆，已成为城市博物馆发展的趋势，这同样也是考验数字化时代下沈阳市博物馆该如何持续地为沈阳市市民提供文化知识。

沈阳市线下博物馆现状

随着互联网技术的不断发展，社会群体已经习惯于通过网络获取信息知识，甚至依赖于网络以期获得"快餐式"的信息。这就减少了沈阳市市民的出行次数，导致许多市民将参观线下博物馆的计划一再搁置。在特定情况下，沈阳市各大博物馆利用长时间的闭馆期对展览进行调整升级，影响到博物馆的文化传播，使市民无法通过实地参观获得文化知识。由于线下博物馆受到时间与空间的限制，博物馆需要通过其他途径向市民传播文化知识，这就需要数字博物馆的协助。

除了互联网和场馆升级影响线下博物馆参观之外，还有许多其他因素导致参观线下博物馆的人数减少，其中主要的一个原因是沈阳市老年人数量占比大。一般来说，参观博物馆的人群主要有学校组织的在读学生、单位组织的在职员工、社会中的退休人员等。由于学校组织的在读学生和单位组织的在职员工这两个群体参观博物馆时利用的并非业余时间，因此，沈阳市老年人是业余时间参观博物馆的主要群体。我国于21世纪初期开始步入老龄化社会，且老龄化速度快、规模大，预计2050年前后老龄化人口将达到峰值4.87亿，占总人口的34.9%。沈阳市统计局统计数据显示，截至2021年2月末，沈阳市户籍人口762.1万人，其中，60岁及以上人口为207.1万人，占总人口的27.2%。60岁及以上的老年人可能存在行动不便、外出安全无法保障等问题。基于这些因素，部分老年人无法到线下博物馆进行参观，导致参观的人数减少，这个问题也亟须提出切实可行的解决。

沈阳市数字博物馆现状

全国很多城市博物馆已建立起相应的数字博物馆，参观者通过数字博物馆可以了解博物馆展品的信息，这些信息主要以图片、文字、解说的形式展示。在互联网时代，数字博物馆代替线下博物馆是博物馆发展的必然趋势。数字博物馆以互联网为平台，使博物馆相关文化的传播范围更广，也使人们不需要通过实地参观就可以看到全世界不同地区的博物馆藏品，所以数字博物馆是博物馆发展的方向之一。满足参观者的不同需求是博物馆提供的基础服务之一，在互联网时代，沈阳市不同博物馆的数字博物馆能否实现良好运转以及能否满足参观者的需求，成为检验沈阳市数字博物馆建设成功与否的关键因素。

沈阳市部分数字博物馆仍存在一些问题。一方面，沈阳市数字博物馆的宣传力度不够。前往博物馆进行实地参观的主要是沈阳市内各类学校的学生以及各类单位的在职员工，遇到特殊情况时，由于博物馆闭馆或限制人数，学校或者单位原计划的集体参观活动只能取消。其实这些参观活动并不需要取消，学校或者单位可以通过数字博物馆进行虚拟参观，但是沈阳市博物馆的宣传力度不够，没有及时通知预计参观的学校或者单位可以通过数字博物馆进行参观，也没有通过微信、微博等平台对外宣传数字博物馆的作用，导致数字博物馆在线参观人数较少。另一方面，数字博物馆设计与功能的缺失。有些数字博物馆在描述展品时使用的字体较小，并且网页中没有调整字体的简便途径，这不便于不同年龄层次的参观者阅读信息。还有些展品的照片只有一张展品的正面照，并没有环绕展品四周的照片或者视频，无法让参与者全面了解展品的外观信息。

3.沈阳市数字博物馆的完善措施

（1）数字博物馆的比较分析

随着互联网信息技术的快速发展，全国不同城市的博物馆均逐渐成立了数字博物馆。2012年百度百科数字博物馆正式上线，通过科学技术，百度将线下的实体博物馆搬上互联网，至今已上线的百度百科数字博物馆有中国国家博物馆、三星堆博物馆、中国园林博物馆等596家，共收录671家博物馆。我国对于数字博物馆的设计和功能等没有统一的要求，不同数字博物馆之间既有区别又有联系。

数字博物馆大多采用图片和文字描述的方式向参观者进行展品展示，而百度百科数字博物馆和张氏帅府博物馆采用语音来讲解展品。在虚拟空间体验方面，百度百科数字博物馆、张氏帅府博物馆和中国国家博物馆都采用了该方式，这样可以更为直观和生动地向参观者介绍博物馆的结构和展品。除了百度百科数字博物馆之外，其他数字博物馆都明确了咨询方式，主要是电话咨询或留言板的形式。

（2）沈阳市数字博物馆的发展建议

沈阳市只有部分博物馆建立了数字博物馆，数字博物馆可以让参观者以更简便的方式获得博物馆展品信息，从而提升市民的文化素养，因此建议沈阳市所有博物馆都建立相应的数字博物馆。数字博物馆是线下博物馆发展的方向之一，博物馆的发展需要紧跟时代的需求，所以建立数字博物馆是当务之急。通过分析，为了更好地运行沈阳市数字博物馆，在建立数字博物馆的过程中需采取以下三项措施。

一是针对不同的数字博物馆采用不同的宣传途径。

一般来说，参观者对数字博物馆的认知还停留在网页简单的图片信息与文字描述上，沈阳市各个博物馆应该扩大数字博物馆的宣传力度。通过宣传让参观者认识到，在获取文化信息方面，数字博物馆与线下博物馆之间没有太大差别，并且参观数字博物馆比线下博物馆更为便捷。博物馆应该加大数字博物馆的宣传力度，通过新闻、互联网等媒介进行宣传，从而扩大数字博物馆参观者的总体数量。

二是数字博物馆的展品信息应满足参观者的需求。

一方面，明确展品的展示方式。如果以博物馆展品是否具有空间性进行分类，可以分为两类：一类是具有空间性的展品，如室内陈设等；另一类是不具有空间性的展品，如书画等。在建设沈阳市数字博物馆过程中应该明确这两类展品，从而确定不同类型展品所采用的展示方式。具有空间性的展品需要设置虚拟体验和语音讲解服务，让参观者有身临其境的感觉，而不具有空间性的展品需要图片、文字描述和语音讲解，参观者可以选择是否使用语音讲解，这样可以解决有部分参观者不方便阅读文字描述的问题。在图片展示方面，还需要具备放大与缩小图片的功能，让参观者能够看清展品的细节。另一方面，设计针对儿童的展品展示内容。对于儿童来说，专业的展品描述和讲解较为枯燥，应该建立一个专门针对儿童的展示展品区域，以动画视频、游戏互动等方式向儿童讲解展品的具体内容，提升儿童对博物馆的兴趣。在掌握一定的博物馆展品的相关知识后，儿童会更有动力参观常规的（非面向儿童的展示区域）数字博物馆展品。

三是增加数字博物馆与参观者之间的互动环节。

互动环节主要分为两类：第一类是为参观者在参观数字博物馆过程中出现的问题提供咨询服务，第二类是对所展示的展品通过留言形式进行互动。在第一类互动环节中，数字博物馆主要采用留言或者电话咨询的方式，采用留言形式会出现时效性的问题，而电话咨询方式却需要支付电话费。在这类互动环节中，可以借鉴淘宝客服、京东客服等在线咨询方式，通过在线客服及时、免费地解决参观者的问题。数字博物馆在线客服的工作可以由博物馆志愿者担任，也可以面向社会招聘。在第二类互动环节中，现有的数字博物馆还未涉及这类互动。数字博物馆可以借鉴线下博物馆的互动方式，在展品页面中保留拼图、沙盘画、评论区等功能，进一步提高参观者参观数字博物馆的积极性与热情。

第二节 数字博物馆复合型人才培养策略研究

互联网信息技术的发展已经影响到了社会生产的各行各业，包括传统博物馆。先进科技对于传统博物馆的影响已经无可避免。博物馆向数字化转型已经成为其今后发展的大方向。数字化技术包含数字化建模、虚拟修复、数字动画以及数字合成影像等多方面的先进技术，博物馆可以利用这些技术对藏品进行更好的保护和利用，同时可以使一些已经失传的文化遗产重新呈现在人们眼前，对物质文化遗产的保护和传承具有极其重要的作用，还可以通过对物质文化遗产中非物质文化元素在形象上实现技术性呈现，提升文化影响力，扩大影响范围。

相比于国外，我国在数字博物馆的研究和建设方面起步较晚，数字博物馆的发展仍然有非常大的空间，其中一个重要的原因就是人才的缺失。由于数字博物馆建设所需技术的复杂性和多样性，数字博物馆对复合型专业人才要求较高。要实现博物馆的数字化建设，保证通过数字化技术对文化遗产进行有效的保护和传承，需要大量具备专业知识和技能的复合型人才的参与，建立起结构合理、体系完整的专业工作团队。当前我国博物馆数字化建设中综合性人才储备数量较少，培养的速度也远跟不上需求速度，这对数字博物馆的建设和发展非常不利。因此，在我国博物馆数字化建设的关键时期，研究数字博物馆复合型人才的培养策略，对博物馆的数字化建设培养全面型人才和保证数字化博物馆的顺利发展有深远的意义。

一、我国博物馆向数字化转型的必然性

随着各种信息化设备和技术的不断发展，各种信息化技术和手段在各行各业的应用越来越广泛，传统博物馆的建设和发展也无法避免这一发展规律。比如，在对文物进行数字化保护时，需要运用一定的技术手段和流程对文物资源进行数字信息转化，通过各种信息化技术的运用，对文化遗产进行建模、虚拟修复和数字展示。新技术的发展对博物馆提出了新的要求，博物馆的数字化建设引起了越来越多的科技和文化公司的关注，希望在文化建设和保护上引入现代科技。相比博物馆传统展示形式的单一性，数字化技术具有鲜明的特征，可以使这一过程更具交互性、趣味性和感知的多角度性，在博物馆展览和文化遗产保护方面带来新的可能，注入新的活力。

很多人到现在可能还对巴西国家博物馆发生的那场重大火灾记忆犹新，许多珍贵藏品包括一些对人类来说非常珍贵的文物都在这场大火中消失，给全世界的文物界造成了难以承受的巨大损失。这次火灾的惨痛教训，警示人们要进一步加强文物安全保护措施，加强消防安全工作监管，针对消防安全问题对博物馆和其他文化建筑做全面仔细的检查。除此之外，这次火灾警醒人们重新思考文物保护问题，提醒人们应该加快文物保护的数字化进程，利用数字化的优势保护文物，应用先进的数字化技术对文物进行存档备份，形成文物 3D 数据，实现文物以数字化的形式永久保存，避免再发生类似的悲剧。

事实上，数字化对博物馆文物的作用不只体现在保护上，还可以使文物资源实现最大限度的共享，使文物以另一种方式实现还原。通过数字化技术进行文物展示，也可以进一步提高文物的安全性。因此，数字化技术可以在博物馆的运营管理中起到非常大的作用，传统博物馆向数字化博物馆的转型，无论是从社会发展的角度还是博物馆自身建设的需要来说都已经不可避免。

二、数字博物馆对人才的新需求

任何新型项目的建设和发展都离不开人才的支持。在文物保护方面，国家的重视程度越来越高，而随着文物保护、文物修复以及文物展示等方面对先进科学设备和技术的大量应用，相关人才出现了较大的需求缺口。而且博物馆的数字化过程中会涉及相当多的科技设备和数字化技术，需要能够熟练掌握这些技术和使用这些设备的高质量人才。这就需要建设一支具备先进科学知识和技术的人才队伍，队伍中的成员需要有不同的学科和专业背景。当前博物馆在数字化进程中对相关人才的需求，很大程度上是通过外包的形式由相关科技公司来提供的，这些外包公司提供的技术人员不仅不能保证业务能力，而且责任心堪忧，对博物馆的文物保护来说是一个重大隐患。而且在文物的数字化保护过程中，这些承担外包工作的科技公司在文物保护的理解层面与文物工作者有较大的差异，往往不能达到文物数字化保护的预期效果。因此，数字博物馆在自身建设和进一步发展中，急需引进属于自己的具备相关博物馆工作知识、数字化知识和技能的复合型人才。

三、数字博物馆人才培养现状

在文化遗产数字化研究方面，浙江大学是开始得比较早的高校之一。早在1998年，浙江大学就与敦煌研究院进行了文物保护方面的研究合作，开始对一些壁画的临摹与修复、石窟的保护和相关的旅游系统进行研究开发，并基本实现了数字化技术在这些系统开发中的应用。同年，西北大学和秦始皇陵博物院通过数字化技术对一些已经破碎的兵马俑进行训练修复，实现了另一种意义上的复原。同样的事情还发生在龙门石窟，北京大学通过对石窟进行数字化取样，实现了对其中文物的三维模型的建立，对龙门石窟中相关文物的保护居功甚伟。但是在这些工作的开展中，进行具体操作的人员基本为计算机专业非常顶尖的人才，通过对技术的运用对文物进行扫描，进而转变成数字化信息并加以储存，从而实现对文物的保护。他们并没有充足的文物领域相关知识，缺乏博物馆相关专业的学习和工作经验，无法把这些文物数据进行进一步的知识化转变，对博物馆的数字化建设帮助有限，仅靠他们明显无法实现数字博物馆建设的顺利推进。

数字考古方面同样遇到了类似的问题。在国内存在着这样一种普遍情况：懂考古的人自身的科学技能水平有限，无法利用数字化技术为考古服务；具备数字化技术的人才又不同时具备考古知识，无法顺利开展考古工作。因此，考古专业的人才在学习和工作中，要加强信息化设备和技术的学习和应用，跟上时代发展的潮流，在考古方法的选择上开拓视野，打破以发掘为主的考古观念，发散思维，实现考古思想和方法上的创新。高等教育也要密切注意相关行业的需要，设置一些同时兼具考古知识和数字技术的专业和课程。而截至目前，国内在相关专业的开设上还比较落后，学科壁垒仍然存在，阻碍了考古学的进一步发展。这种情况在博物馆数字化建设方面也普遍存在。数字博物馆建设进程的推进和未来的发展依靠何人，博物馆数字化进程中所需的人才由谁培养，以及怎样培养，是博物馆领域和教育领域需要共同思考和探索的问题。

四、数字博物馆复合型人才培养策略

1.高校方面

（1）开设数字博物馆的相关专业

在当前的高校教育中，将博物馆专业和数字化技术相结合的教学体系还不够完善，二者的融合程度也不够深，根本不能满足目前博物馆数字化的需求。因此，对博物馆数字化的专门专业进行设置或是组建相关的课程群成了当务之急。博物馆数字化建设中所需的复合型人才，不但需要具备过硬的文物、历史和博物馆学方面的完整的、系统的知识体系，还要能够熟练应用相关的数字技术，在艺术修养方面也有一定的要求，要能适应信息化社会知识更新的需要，对出现的新技术和新概念能够及时了解和掌握，把技术同艺术思维做到融合运用，能够满足博物馆信息化工作的要求，有力推进博物馆的数字化建设步伐。在相关专业的开设中，设计课程时要做到理论与实践并重，这样可以使学生通过课堂的学习，同时对博物馆的相关理论和现代计算机信息技术有所了解和掌握。学生通过这些课程的学习，可以加强博物馆数字化在相关技术和发展趋势方面的了解，熟练运用技术手段进行博物馆相关的管理、分析和操作，在策划能力和技术素养上同步提高，并且真正实现学以致用的目的。

（2）改革现在的教学方法

在数字博物馆专业的教学中，可以采用小班上课的方式，这样可以使教学方法更加灵活，使教学活动更加形式多样。在常规的教学方法基础上，可以把一些先进的教育理念，比如启发式、讨论式和案例式教学方法引入进来，还可以基于具体的问题展开教学。结合理论教学与相关计算机课程，再加入室外实操课程，实验教学中要突出以学生为主体，使学生的学习更加具备积极性，能自发主动地进行学习，同时对学生的创造能力能实现有效提高，对学习中遇到的问题能够以冷静的态度独立思考和解决。通过现代教育方法的开展，再加上优秀的传统师承教育理念的运用，使学生在学校的学习和实践能达到最大限度的效果提升。

（3）为学生创造实践机会

数字博物馆的相关专业是一门应用性很强的专业，在教学中应该尽可能多地为学生创造实践机会，使学生的应用能力通过实际锻炼得到提升。高校在这方面的教学中，可以建设相关的实验中心，把实践教学和理论教学有机融合，这对学生学习的积极性和主动性也有较强的提高作用，对实践创新能力的提高也有重要作用。还可以针对学生开展一些数字博物馆方面的研究和实践课题，使学生在课题研究的过程中一方面加强对所学理论知识的理解，另一方面对数字博物馆以后的工作有更清楚的认识，更加适应未来工作岗位的需要。

2.博物馆方面

（1）提高工作人员的技术水平

数字博物馆的人才培养是一个长期的过程，只是依靠高校培养远远不够，在工作过程中需要不断磨炼和实践提高人才质量。博物馆的上级主管部门要对博物馆进行相关科研项目的科技人员提供足够的支持，创造良好的环境以实现科技人才的创新培养，使工作人员特别是青年科技人员能够保持科技创新的活力和动力，不断提高自身的技术水平，使科技人员在实践中通过不断的锻炼来提高自己，以适应信息化社会知识和技术不断更新的需要，更好地满足博物馆的工作需求。

（2）加强教育培训和交流合作

首先，可以通过对博物馆工作人员的专业培训来扩展其知识面，使工作人员的专业技术知识更新速度能够满足发展的需要；其次，要为相关的工作人员创造必要的学术交流机会，通过对外交流的方式，对目前博物馆文物保护等方面的前沿动态进行及时深入的了解，加强文物保护科技的重要性意识；最后，高等院校和博物馆之间要加强联系和沟通，广泛开展合作，加强彼此之间在文物保护等方面的科技成果的共享和借鉴。除此之外，要提高博物馆青年科技人员接受继续教育的意识和动力，促进他们在职期间仍然能够接受正规系统的学校教育，或者支持他们积极参与相关的知识培训课程，达到提高自身素质和能力的目的。

（3）加强科技创新团队建设

加强博物馆科技创新团队的建设，不但可以解决现有人才结构存在的问题，还能够避免人才断层的现象，增强青年人才的创造意识和创造能力。可以根据现有的人才组成情况建立一支涵盖老、中、青各年龄段的科研团队，在科研项目中实行师徒结对帮扶的模式，加强不同年龄段人才之间的交流合作，使团队的创新活力能够得到重新激活。这样不仅能够优化人才结构，还可以使相关的工作经验和创新成果得到有效的保存，为数字博物馆的长久发展奠定基础。在团队建设中，还可以设立必要的激励机制，通过合理的激励措施提高人才工作和学习的积极性，为人才提供更好的管理服务，促使人才的工作取得较大的成效。

博物馆的数字化建设可以在文物保护等方面增强交互性和趣味性，在文物展示方面增强观赏者的感知性，丰富感知角度，提升观赏体验，颠覆了传统博物馆形式单一的展示模式，也使传统博物馆的沉闷氛围被打破。而要实现这些目标，需要大量的复合型人才作为支撑，对人才无论是数量还是质量上都提出了更高的要求。为了使观众更加方便地观赏文物，深入了解辉煌灿烂的文化成果和文化进程，实现对馆藏文物的有效保护，必须同时发挥高校教育和博物馆培养的共同作用，培养出数量更多、质量更高的数字博物馆复合型人才，这是当前博物馆数字化建设的当务之急。

第三节 数字时代博物馆教育功能探讨

博物馆具有重要的社会教育属性，博物馆主要是借助文物开展对群众的教育，对文物进行研究，合理安排文物进行展出，让群众直观感受文物。在新时代背景下，传统博物馆已进化为数字博物馆，能够重复调动参观者的视觉和听觉，给予参观者更好的参观体验，进而更好地发挥博物馆的教育作用。

一、数字博物馆的特点

1.更具趣味性

与传统博物馆相比，数字博物馆更加有趣，能够在很大程度上调动参观者的观赏积极性，能够为参观者营造真实的氛围，塑造真实的观赏场景，给参观者带来视觉以及听觉等感官的深入体验。数字博物馆利用新时代的先进科技，在教育方面推出了相关小游戏，可以引发儿童的观赏兴趣。比如，许多科技博物馆推出了情境体验活动以及考古探险活动等，青少年儿童可以在这些活动中进一步了解相关历史知识，奠定良好的历史基础。

2.更具个性化

传统博物馆无法根据每个参观者的特点制定不同的观赏内容，但是新时代的数字博物馆可以解决这一问题，能够满足不同参观者的不同需求，根据不同参观者的兴趣爱好推送不同的历史内容，参观者还可以在数字博物馆平台上选择自己喜欢的参观方式以及相关活动。数字博物馆更具个性化，能够更好地为参观者提供所需的服务，打破时间和空间的限制，突破传统博物馆的束缚，让参观者在数字终端上参观自己想看的历史文物。

3.更具开放性和互动性

与传统博物馆相比，数字博物馆有着科学技术的加持，在教育方面有极大的优势，更加开放，能够让不同国家、不同地区的人在数字终端上观赏博物馆文物。先进的数字技术，让新时代的博物馆能够为群众提供良好的教育项目，普及历史知识，提升群众的历史素质。数字博物馆的这一特点在一定程度上革新了传统博物馆通过文物展示对群众进行教育的传统方式，数字博物馆更具吸引力、更具创造性。相比于传统的博物馆，数字博物馆的互动性大大加强，能够更好地开展群众教育。传统博物馆只能让参观者在馆内通过实践活动了解相关历史文化，而数字博物馆可以让群众通过各种网络软件以及网络媒体，了解自己想要了解的历史文化。数字博物馆的发展拓展了博物馆的教育功能，也拓展了博物馆社会教育的深度与广度。

二、数字时代下博物馆以及教育意义

1.博物馆意义

传统博物馆主要通过文物展示的形式在社会上进行展览宣传，而这种传统展览形式无法吸引群众的目光，更无法激起群众的参观兴趣，加之传统博物馆的宣传渠道过少，无法更好地顺应时代的潮流。随着科技的发展，博物馆与电子信息技术相结合，逐渐衍生出数字博物馆这一概念，革新传统博物馆的展览方式，让传统博物馆中的文物"活"起来，在网络上经过信息技术的处理展现在大众的面前，更大范围地传播博物馆蕴含的历史文化，发挥互联网的作用，让更多的人了解到中国的传统文化，提升博物馆的宣传能力。数字博物馆将精力放在文物展示上，发挥互联网的互动作用，及时发布相关信息，多方面、全角度地展示文物的具体形象，加强与网友的互动，实现数字博物馆的最大教育效果。

2.博物馆教育意义

博物馆的最大性质还是公益性，通过展览文物的方式让社会_上更多的人了解历史知识，博物馆是人类文明发展到一定程度的产物，能够促进社会文化的发展，还能够促进社会事业的发展。博物馆讲解员对馆内藏品进行讲解，进而帮助群众更为容易地理解相关历史文化，让群众明白人类祖先为了人类的发展所做出的贡献，加强群众的历史文化认知，增强群众的社会责任感，让群众有意识地为社会的发展贡献出自己的力量。

就目前的社会现状而言，生活节奏加快，人们没有空闲的精力和时间去参观博物馆，获取历史知识，这就导致社会上的很大一部分群众缺乏良好的历史素养。面对这个社会问题，博物馆的教育功能就显得极为重要，尤其是在开展对未成年的教育时，博物馆讲解人员要用精准的语言把文物藏品的历史文化知识讲述出来，让未成年人受到更好的历史教育，提高未成年人的历史文化素养，陶冶未成年人的情操，培育未成年人的积极精神，让未成年人能够拥有自己的意识，能够热爱祖国，有高尚的道德情操。博物馆的作用不仅仅是加强对社会群众的教育，还可以保留中华民族的优良传统，继承和发扬中华民族优秀传统文化，促进社会主义精神文明建设。在数字时代，由于传播媒介和传播路径的拓展，博物馆也肩负起新的教育功能，着重发挥互联网的作用，突破时间、空间的局限，将馆内的文物在网络上形象化、具体化地展示出来，把每一件馆藏文物的历史背景及故事用优美的语言讲述出来，加强与网友的互动，增强与网友的交流沟通，真正挖掘每一件文物蕴含的深层含义。并且与学校进行合作，开展对学生的社会教育，更好地继承与发展中华民族精神以及优秀传统文化，让学生在接受教育的同时提升自身的历史素养，让学生成为社会所需要的高素质应用型人才。

三、数字时代博物馆教育优势

参观者在参观博物馆的过程中，通过讲解人员的讲述，学习相关历史文化，了解相关历史精神，在了解和学习的过程中潜移默化地受到影响，从而更好地塑造自己的个人性格，完善自身的世界观，并且能够在一定的程度上继承和发展中华民族的历史文化。随着信息技术的发展，人们喜欢在网络世界中放松自己的精神，博物馆利用群众的这一特点塑造数字博物馆，积极应对新科技时代给博物馆带来的巨大挑战，将电子科技与博物馆进行有机结合，将互联网元素融入博物馆中，更好地开展对大众的历史文化教育。数字时代博物馆在对群众的教育方面有着多方面的优势。

1.拓展网络学习素材

互联网中的学习素材数量可观，并且互联网中的学习资源是各式各样的、丰富多彩的，比如网络课堂、电子期刊等形式，都可以让群众从中获取知识。在博物馆的建设方面，也有不少的相关主题资源，如故宫博物院数字文物库等。2 数字博物馆更具科学性和系统性，特别是在开展对群众的教育时这两个特性尤为显著。信息技术与博物馆的结合为博物馆的发展注入了新的生机，网友可以在网络上通过视频或者图片欣赏具体形象的文物，从而了解文物蕴含的历史文化。互联网的众多优势满足了群众的个人需求，实现了群众的个人学习途径，让群众更加切身地融入博物馆教育过程中。此外，互联网是时代发展的重要产物，为社会各业的发展带来新的生机，博物馆可以将互联网融入对群众的教育过程中，更好地继承中华民族精神。

2.与学校相结合，实行开放式教育

学校是教育学生的重要场所，开展对学生的历史文化教育，可以将博物馆与学校结合起来，发挥数字博物馆的优势，增强学生的责任意识，为社会培养素质高、责任意识强的优秀人才。同时增强在校学生对历史文化的认知，提高在校学生的综合素质。博物馆与学校的结合可以更好地进行学生的开放式教育。开放式教育体制比之传统的封闭式教育有着诸多优势，更加科学合理。传统的封闭式教育仅仅是让学生在课堂上学习历史文化知识，而没有带领学生走出课堂，没有带领学生切身实际地感受历史文化氛围，这就导致学生只是学习到了课本上的理论知识和表层的抽象知识，而没有领会历史文化的具体内涵，在一定程度上忽视了对学生理解能力的培养，学生的学习效果较差。数字博物馆可以突破时间、空间的限制，可以让学生有身临其境的感受，让学生的历史文化学习更具开放性，让学生实现从表层到深层的学习，加强学生对相关历史文化知识的印象。互联网的属性包括开放性，数字博物馆与学校的结合也不仅仅是针对学生的，还包括社会上的各界人员，让社会各界人员都有机会学习历史文化，探索历史世界的精神内涵。开放式教育比较传统封闭教育有着不可比拟的优越性，也更加适应社会的潮流，还能够促进社会的发展，所以开放式教育逐渐取代封闭式教育成为社会教育的主流趋势。博物馆与学校的相互合作，不仅仅可以促进学校的更好发展，还能够最大限度地实现博物馆的教育作用。

3.促进素质教育建设

中华文明博大精深、源远流长，文明最具代表性的物品就是文物，文物应当受到保护及良好的保存。但是在历史长河中，许多文物因历史因素受到破坏，给人类文明带来了不可估量的损失。博物馆收藏大量的历史文化珍品，博物馆的一个重要职能就是保护和保存这些历史文化珍品，继承人类文化遗产。随着科技的发展，博物馆将科技元素融入对群众的社会教育中，融入对文物的保护中，让留下来的人类文化珍品更加安全地展现在众人的眼前，让更多人感受文物的魅力，让更多人能够在网络上随时随地地认识、学习自己想学的历史文化，观赏著名的文物。文物中蕴含的精神元素与文化元素是现代生活中人们所需的，所以在一定的程度上，科学技术与博物馆的结合是人类历史上的一个重要里程碑。国家对教育行业进行了改革，调整了教育体系，更加注重对学生的素质教育，试图通过加强对学生的教育来提高整体民族素质，而数字博物馆可以帮助国家完成这个目标，在无形之中影响到社会整体的民族素质，促进民族精神与社会责任感不断深化，最大限度地发挥博物馆的教育作用，为社会发展贡献力量。

四、数字博物教育功能实现的创新研究

1.调整组织管理结构，加强教育建设

博物馆应当做好充分的准备，调查市场情况，根据数字时代的特点，对自身的组织结构进行调整，对相关人员进行优化配置，建立一支优秀的人才队伍，提升队伍的专业素养，将新理念融入对相关人员的组织管理中，在文物展示的各个环节，充分发挥对群众的教育功能，将博物馆的教育功能放在博物馆发展的首位。与此同时，博物馆应当切实了解社会群众的需求，根据群众的需要，创新展览活动，优化群众体验感，用展览以及各种教育体验活动促进教育功能的实现，调动社会大众对博物馆的参观积极性。对博物馆的具体资源进行分类，为社会大众提供不同的历史素材，为大众提供学习历史文化的舞台，让群众进行自主学习。博物馆还可以规定一定时间让大众来参观博物馆，为大众提供讲解，让大众有着切身实际的体验。构建引进来与走出去相结合的互动结构，让博物馆更好地迎接新时代给它带来的挑战。

2.革新展品陈列思路

在互联网与博物馆融合的过程中，首先要考虑社会大众的需求。根据社会大众的需求将展品放在合适的位置，第一时间抓住社会大众的目光。在了解藏品特点的基础上，采取不同的陈列方式展现藏品的风貌，让观赏者能够自觉地理解藏品背后的历史故事。在互联网上进行博物馆宣传时要注重封面的设计，第一时间抓住浏览者的目光，合理分配陈列窗口藏品的位置，展示藏品的外在具体形象，让群众能够将自己的目光投放到欣赏藏品上。利用互联网的优势将藏品形象立体化，辅以相应的历史文化背景，更好地实现数字博物馆对群众的教育作用。

3.提高讲解人员的专业水平

群众参观博物馆，需要在讲解人员的陪同下才能更好地获知藏品的历史文化背景。一名优秀的讲解人员可以将藏品背后的历史故事用简洁生动的语言讲述出来，让群众更容易理解，进而感染群众。优秀的讲解人员可以促进博物馆社会教育功能的实现，吸引更多的游客来博物馆观赏历史文化中的珍贵藏品。所以，加强对讲解人员的培训是极为重要的，提升讲解人员的专业水平，最大限度地发挥讲解人员的作用。同时要注意开展对讲解人员良好服务意识的培训，让相关讲解人员拥有耐心和亲和力。

为了更好地迎接数字时代给博物馆带来的挑战，博物馆可以将科技元素融入对群众的教育工作中，最大限度地实现博物馆历史教育功能，采取多种方式拓展数字博物馆教育的广度和深度。

第四节 数字博物馆对文物保护与全球化传播的保障策略研究

拥有五千年历史的华夏，所创造和传承的优秀的传统文化多如繁星，浩如烟海，绛州木板年画只是其中之一，但是随着时间的推移，其中许多优秀的传统文化已经或正在面临消失，很多传统的保护方式如纸张、胶片磁带等随着时代的推移也已经被推向边缘，这些载体本身也正在面临着消亡的风险，纸张的自然损毁客观存在，磁带也已经退出历史舞台，这不得不使我们思考一个问题，保护我们日渐脆弱的优秀传统文化已经迫在眉睫。

近些年，发端于西方的数字人文研究受到极大的关注，大数据和新媒体技术的加入让人文学家看到了传统文化保护的新思路。将网络统计、空间技术、数据库等计算机技术应用在人文领域，具体到传统文化保护领域中来看，即将传统文化以数据的形式转化保存、传播，使已经只能存在于博物馆中或日渐式微的非物质文化遗产等有形与无形的文化事项能够借助互联网的广阔空间，突破时空限制，达到重新焕发活力的目的。《关于推动数字文化产业创新发展的指导意见》，提出优化数字文化产业供给结构，促进优秀文化资源数字化，推进数字文化产业与相关产业融合发展，扩大和引导数字文化消费需求等发展方向，全面推动"互联网+文化"的新业态、新模式的发展。

在数字文化逐步形成产业发展规模的过程中，作为传统文化存放保护的集中地—博物馆，成了传统文化数字化保护的中坚力量，"数字博物馆"随之诞生。在此即从"数字博物馆"对传统文化保护与传播角度展开讨论，对其保障策略进行研究。

一、数字博物馆建设管理现状

1.数字展馆渐成规模

数字化传统文化与场馆展出不同，这是一种虚拟的表现手段，将实物转化为非实体的数字化模式，通过技术手段，以 VR 成像的方式进行展出。这种展出方式既可以减少实体文物在实景展出中的损耗，又可以突破时空限制使普通受众近距离观看感受到展品，也可以满足科考研究人员随时进行研究的需求，可谓一举三得叫。文物数字化有一定的难度，但是通过计算机网络技术平台和各博物馆、图书馆等场馆部门的合作，已经取得了一定的成果，展馆数量日趋增加，藏品数量也不断增多。

2011 年数字敦煌博物馆建立便拉开了我国数字博物馆建设的正式帷幕。十余年的发展运营，形成了一系列颇具规模的数字博物馆，比如：2012 年 1 月 4 日，百度百科博物馆计划正式上线；2016 年，国家博物馆数字展厅正式启用，至 2020 年末共计上线 49 个数字展厅；2018 年 10 月 22 日故宫博物院的"智慧故宫"也正式上线等等。其中百度百科博物馆计划是百度公司依托平台优势，与全国各地博物馆合作开发的线上博物馆项目，至 2020 年末，已上线的数字博物馆达到 313 家之多，涵盖面较广。

数字博物馆的发展除数量不断增多外，馆藏文物种类和数量也日渐丰富，以故宫博物院数字文物库为例，截至 2020 年末，已经收藏 25 个种类共计 68，021 件/套数字文物。数字敦煌已经数字化转化洞窟 30 个，包含 10 个朝代计 4430m2 的壁画。

2.数字化转化任重而道远

数字展馆的建设已经渐成规模，但是与实际馆藏文化数量相比还有很大的差距。传统文化数字化转化还有很长的路要走。以故宫博物院为例，数字化收藏的文物不过占总馆藏文物1，863，404件/套的3.65%左右。

3."三微一端"创新传扣形式

数字技术的提升，网民数量的剧增，推动了信息传播形式改变，数字展馆的建设使得传统文化传播方式加入了"三微一端"移动社交的新传播途径成为可能。"三微一端"即指以微博、微信、微视频和客户端为代表的新媒体传播平台。例如："国宝全球数字博物馆"微信小程序，这是一个由互联网巨头腾讯与《光明日报》合作开发，已经与法国及美国建立亚洲艺术博物馆、美国纽约大都会艺术博物馆、巴黎市立赛努奇亚洲艺术博物馆建立合作的微信小程序，将中国散落在外的国宝进行数字化转化，并于2021年2月9日开展了瑰宝云拜年展，使近300件散落在外的国宝得以"云回归"。

"三微一端"更符合当前年轻人的阅读习惯，微信公众号、微博、短视频以其文章、信息短小精悍而备受青睐，不但阅读量巨大，并且具有更强烈的互动性和趣味性，受众的评论内容有很多信息还可以作为数字文化的有益补充，更有助于推动数字文化信息更为完善。以微信公众号为例，其功能强大，不但可以推送有关图书阅读的公众号文章，还可以开发移动阅读模式，将馆藏文物放到移动数据库中供读者在线参观，更可以以名品名篇品鉴模式与读者开展互动，既能传递知识又能促进信息的二次传播。随着技术和平台的不断翻新，短视频传播成为当下较为流行的传播方式，敦煌研究院官方抖音账号截至2021年2月9日共发布作品75个，粉丝数已达9.6万之多，获赞量26.0万，以敦煌壁画为主要内容的短视频作品，让热爱壁画艺术的年轻人随时随地即能观赏到美轮美奂的艺术杰作。

4.数字化技术修传统文化

传统文化是客观存在的，无论有形文化还是无形文化，都需要依附相应载体呈现。而载体是客观实物，随着时间的流逝和历史损耗，受损现象比较常见，导致受众接触到的文物都呈现出不同程度的损坏，并不完美。数字技术能够通过虚拟：程序对受损实物本来面貌进行推测，并进行虚拟复原，比如广为人知的"古尸面部复原"，在若干具复原古尸中，长沙马王堆汉朝长沙国丞相夫人最为著名；数字技术在敦煌受损壁画的抢救过程中同样功不可没；2010年上海世博会展出了一幅"会动的清明上河图"，全长128米，高7米，使用了当时最为先进的数字技术，把原图中的数千个人物、动物、船只、车轿及建筑等以虚拟的方式"活"了起来，不仅如此，还配上了上酒声、卖货声，甚至还有小孩儿的打闹声，生动活泼的复原了已经消逝在历史长河中的北宋汴京日常生活场景，惟妙惟肖。可见，数字技术不但能够复原客观存在物，也可以重现已经失传的社会生活文化，其在修复传统文化方面具有重要科学考察研究价值。

5. "沉浸式体验"参观模式

数字人文与传统文化相结合，彻底颠覆了参观模式。在国家文物局官方网站下发的《2019年度全国博物馆名录》中显示，全国博物馆数量共计5535家，数量虽然众多，分布也较广，可具有较高文化价值的博物馆依旧集中于几个一线城市，这对于普通大众而言，实地参观依旧显得遥不可及。数字虚拟现实技术打破了时空壁垒，通过VR、H5等技术手段，让参观者能够身临其境"云参观"，而且由于是虚拟文物，参观者不但能避免掉实物参观时的起保护作用的玻璃罩屏障，还能够360°无死角观看19，研究者更可以随意放大缩小进行细致入微的观察研究。对于数字非遗文化而言，普通观众甚至可以通过VR手段直接参与其中，"沉浸式"体验文化的深层次内涵，这是传统博物馆所不可及的。

6.物联网技术在数字博物馆管理方面发挥作用

所谓物联网，是指能够达成"物物相连的互联网"，它通过智能传感设备，能够按照协议将物与物之间联系起来，形成信息沟通，从而达到智能识别、监控定位跟踪控制以及智慧管理的目的。物与物之间便捷的信息沟通交换功能，使得其被广泛应用到智慧城市建设的方方面面，比如交通管理、物流管理，甚至城市基础设施管理方面都已经能看见它的身影。在数字博物馆中，物联网这一技术同样具有极高的应用价值。很多文物保护对周围环境要求极高，温度、湿度都要特别注意，物联网可以方便地实现对藏品环境的实时监控，智能调节馆藏环境，甚至于某个藏品所在独立空间的环境。馆藏文物由于年代久远，修复难度高等问题，很多文物处于尚未修复或者易损状态中，其本身的存放状态以及存放位置等情况都需要进行精准掌控之中，物联网的智能管控能力能够帮助管理人员第一时间准确掌控文物的各方面信息，十分有利于馆藏文物的管理。另外，馆藏文物十分珍贵，其出入库状况以及工作人员的实时工作情况等同样需要格外的细心管理，物联网是博物馆进行智能管控的有力帮手。

二、现阶段数字博物馆在传统文化传播方面呈现出的问题

1.技术壁垒

（1）缺乏技术人才

数字技术和人文研究本就是跨领域结合，数字技术对于人文领域研究者而言无疑是天书般的

存在，单纯依靠人文研究人员建设数字化文物无异于天方夜谭。这就需要人文研究者能够和具有技术实力的计算机网络平台合作开发，亦即数字人文的建设速度取决于数字技术人才的合作态度和技术实力，在这一过程中本应作为主体的人文研究者无疑是被动的。

（2）技术更新

技术水平的快速更新是高科技领域高速发展的表征，是科学进步的体现，也是传统文化数字化的壁垒。一件文物的数字化需要众多工作人员认真仔细研磨后才能成为现实，在此期间要攻克很多文化难题、技术难题，而技术更新换代速度太快，这就使得好不容易用当时最先进的技术转录的文物上线后又被更先进的技术所淘汰，比如早期的磁带、磁盘、胶片存储技术早已被历史所淘汰；4G技术在2001年研发，2011年正式使用，到如今5G广泛运用，也不过短短的不足十年的时间。而技术的更新换代，就意味着已经做好的电子数据不得不面临重新转录升级，对于人力、物力、财力都是巨大的挑战10。因为技术更新无止境，所以这是一项长期挑战。

2.非共享、重复建档

传统文化数字化过程本身非常艰难，各博物馆在进行电子建档的时候大多采取了线下操作的方式，当电子建档达到一定数量规模后才会上线展出，这么做一方面确保了数字信息的完整性，防止公开前发生文化外泄情况，另一方面也给技术人员和研究人员以最大的建档空间，便于建档操作。但由于是线下非公开的建档模式，各场馆之间的沟通联系缺乏，这就导致一些同质化文物被重复建档，非共享的小型数据库使得建档人员宝贵的时间和人力资源被无情的浪费。

3.文化外泄风险

对文化的保护不仅仅是对遗产、遗物、遗迹等文物本身的保护，更是对本民族精神财富、先民遗存证据的保护，传统文化是一个民族生存和发展的核心，对于中华民族而言，五千年的历史凝聚起来的是民族魂，容不得行差踏错资源外泄。文化领域专家在对传统文物建档的过程中，需要数字技术的支撑，需要国内外同行专家的合作，在这一过程中，就有可能因技术受制或所谓的"文化交流"发生文化外泄事故。尤其最近几年，中外文化领域上的一些冲突交锋，使得这一问题更为敏感，在汉文化圈内部文化窃取事件更时有发生，使得文化外泄成为我们不得不面对的一个棘手问题。

4.商业化冲击

数字博物馆的建设使得传统文化越来越便捷广泛的传播成为必然，商业化引用也是传统文化传播的一个途径。合理的商业化引用能增强传统文化的宣传力度，扩大宣传渠道，比如影视剧的国际化，即是商业化传统文化走出国门的很好途径。商业化行为本身是一把双刃剑，在正面宣传传统文化的同时其本质是追求效益的最大化，导致消费主义盛行。所谓消费主义，是指毫无节制地消耗物质财富和自然资源，并把消费看作人生最高目标的消费观和价值观。在消费主义的侵蚀下，文化消费追求利益最大化而忽视文化本身价值的舍本逐末行为层出不穷，粗制滥造，随意拼凑、杂糅、套用文化符号，打着保护文化、传播文化的旗号行损害文化之实，快餐式消费传统文化严重破坏了传统文化的系统性、历史性。

5.长期维护问题

传统文化电子建档上线后，就开启了漫长的维护工作。首先，要不断进行技术升级，要能跟上目前技术更新换代的频率。其次，要不断增加建档数量。这两项工作都需要建档部门长期的投入人力、物力、财力，一项长期工作需要面临人员调整的变化，也要面临单位、部门调整、重组甚至消失的变化，此时的线上平台继续维护就成了难题。数字博物馆建设成功不是最终的目的，长期存在并能持续吸引受众才是数字博物馆根本价值所在，因此，技术升级、平台维护、内容不断丰富等使命都是考验数字博物馆能否具有长久生命力的重要因素。

6.虚拟空间局限问题

数字博物馆最大的优势所在就是突破了传统空间的局限，打破了时空界限，将实物数字化，利用互联网空间拓宽传播空间，使普通人难以企及的文物走下神坛，能够近距离接触广大受众。数字博物馆利用虚拟技术确实增加了文物的趣味性和文化性，让已经沉寂千年的物品重新焕发了生机，但是，仔细观察我们会发现，这种虚拟空间依旧存在空间壁垒，即博物馆空间壁垒。文物即便以虚拟化形态上传至互联网，但依旧是文物，依旧是生活在网络空间里的物品，只能吸引本身即对历史、对文物感兴趣的受众，而对于更广大的普通人依旧存在难以接近难以驾驭的无形壁垒，这使得数字博物馆的传播过程受阻，需要引起从业人员重视。

三、数字化文物的保护与传播的保障策略

数字博物馆的建设是一项长期而艰苦的工作，文物的数字化不是一朝一夕能够完成的，需要面对各种各样的问题，尤其是对其文化性的保护和传播方面，我们依旧面临比如文化外泄、虚拟空间受到受众接受程度局限等各种各样问题，这就需要数字博物馆更深入的思考更为有利的保障策略，以促使数字化文物能够获得更为旺盛的生命力。

1.打破技术壁垒

传统文化数字化保护最紧缺的还是技术手段，尤其是技术人才。无论是数字转化效率，还是

数字化技术的先进性，都需要强有力的技术人才和技术水平的保驾护航。除计算机领域专家努力钻研，力争打造全球领先的技术水平外，还要将其与人文领域相结合，应用在博物馆领域。商业化通过合作赋能，使数字化展馆建设从少数专业从业人员向全民共享共建平台转移，弱化数字展馆所有者权利，强化共建共管能力，使普通大众能够参与进传统文化数字化过程中来，无需档案机构过多干预，最终实现数字平台无专人维护运营状态下也能够自动运转的管理模式。

2.避免文化外泄

文化自信具体内容即是对本民族的文化价值进行认可。这是一个实践性的要求，是对每一个公民所提出的践行性要求。文化自信是每一个华夏传入的自信，是对自己本民族优秀的传统文化价值的认可，是对自身价值的认可。增强民族自信，认识到自己本民族的传统文化是极具有魅力的，是有价值的，每一个人自觉加入保护传统文化，传播数字人文的队伍中来，为数字化传统文化模式提供生态环境，才能保障这一庞大工程顺利实施。

3.商业合作共赢

综艺节目是更易被年轻人接受的文化形式，兼顾艺术性与娱乐性，尤其在流量明星加盟的前提之下，传播力更强，传播速度更快，传播范围更广。《国家宝藏》《上新了故宫》等综艺节目已经在这一方面做了很多探索，并取得了很大的成绩。2021年河南卫视的春节联欢晚会上推出的节目《唐宫夜宴》则是用舞蹈节目的形式将数字博物馆搬上了舞台，"5G+AR"技术的虚拟舞台，让舞者穿越于时空之中，展现古色古香、大气庄重、温文尔雅的传统文化，以其俏皮、滑稽又典雅的舞蹈动作让文物"活了"过来。这个节目一经播出便迅速被喜爱，两天时间单个视频的微博观看量就达到了1000万次。与综艺节目合作，是数字人文转化传播的有效途径，在给自身拓宽传播渠道的同时增加综艺节目的文化底蕴，一举两得，合作共赢。

4.建立独立运行模式

建立传统文化大数据库，通过数据资源库的优势对海量数据进行分析整理，采集存储，关联整合，根据用户的检索关键词，有目的有针对性推送用户青睐的文化内容，从而拓宽传统文化的传播渠道。通过大数据技术将传统文化所蕴含的信息、知识等可视化，通过数据分析，以形象的方式展示数字文化，以文本、图形图像、影音录像、3D成像等描述手段揭示数据中所蕴含的复杂信息，使受众能够快速进行信息检索、搜集、浏览，用最便捷的方式进行信息关联，以保证类似的信息能够及时推送。以大数据的精准化推送寻找目标受众，以扩大化的受众群体反向支持数字博物馆的运营维护，给予数字博物馆运行信心，从而保证数字博物馆跳脱传统管理模式，向独立运行模式发展，最终达到长久维护的目的。

5.虚拟现实技术实践应用

数字博物馆的虚拟空间界限问题事实上困扰了文物的"活"起来。文物从实体转变为虚拟出现在网络空间中，是打破时空界限，拓宽宣传渠道，扩大文物受众的良好途径，也是科学技术加持下文物走下神坛，步入寻常百姓生活的重要方式，但如前文所述，即便网络空间数字化传播，依旧难以改变文物的静态观赏现状，很难达到文物"活"起来的目的。想要文物变"活"，根本还是得让其在生活中得到应用，才能真正赋予其生命力。对此，可以借鉴汉服"活"的过程，年轻人对汉服的喜爱已经从书本影视剧里扩展到生活里，现在除特殊活动外，在日常生活中也经常可以看见身着汉服的年轻人，穿汉服从"怪异"正逐步变得越来越正常化，究其原因并非完全归功于汉服的数字化，更应归功于年轻人的文化自信，以及亲身实践。数字博物馆的虚拟空间已经建立起来，与其让其处于静态模拟模式，完全可以考虑其动态实践应用的途径，比如以虚拟空间为平台携手 AI 游戏，让文物成为游戏人物的日常用品，让受众在虚拟空间中一边游戏一边使用文物，这样的博物馆应该比单纯的观赏讲解更能打动人心。传统文化从保存到保护还有很长的路要走，在数字博物馆快速发展的背景之下，传统文化与数字领域开展广泛的深层次的合作是保护传统文化的重要途径 9。传统文化的保护不是束之高阁，不是玻璃屏障，是让传统文化走出博物馆"活起来"。数字博物馆是让文物能够走出博物馆的第一步，大数据互动模式的开发开放，共享共建是让普通受众走进数字博物馆，通过线上线下交互对接，只有让传统文化重新焕发生机"活"过来，才是真正的保护与传承。

第十二章　可移动文物的数字化

随着博物馆信息化建设的开展，各种数字化技术手段在博物馆这一专业领域得到了广泛应用，由此产生了文物影像、数字影像、新闻影像、三维影像数据、音频、视频、工作文档和软件资产等一系列数字资源。基于此，本章对可移动文物的数字化展开介绍。

第一节 可移动文物的数字化技术手段

一、数字藏品资源的管理机制

灵活的资源组织管理模式是数字博物馆设计的关键之一。数字博物馆的藏品种类繁多，数据量大，涉及的学科领域广泛，因此需要便捷的资源管理和访问方法，对数字资源进行统一管理，为数字藏品的添加、预览编辑、获取提供支持，实现从数据采集加工、数据管理到数据资源发布的管理流程，利用合理的数字藏品资源组织形式和管理方法提供对数字藏品资源的存储、分布式管理、动态布展、交互及保护等多项管理功能。

数字博物馆中的每一件藏品都将分配一个唯一的标识符，并通过这个唯一标识符对数字藏品和文件进行管理。传统的方法是使用 URL 来标识和定位一个网页，但是 URL 唯一定位的功能会随着站点的消失或者网站的重构而失效。因此，数字博物馆的标识符分配和管理机制采用唯一标识符和属性值分开的策略。每个数字藏品存在一个唯一标识符，每个标识符对应着若干的属性值，通过这些属性值来反映当前数字藏品的状态，当数字藏品的状态发生改变的时候，只需要改变它的属性值，而无需改变唯一标识，这样就可以确保唯一标识符的持久性。而在网络资源的唯一标识分配与管理、资源定位机制及元数据互操作等处理技术上，有一些国际通用的标准和领域规范，数字博物馆的资源管理可参照 CNRI 的 Handle 机制、OAI-PMH 及 Dspace 等，以解决藏品管理辖属、存放位置变化所带来的动态定位问题，供不同的藏品资源提供者收集和处理数字博物馆中的元数据，并为用户提供基于元数据的信息服务和基于整合藏品资源的信息服务。

二、藏品资源数字化技术

1.二维数字化技术

二维数字化技术是对藏品或标本对象采用摄影技术对其进行拍照。拍照可采用传统的胶片拍摄，然后扫描入计算机系统；也可以直接采用数码相机拍摄得到数字图像。对于比较大的藏品或标本，还需要从不同的侧面拍摄同一实物的图片，然后对拍摄结果图像进行拼接处理。同时还可以利用光学字符识别技术（OCR）将拍摄到的古籍文字进行识别，获得文本源码，与实物图片一起观赏。

2.三维数字化技术

对藏品进行三维数字化的方法包括基于测量的方法、基于图像建模的方法及基于三维扫描仪的方法。

基于测量的方式是通过测量手段获得数字化物体的几何参数，然后根据这些参数使用建模软件借助计算机系统建立藏品的三维模型。测量手段可以包括工程测量和航空摄影测量等方式。这种方法适合获取对细节程度要求不高的大型藏品，如大片文物遗址、大型建筑物和建筑群等；而对于小型藏品，尤其在要表现藏品的表面轻微凹凸等细节方面是无法胜任的。尽管如此，由于基于测量的方法在处理大型藏品方面的优势明显，因此还是获得了比较广泛的应用，成为藏品数字化工作中的一个有效方法。

基于图像建模的方法是通过以藏品对象的图片作为输入，利用计算机视觉等方法来建立该藏品的三维模型。这种方法适用于比遗址范围小得多的场景和实体藏品，如建筑、雕塑等。这种方法的研究是一个交叉领域，涉及计算机图像处理、计算机图形学、计算机视觉及模式识别等诸多学科。目前基于图像的重建技术已经成为一个研究热点，其方式有很多种，利用人工透射在物体表面的阴影建模，利用几何信息建模，利用物体轮廓信息建模，采用立体像对重建的方法等。

在藏品的三维信息获取中，还有一种非常有效的方法就是使用三维扫描仪。三位扫描仪已成为三维藏品数字信息获取的主流技术。它可以快速准确地建立藏品对象的三维模型，以满足数字博物馆虚拟展示对藏品精度的要求。

三维扫描技术起源于20世纪80年代。Cyberware公司研制出世界上最早的三维扫描仪，并将其成功地投入使用。进入90年代后，三维扫描技术得到了广泛的应用，到目前为止已有近百种型号的三维扫描仪装置面世。根据扫描仪的工作原理可以分为三维电磁波扫描仪、三维超声波扫描仪、三维光学扫描仪等；根据扫描结果有无色彩信息又可以分为三维单色扫描仪和三维彩色扫描仪；另外根据使用的扫描范围还可分为大型三维扫描仪和小型三维扫描仪等。

随着二维、三维数字化技术的不断发展，数字博物馆藏品将获得精度越来越高的模型和图像，使得逼真度更强，屏幕还原度更高，在线展示更具视觉效果。

三、数字藏品资源的展现机制

数字藏品资源的种类繁多，包括各种类型的二维、三维动画，各种实体模型，各种格式的全景图，以及大量的影音文件等。数字藏品资源的展现技术包括静态展示、动画展示、多媒体展示、虚拟现实展示及互动方式等多种基于 Web 的表现手法和形式。

1.静态展示技术

静态展示主要利用文字、图片、超文本链接等方式将围绕某项展示内容的信息叠加在一起，是数字博物馆的一种重要的展示方式。

文字是传达信息、保存知识的基本工具。数字博物馆中的藏品都是通过文字进行记录和描述的。作为一种最常见的表现手段，文字是二维展示中不可或缺的要素，并且可以很好的与其他表现手段相结合。

目前，数码照相机、数码摄像机及扫描仪的普遍使用，使得图像的获取十分容易。而很多珍贵的历史图片或老照片本身就是具有研究和观赏价值的藏品。在数字博物馆的展示中，数字图片配合文字说明将起到十分重要的作用。

2.动画展示技术

动画展示的优点是生动、形象。对于数字博物馆中的很多藏品，如航空博物馆中关于飞机、航空发动机等工作原理的展示，就适合采用这种方式，同时配合声音、文字等信息，体现飞机的飞行和发动机的原理。

动画展示技术的研究为表现藏品使用的原理、运动的规律或生成环境等方面的信息提供了形象生动的表现形式。

3.多媒体展示技术

在因特网上使用流媒体音/视频技术，可以提供近乎实时的交互性和即时性。例如，在地球科学类藏品中，将有关反映野外地质工作的特点视频或音频媒体压缩成流式文件，存放在流媒体服务器中，配合 Web 服务器上的图文信息，通过 Web 浏览器查询与点播。这种基于流媒体及流式传输技术克服了广播电视定时播放节目和单向传输的弊端，同时比以往在网络上传播的音/视频媒体节省了下载时间和存储空间。尤其是流媒体具有近乎实时的交互性，是以往各种音/视频媒体无法比拟的。

Flash 是 Macromedia 公司出品的矢量图形编辑和动画创作的软件，也是当今因特网上最流行的动画表现形式，并成为实际上的交互式矢量动画标准。在数字博物馆的展示中，很多藏品可以结合 Flash 的动画演示进行介绍，充分调动青少年对藏品的兴趣，在娱乐中学习科普知识，达到寓教于乐的目的。

4.三维展示技术

三维数字化技术能够得到与实物尺寸相同的高精度模型，在文物保护、虚拟展示和研究领域都有着显著的优势和作用。逼真的三维模型既可作为真实藏品的副本保存，为文物保护研究提供完整、准确、永久的数字档案。同时这种通过数字记录的方法为文物保护提供了检测和修复依据，并能够在扫描已知数据的基础上重建已经不存在的，或者已经被毁坏的历史遗迹。在再现考古发掘前后的遗址原貌和重建散落在国外的文物等诸多方面也将起到显著的作用。

多种展现机制的综合运用，使得数字博物馆能够获得丰富多样的在线展示方式，能够根据展品的特征、展示的内容和学科特征，挑选适合的展示方式，组织在线展览。

四、三维藏品的远程渲染技术

使用数字化手段保存珍贵的有形文化遗产，并通过网络进行数字化的展示，从而满足教育和科研人员的需求是数字博物馆建设的重要内容。随着三维激光扫描技术的发展，结合三维建模技术的最新研究成果，人们已经能够精确地获取许多藏品的外部形状和表面特征信息。例如，美国斯坦福大学的"数字米开朗基罗"项目成功地对米开朗基罗的 10 件雕像作品（包括著名的大卫像）进行了数字化，扫描精度达到 0.25 毫米。但是，这样高精度的数字化技术带来的数据量也是惊人的，上述大卫像的三维模型数据达到空前的 20 亿个三角形，而表面纹理使用了 7000 多张高清晰度照片。这样的海量数据对于通过网络展示三维模型提出了巨大的挑战。主要可以总结为下面三个难题。

第一，三维模型数据安全性问题。许多珍贵藏品属于国宝，其三维数据决不允许遭受非法窃取，而通过现有的方法在网络上发布珍贵文物的高精度三维模型难以保证安全性。

第二，客户端机器的图形性能问题。渲染大数据量的三维模型对于计算机的图形系统要求很高，而当前的计算机图形硬件虽然发展很快，但仍然无法胜任大数据量复杂模型的三维渲染任务。

第三，三维模型数据网络传输问题。目前的网络带宽无法满足传输海量三维数据的要求，高精度的三维模型数据量极其庞大，通过网络传输会给用户造成很长的等待时间。

因此，基于三维藏品的远程渲染技术就成为数字博物馆建设的关键技术之一。现有的研究手段包括采用包含简化模型的客户端和包含原始高精度模型的渲染服务器组成的基于远程渲染技术的三维模型发布系统，利用渲染服务器根据客户端的请求对高精度模型进行渲染并返回高清晰度的图像来有效解决上述问题。

五、多馆协同的数字博物馆信息检索机制

数字博物馆是一个有具体学科背景的应用领域，单纯使用通用的信息检索技术解决查询需求有许多不足之处。数字博物馆拥有大量的信息资源，这些资源仅通过浏览的方式进行获取是非常不方便的。传统的信息检索技术都是基于关键字的语法匹配和全文检索技术，主要借助于目录、索引和关键词等方法来实现，但却满足不了数字博物馆的检索需求。

数字博物馆中描述的对象主要是藏品及其数字化资源，所以信息检索服务的检索对象也主要是藏品信息。数字博物馆的信息资源包括结构化与非结构化两种不同的形式。结构化信息主要包括藏品的元数据描述和相关信息，保存于数据库中。而非结构化信息主要包括网页内容，以文件形式存储在文件系统中。结构化的藏品元数据描述信息（数据库形式）、藏品的数字化资源描述信息（数据库形式），以及非结构化的藏品综合描述信息（Web 页面）。藏品和其数字化形态的描述之间有关联关系，在信息检索时，不应该割裂这两者之间的关系。一般来说，对于结构化信息的检索可以采用关系型数据库的检索语言或基于元数据的检索实现，对于非结构化信息的检索则需要采用全文检索技术实现。然而传统的检索技术对于一条检索请求只能执行一种检索策略，无法将对于数据库的检索和进行全文检索的结果进行整合，因此其资源检索结果不能覆盖整个数字博物馆的藏品资源内容。

另一方面，不同领域的藏品资源存储在不同的数字博物馆中，具有分布性和动态性的特征。无论是同一领域的数字博物馆还是不同领域的数字博物馆，其藏品资源都有可能存在交叉和互补。用户的检索请求在不同的数字博物馆返回的资源是不同的。传统的检索技术只能实现单个数字博物馆的资源检索，无法将同一个检索请求发送到多个数字博物馆进行联合检索。因此，其检索结果也无法覆盖不同数字博物馆的馆藏资源。

数字博物馆的信息检索机制应该将领域知识、应用需要和通用技术结合起来，提供比较完善的信息检索解决方案，提供基于多个数字博物馆的协同检索机制，最大限度地发挥各个数字博物馆的资源特色，发挥多馆资源互补的优势，提高数字博物馆的使用率。基于这样的需求分析，多馆协同的数字博物馆信息检索机制应该能够满足以下功能。

1.可根据用户需求（定期或手动启动）自动收集数字博物馆中的信息内容。

2.支持对网页、数据库两种信息载体形式的全文检索功能。

3.提供网页内容抽取功能，屏蔽页面导航条等非有效信息。

4.提供多馆信息检索的协同服务功能，并进行检索结果的综合处理。

5.提供用户对检索范围的定制能力。

六、数字藏品的版权保护机制

数字博物馆中的多数藏品都是非常珍贵的稀有资源，具有很高的研究价值和经济价值，不加任何保护地在公网上发布，会给版权拥有单位或个人带来极大的损失，因此很有必要开发版权的主动保护技术和数字藏品的版权管理系统，保护珍贵数字藏品的版权。

版权保护应使合法用户安全、方便的访问其所需的资源，并阻止非法用户访问资源或在一定程度上使非法使用很困难。此外，在数字藏品被非法使用后，需要能够跟踪并追究相关人员的责任。因此，需要采用能够控制用户对藏品访问的数字权限管理技术，以及能够跟踪用户操作的数字水印技术。例如，利用数字盲水印技术和基于权限描述语言的权限管理机制，并辅助以用户管理、用户组管理、策略管理、藏品管理来实现数字博物馆中藏品的版权保护。

1.数字水印技术

利用数字水印技术可对数字藏品进行版权的主动保护。根据各种不同的数字藏品媒体形式，进行相应的数字盲水印的嵌入以申请版权信息，并可根据用户的身份及地域等不同属性进行动态嵌入，不仅起到保护藏品版权的目的，还可以在发生纠纷时，进行追根溯源分析。同时提供基于Web的藏品访问控制机制，对藏品添加图像水印。数字藏品的提供者可以利用存取权限控制机制，对其拥有的藏品进行展示权限的设置。而一般用户希望浏览受保护的资源时就需要利用访问控制机制进行浏览申请。

2.数字藏品的版权管理系统

另一个版权保护措施是数字藏品的版权管理系统。不同数字藏品的版权保护要求是多种多样的，通过分析藏品使用中的各种不同管理需求开发版权管理系统，达到数字藏品的授权、受限使用目的。该系统的主要实现思路是：在数字藏品的使用过程中，可根据不同的用户身份不同的地域网段、不同的时间段等信息，设定数字藏品的使用权限，实现多层次、细粒度的使用权限管理。例如，高分辨率藏品原稿、低分辨率藏品原稿、嵌入水印的藏品等不同类型数据的浏览下载权限设置；不同类别藏品的使用权限等。

数字藏品版权保护技术的研究和应用，将大大改善数字博物馆中藏品的版权管理能力，提高管理效率。

七、适应网格技术环境的数字博物馆技术研究

近年来，随着网络技术的飞速发展，网络环境中的各种计算资源、信息资源迅速增长，为高效地利用这些资源，网格技术引起了各方面的广泛关注。美国、欧洲等都在建设自己的网格系统。中国教育科研网格 ChinaGrid 项目先期在 12 所大学进行建设，取得了引人注目的建设成果，研制开发的 ChinaGrid 公共支撑平台 CGSP，为基于网格的信息共享、服务共享提供了统一、规范的建设环境。

网格是一个硬件和软件基础设施，此基础设施提供对高端计算能力可靠的、一致的、普遍的和不昂贵的接入。网格是在动态的、多机构的虚拟组织中，协调资源共享和协同解决问题。网格具有以下三个基本特征。

1.协调非集中控制资源。网格整合各种资源，协调各种使用者，这些资源和使用者在不同控制域中，如个人电脑和中心计算机；相同或不同公司的不同管理单元；网格还解决在这种分布式环境中出现的安全、策略、使用费用及成员权限等问题。

2.使用标准、开放、通用的协议和界面。网格建立在多功能的协议和界面上，这些协议和界面解决认证、授权、资源发现和资源存取等基本问题。

3.获得非凡的服务质量。网格协调使用各种资源，以获取多种服务质量，满足不同用户的需求，如系统响应时间、流通量、有效性、安全性及资源重新定位，使得联合系统的功效比其各部分的功效总和要大得多。

基于网格环境进行数字博物馆建设是解决数字博物馆信息整合问题的一个重要思路。数字博物馆的资源分布在全国各个地区。网格可以负责非集中式的资源控制，最大限度地协调和统一分布在各地的数字博物馆资源。同时使用网格，就是使用标准、开放、通用的协议和界面，这样有利于未来数字博物馆的管理和扩充。对于新的数字博物馆资源，只要符合标准的协议，使用通用的接口，就可以在不改变已有数字博物馆系统的情况下，实现简单、无缝的接入。基于目前的因特网，实现数字博物馆的一个瓶颈是网络带宽和运算速度难以满足大量多媒体数据的远程存取。使用网格技术，可以提供非凡的服务质量，使得整合后的数字博物馆功效比原来分散的各个数字博物馆的功效总和大很多。

随着网格技术的进步和推广，融入网格技术不仅有利于数字博物馆知识传播效率的大幅度提高，而且将对基于数字博物馆的知识挖掘和学术研究支撑功能进一步强化。基于网格技术建设数字博物馆网格，一方面有利于数字博物馆的资源整合，另一方面也为面向数字博物馆的信息服务整合提供了可能。基于网格技术所规定的通用协议、界面和标准接口协议，可以在不改变已有数字博物馆系统的情况下，实现简单、无缝的接入，改变目前因特网网络带宽和运算速度限制的大量多媒体数据远程交换和存取。因此，基于网格技术构建数字博物馆是十分有前景的，而且也是可以最大限度地发挥网络资源优势的一种方案。

第二节 数字化对可移动文物的作用

一、数字化在信息社会中的地位、作用

1.在信息社会中的地位

博物馆历来都是受到世人尊重的高尚文化教育机构，但发展到 20 世纪七八十年代，博物馆事业在全球范围出现新问题，一方面各国政府不再大包大养而相对削减经费，另一方面诸如彩色电视机和彩色印刷品等一系列视觉传媒质量明显提高，形成了强势媒体排挤力量，致使许多博物馆感觉到了生存危机。博物馆界共识提高社会服务质量才是唯一出路，除了追求实体陈列质量以外，新出现的数字化手段和网络媒介无疑为博物馆拓展公众利用渠道提供了新的可能。数字博物馆是以数字形式对自然文化遗产的各方面信息进行采集和管理，实现自然文化遗产的信息保存，并可以通过互联网为用户提供数字化的展示、教育和研究等多种服务的信息系统，是博物馆学、藏品及其相关学科和计算机科学等多学科领域知识相结合的信息服务系统。数字博物馆不仅继承了实体博物馆真实性、直观性和广博性的优势，而且能创造出跨学科、跨领域的综合性解惑答疑的工具平台，加上基于数字化网络的远程互动性、主题可选择性，以及媒体种类丰富性和叙述通俗性等，足以使数字博物馆在世人心目中占有崇高社会地位。

作为知识经济的重要载体，数字博物馆本身也是一个创新工程。它改变了以往藏品资源存储、加工、管理及使用的传统方式，成为以数字化手段收集、保护、展示各种重要文物、标本的重要场所，是全社会文化基础设施的重要组成部分，同时也是实施素质教育，提高国民文化素质的重要教育基地。数字博物馆的建设，对于保护和合理利用国家珍贵文物标本，建设数字典藏系统，构建教育和科普信息化基础平台，实现教育和科普资源共享，构建我国现代远程教育和科普基础设施具有重要意义，在推动国家重大信息基础设施的建设进程中也将发挥重大作用。

数字博物馆以其对信息资源的整理加工和有序组织，为"科教兴国"战略提供了更为便捷、有效的发展环境。同时，数字博物馆作为一种新型的博物馆，已成为实体博物馆的一种重要辅助展现形态，它摆脱了实体博物馆所必需的建筑、陈列、开放时间等条件的束缚，突破了时间与空间的限制，使得任何人在任何时间、任何地点都能够获取所需要的自然文化遗产信息。因此，数字博物馆有助于营造出进行全民终身教育和素质教育的良好环境，对于我国国民素质教育将起到巨大的提升作用。数字博物馆的建设为知识传播提供了一种崭新的手段。按照数字博物馆要求组织起来的资源，通过强大的综合智能信息服务，不仅可以实现按照知识体系进行藏品资源的检索，而且还可以实现跨领域跨馆藏的联合检索，使得用户在任何地点、任何时间，只要进入数字博物馆系统，就可以便捷地获得所需目标信息，从而极大地提高博物馆在信息社会中的地位。

2.在信息社会中的作用

数字博物馆作为一种新型的博物馆，主要将实体博物馆的教育传播职能发扬光大，其次还有助于收藏和保护职能的提升，在许多方面具有实体博物馆所无法比拟的优势。

（1）以数字化形式收藏、保护文物标本和其他实物资料

收藏和保护，是博物馆最早产生也是最基本的一项功能。从博物馆的产生历史来看，最初就是从收藏活动开始的。传统博物馆无不含有藏品的储藏库，博物馆有义务收集、整理和展出藏品，使其可以被参观和研究利用。博物馆的收藏目的并不在于物品原初功能的实用，而是当作信息载体加以收藏的，因而博物馆把物证材料和相关信息材料看作同样重要，一旦失去相关信息则实物本身的价值就会降低。数字博物馆的职责并不在于对于实物的保管和整理，而是通过数字化的方式，对藏品信息进行详细的资源描述，拍摄高清晰度的全景照片，建立逼真的三维模型，制作视频动画以反映藏品所处的相关背景（如藏品用途的真实场景、文物的发掘过程、动植物的生存环境等），并按照数字资源建设规范对这些数字化资源进行存储与管理，以便于合理利用这些资源供教育与研究等用途。数字化手段能够以相对低廉的成本大幅度提高相关信息收集的质量（多媒体）和数量（空间占有量小），从而保障了实物资料的实用价值。

我国是文明古国，且地大物博，祖先遗留给我们大量珍贵的各类文物，自然遗产也十分丰富，仅馆藏珍贵文物就多达上千万件，馆藏自然标本数量则多得难以统计。但实体博物馆受限于馆藏空间和维护经费，往往更多资源常年收藏于库房，无法展出与维护。一方面，很多珍贵传世的文物标本无法与公众见面，如建国伊始，领导人特批以重金从香港购回的王献之《中秋帖》等，多年都没有对外公开展出过。另一方面，很多在古代遗址、遗迹上建立起来的实体博物馆，又因为

不适当的人造景观破坏了文化古迹的环境风貌；或对文物进行随意触摸、涂刻而对文物造成危害；或由于长期暴露在空气中，而使得文物颜色褪落、金属腐蚀矿化等。因此博物馆藏品对外展出规模和频率与保护藏品之间存在着不可调和的矛盾。而数字博物馆的虚拟展出却可以有效缓解这一矛盾。大量珍品和易受破坏的文物、古迹可以通过网上虚拟展出而减少实体暴露时间，在一定程度上体现了对文物的保护功能。

（2）以数字化方式对公众进行知识传播与教育

博物馆通过组织展览、展出藏品对公众提供素质教育，传播科学文化知识，是学校教育的重要补充。因此，博物馆教育已成为各个国家普及科学文化知识的重要途径。而一个国家博物馆发展的成败，甚至被认为是衡量这个国家科学文化发展的一个重要标志。在科学技术发展如此迅速的今天，博物馆作为社会教育的重要设施，在普及科学文化知识，提高各民族群众的科学文化水平等方面，有着义不容辞的责任。

数字博物馆在教育思想、教育内容、教育方法、教育手段和教育对象等方面，与传统的学校教育有很大的不同，它具有自身的教育特色，扮演着与众不同的角色。数字博物馆能够有效地传递知识。它的手段更加直观、形象，内容综合性强，面向的教育对象广泛，在普及科学知识方面，更有其特殊的效果。因此，数字博物馆的社会教育具有特别重要的地位，其独特的教育方式，具有不可替代的作用。

数字博物馆能够利用网络多媒体技术、虚拟现实技术和信息资源管理等技术手段，改变实体博物馆平面静态、线性的藏品展示形式，以立体、动态、交互式的非线性方式组织藏品的展示，既可以将分散在各个实体博物馆的馆藏品综合起来进行"展示"，也可以图片、建模或视频等手段展示没有收藏的实物，将线性和平面的知识转化为三维和非线性的立体知识结构，全面科学地表达虚拟展品所承载的信息。所展示的藏品不再为实物所限、专业所限，并能够根据信息技术的不断创新、知识体系之间的相互渗透及最新研究进展加以补充和完善，这是任何实体博物馆所难以实现和比拟的。

数字博物馆运用数字化资源，通过开放的教育形式，丰富多样的陈列方式，面向社会各种不同的群体，把知识传播给观众，使人们可以根据自己的需要和喜好，吸取科学文化养料，得到知识启迪。各种数字资源在数字博物馆中可以根据不同年龄、不同知识结构、不同职业、不同民族的需求进行动态重组，以满足公众对于不同层次和不同领域的知识需求。历史资料的虚拟再现能使人从灿烂的文化中激发起对民族的热爱；从众多的艺术品的全景图片和三维模型中，可以感受到艺术的熏陶，体会文化的多样性，得到美的享受；地质事件的计算机模拟，如板块碰撞挤压产生海沟、隆起造山等，则有助于人们理解沧海桑田的变迁。总之，数字博物馆可以避免枯燥的说教，试图营造一种愉悦的环境，使人们得到启发式的教育。数字博物馆的这种教育，其知识内容具有综合性，方法具有直观性和参与性，对于培养人们的观察能力、思维能力和分析问题的能力，有其独到的作用。

（3）成为科学成果交流的信息平台

世界上许多著名的博物馆，不仅以其丰富的藏品享誉世界，而且在学术界也是具有崇高地位的研究机构，科研成果累累。我国一些著名的博物馆，如故宫博物院、国家博物馆等就是这方面的代表。不少馆藏品本身就具有极高的学术价值。对它们的研究，不仅有助于学术的发展，也为布展陈列工作打下了良好的基础。数字博物馆是保存、保护共享资源的重要手段，由于网络体系结构的开放性，这些重要的科研成果和学术动态可以及时地在数字博物馆中得到体现，是适应时代进步的信息交流和信息服务的基地。因此在促进研究交流和学科融合发展方面能够发挥巨大的作用，也为创出高水平的科研成果提供必要的信息平台。

（4）实现与欠发达地区的资源共享和有助于消除东西部教育水平差距

数字博物馆的建设既省却了欠发达地区耗资巨大的实体博物馆硬件建设和藏品购置费用，更缓解了馆藏实物总是有限的难题，经济意义亦显而易见。数字博物馆通过网络访问或光盘传播可以在任何地区使用，缓解了文化教育事业发展的区域不均衡问题，对于提高国民素质和整体教育水平尤为重要。

尽管数字博物馆在很多方面都具有实体博物馆无法比拟的优势。但是，数字博物馆不可能完全替代实体博物馆的功能。首先，实体博物馆作为公众服务的社会文化机构的性质并不会被改变，实体博物馆将具有永恒的社会和历史意义。其次，实体博物馆作为藏品实体及数字博物馆基础设施管理的实体机构，还将承担藏品数字化信息资源采集、管理，以及数字博物馆基础设施建设、管理和维护的重要作用。再者，对博物馆的理解并不能仅仅局限于其对自然文化遗产的收藏、陈列和研究等具体功能的认识上，博物馆作为一个国家、一座城市的形象设施，还具有传统文化和历史文明"象征"的作用。总之，数字博物馆是实体博物馆部分功能的延伸，而不是竞争对手。

二、基层博物馆馆藏文物数字化保护

随着文化遗产保护工作风险预防思想的持续提高与现代化信息技术的提高，文化数字化保护所需也随之诞生。一方面，通过非接触式的信息搜集与光学检测技术，能够永恒地储存珍贵文物的数据，降低自然与人为要素对文化的伤害，同时能够依托互联网，迅速落实数据分享，给相关专业人才带来探讨资源，提升博物馆工作成效；另一方面，博物馆在储藏、保护文化的前提下，还背负着传递与展出的使命，可是，由于展出方法、参观时长以及文物具体状况的限制，传统博物馆展览方法大部分固化落后，无法使得参观者感受到鉴赏的快乐与文物内涵，更加无法满足民众对深入掌握与探讨鉴赏传统文化底蕴的所需。文物的数字化毋庸置疑对保护、发掘与继承物质文化之使命有着改革性的价值，同样是信息化时期博物馆构建的急切所需。

以蕉岭县博物馆为例。近年来，蕉岭县博物馆在文物数字化保护、管理与展陈展示方面也取得了一定的成绩。但这些工作缺乏统一的构架、统一的标准规范等顶层设计，硬件设施、网络结构以及文物数字化保护建设工作呈碎片化，数字化保护系统间缺乏连通和协作，资源无法共享，文物展陈展示方式也无法满足观众需求的现状有待梳理、整合与提升，急需在文物数字化保护相应政策策略的引导下，运用先进、成熟的现代技术手段进一步加大博物馆的文物数字化保护力度。

因此，针对蕉岭县博物馆文物的数字化采集、加工、存储、管理与利用需求，在整合现有数字化保护成果的基础上，集中文物云计算、大数据、人工智能以及移动互联网等科技，运用高新的数字化搜集技术与多媒体呈现科技，再融合高效的管控体系，建设一个具备开放式结构，高度可延伸与可发展的文化数字化保护制度，借此符合博物馆不断提高的文物数字化保护以及运用所需。

1.蕉岭县博物馆文物基本现状

蕉岭县博物馆是地方综合性博物馆，是公益性事业单位，梅州市爱国主义教育基地，市、县文明窗口，县级国防教育基地，成立于1984年6月，隶属于蕉岭县文体旅游局。以征集、收藏、研究、陈列、宣传蕉岭县地方历史文化文物为主。主要藏品：陶器类、瓷器类、木雕类、明清古堂画、名人名家纪念书画等各类文物，共8600多件，珍贵文物200余件/套。馆藏文物上溯远古，下迄近代。

2.开展文物数字化保护工作的必要性

近些年文博行业蓬勃发展，国家对文博工作高度关注，2016年国家就出台了加强文物工作的政策性文件；政策上的支持让文博行业在"互联网+中华文明""双创"等方面都得到了相应的政策支持，政策的支持为文博行业注入了强大动力，不仅督促文博单位更好地保护文物、展示文化记忆，也活跃了文化市场，给企业带来市场机遇。同时近年来新技术发展日新月异，云计算、大数据、3D建模技术、AR、VR等技术已经非常成熟应用于各个领域，技术的发展也为博物馆迎来了新的保护和科技展览手段。加快蕉岭县博物馆文物数字化存档的进程，解决大量损坏文物的修复、实物展览和现场参观制约等问题，全面实现文物数字化保护势在必行。

（1）数字保护、虚拟修复的需要

随着时间的发展，文物破损甚至是消失是无法避免的，现阶段可以实现的就是尽可能延长其存在的周期。所以，从新时代而言，保护仅仅只是暂时的，保护与探究是需要一同开展的，尽可能储存历史资料。即便有一天文化腐化了，子孙后代仍旧能够依靠丰富的资料与高新技术掌握这一时期的文化瑰宝，将高新的3D扫描技术运用到文化保护工作中，将全部的文化开展扫描同时进行还原，呈现出文物的精巧美妙、巧夺天工、浑然天成的色彩，均会如同身临其境一般直观呈现在大家的面前。三维画面不但能够运用至鉴赏，还能够精准测量每一个文物的实际规格、结构等，从此之后还可以参考三维图来探讨，甚至还原出实际物体，使得文物永恒不朽。

（2）活动展示、推陈出新的需要

如何在重大活动或馆际交流的创新展示、不断超越，是摆在相关负责人面前的一道重要课题。展示是一门复杂的综合类学科，呈现技术进步到新时期，从最基本的传统陈列类模式，转变到现阶段的多媒体模式以及机电一体化模式，再到现今正在发展的互动以及交互的集成体验类数字技术，其发展目的可以说是越发清楚，也就是以人为本。呈现技术的关键价值就是要尽可能呈现其所需要表达的内容，而呈现内容最终的欣赏者就是参与展览的民众。也可以说呈现技术的进步，与民众越发浓烈的体验欲望以及感知心理有着直接的联系，呈现与民众之间的双向联系不断依托数字展示技术得以实现。

尤其在新冠疫情暴发之后，缺乏线上内容无法有效地进行文化资源传播，迫切需要解决这方面问题。

（3）历史研究、文化传承的需要

运用数字化手段，采用图形图像处理等信息科学新技术，穿越了时间的壁垒，使历史得以数字化再现，仿佛历历在目，文化得以信息化传承，是文化遗产的数字化研究、传承的新需要。

（4）地方经济、社会发展的需要

通过数字博物馆的建设，将更好地宣传推广馆藏文化，带动文化产业的发展，维持产业化带动经济，吸引诸多与旅游、IT产业有联系的企业，促进现代化服务行业的转型，构成旅游产业带动信息产业进步，信息产业回馈旅游产业的融合进步趋势，推进信息化时代的发展。

3.文物数字化保护存在的问题

蕉岭县博物馆在文物数字化保护环节中对文物数字化保护工作已经开展了一些工作，在文物本体信息化搜集、文物馆藏管理、文物展陈展示等方面均有所涉及，收集了一定量的文物信息，这些工作为蕉岭县博物馆进一步开展文物数字化保护工作打下了良好的基础。但是，蕉岭县博物馆在馆藏文物的数字化保护工作方面尚有不足，专门针对文物特性的相关数字化保护平台尚未建立，已有相关联系统的功能也不完善，深度不够，存在许多问题，难以满足馆藏文物日益迫切的数字化保护需要。

（1）珍贵文物保护数字化程度偏低

博物馆受人力、物力、财力等方面制约，文物数字化保护工作一直没有很好地开展。另外展示面积有限，使得一些国宝级文物很难与游客见面，博物馆的社会收益无法获得充分体现。所以，怎么运用高新的信息化技术对文化落实保护与传递已成为蕉岭县博物馆急需解决的问题。

（2）馆藏文物管理平台的缺失

从当前蕉岭县博物馆对部分文物的数字化信息采集看，同一文物的数字化资源分散在几个管理应用中，这些资源包括文物本体数据、文物多媒体数据、二维图像数据以及博物馆相关的发布内容、活动照片等。由于管理这些数字化资源的系统相对独立，无法互通互联和数据共享，软件的功能也有所不同，因此，工作人员需要适应不同的管理应用软件，管理效率较低，这都不利于数字化资源的保护与应用。在数字化资源的管理方面，没有统一的数字化资源管理软件对馆内所有的数字化资源提供采集、存储、使用、审核功能，也没有一个统一的数字化资源收集与检索软件，难以对蕉岭县博物馆内文物本体数据、文创作品数据、文物知识资料等数字化资源落实管控与运用；在资源运用环节，分散的数字资源管控首先提高了资源获得的难度，职工为了一个主题必须到各类软件中找寻资料。其次，资源的审批运用未开展规范化管控，为了对数字资源落实保护工作，通常必须进行繁琐的环节。最后，用于展陈、宣教的数字化资源的内容编辑和发布不方便，没有一个统一的发布软件，工作人员往往要针对多个发布的目的地多次编辑内容，重复劳动的工作量巨大。

（3）数字化陈展内容较少且单一

蕉岭县博物馆其展陈到展出文物数量繁多，展出文物无论是背景还是历史意义均不是三言两语可以描述的，但是蕉岭县博物馆现在依然在使用一种简单、基础的展陈方式一文物展板来起到提升展陈信息量的方式，但是这种方式对展厅中展出的文物是远远不够的，先前蕉岭县博物馆已经与展厅设立了一些多媒体动画的展陈方式，该处数字化展陈效果优秀，给观众一种全新的数字化体验。可以很好地活跃气氛，增加馆内科技含量，提高馆内现场人气度，吸引游客驻足观赏，大大提高了博物馆知名度和对蕉岭地区历史文化的理解。但是仅仅是简单数字化展陈的运用远远不能达到蕉岭县博物馆宣传和教学的要求。

（4）展陈设备陈旧、展示手段与精美度不足

蕉岭县博物馆目前仍存在着文物数字化资源展陈展览欠缺高新技术支持的严重缺陷。多媒体互动装置不足，已经难以符合民众对数字化互动感知的所需，并且设备老化较为严重，需要经常维护。因此，急需借助互联网技术、数字技术、虚拟技术等进行全面提升。

（5）缺少智能导览系统

目前蕉岭博物馆缺少智能导览系统，观众在馆内无法利用智能移动终端导览 APP 来辅助参观，观众参观只能通过有限的展板和文字介绍来了解文物及其反映的历史文化，不利于观众的参观和学习，也不利于扩大馆内文物和展览的影响力。

4.文物数字化保护需求

众所周知，文物的珍贵性是基于文物作为人类有形的历史记载，通过长期的发展，又极为欠缺，具备无法复制性与唯一性。珍稀文物的实体储存由于其容易损坏也有着严苛的运输与空间限制，不利于异地甄别、展览与沟通，这就在较大范畴内限制了珍稀文物的探究、甄别与资源分享。大家依靠对珍稀文物的关键特性比如外表、构架、规格、色泽、纹路、质地以及原始储存环境等信息的数字化撷取，就能够对珍稀文物落实数字化的信息管控与存储，将充分提高珍稀文物的数字化信息量与安全可靠程度，理论上而言能够将已经搜集的数字化资料永久的储存，即便原先珍稀文物实体内破坏或者是腐化。这一数字化的资料管控与存储不单单是数字化时期对珍稀文物，并且也是对其他文物资料数据的时代所需。

珍贵文物的数字化保护、管控与呈现发挥了难以预估的价值。首先，这一类数字化的数据，储存与搜索较为便捷与迅速。其次，所搜集文物历史资料的数据承载的物理体质充分锐减，便于携带，容易存储。再次，能够低消耗无差异复制，有助于传递与分享。最后，随着信息技术的快速进步，分散在世界各个区域的文物史料资料参数获得充分融合，互联网已经成为一个巨大的文物史料信息库。

现阶段，文物数字化保护思想已经成为国际文化遗产保护的共同认知。信息技术的快速进步，促使人类社会步入了一个全新的时期—数字化时期，数字化技术对博物馆的呈现提供了一个全新的途径。网络化、智能化、集成化的数字化科技势必会作为博物馆发展的一大态势。蕉岭县博物馆因为资金投入欠缺、技术装置限制、数字化保护管控思想不充分等因素，大多数文物仍旧赤裸地放置在展览台中，并未合理地落实数字化保护工作。数字化技术的应用，可以打破传统的展台、展架、文字展板与各类灯光的展览模式，促使展览活动具备较为突出的互动效果、多维性与体验享受，最关键的是数字化能够促使博物馆的容量无限大，并且改革与保护相应传统展览更加便捷

与更加必备性价比。

从蕉岭县博物馆数字化保护构建的实际状况、问题而言，博物馆文物数字化保护构建的功能性所需重点分为下述几点。

（1）珍稀文物的呈现所需，珍稀文物因为其容易损伤，不容易异地沟通，促使诸多珍稀文物常年只能够储存在一个区域，导致诸多民众难以实现一睹尊荣的愿望。运用虚拟现代科技，能够对珍稀文物落实数字化的呈现，能够将世界各个区域的诸多不容易鉴赏、难以欣赏的文物更加轻易地汇聚在一起，不会遭到时间空间的制约，促使各个区域的民众一同鉴赏。对珍稀文物的保护、探讨与知识推广具备正面的价值。

（2）珍稀文物的数字化修复与还原所需，在珍稀文物探究过程中，对诸多珍稀但损伤的珍稀文物的恢复与还原始终占据关键的地位。近些年来，诸多较为珍稀却破损的珍稀文物，过去民众均是通过常规的手工技艺恢复上述破损的珍稀文物，通常必须通过海量的测验与研究加工，也难以获得较为合理的恢复与还原成效。具备数字化的虚拟现实科技，民众能够在电脑虚拟世界之中方便地加工、修订以恢复还原破损的珍稀文物的原先面目，借此实现最合理的艺术效果。这个阶段再落实实物加工测验，将获得事半功倍的成效。并且这一虚拟重现技术还能够依靠网络汇集诸多珍稀文物专业人士的探讨成果，博采众家所长，凭借数字化科技加工设计，借此实现最合理的探讨成果。同时能够在网络中分享传递，使得诸多的民众也能够参与到探讨工作中去，共享数字化的探讨收获。

（3）珍贵文物的数字化重现与开发所需，在珍稀考古探讨工作中，重现诸多传说中的失传于世的珍稀艺术珍品同样是关键的探讨内容之一。假如说恢复损伤的珍稀文物还能够依靠存在的实际物体开展推测构建的话，那么历史资料中记录的不具备参考的珍稀艺术作用，则完全必须通过想象来落实测验，虚拟现实科技可以将这一想象能力发挥到极限。并且民众还能够对设计思想中的珍稀作品最先开展虚拟研发，开展数字化的整体规划，当获得满意的外形颜色等成效，搜集到合理的信息特点，再落实实际物品的加工，将充分提升珍稀作品的成功几率。

（4）文物数字化展示需求博物馆的展示系统是一个典型的信息技术产品，可以大大提高观众对博物馆以及其展品的认知程度。近年来智能手机和平板电脑的快速发展，出现了能够自动收集信息、发送信息并且根据信息采取某种行为的传感器，这为个性化文物展示系统的开发奠定了良好的技术基础。

总之，博物馆受限于空间、展示形式的固定化，不能把所有的珍贵文物都展示出来，容易损坏，只能静态展示，要传达给观众的信息也因之而成为一种类似于学校教育的形式，再加上实物展览有很多局限性，只有进入博物馆的人才能看到展品，这些都制约着博物馆服务社会大众，展示、教育和研究功能的发挥，制约着博物馆的自身发展，达不到与国际博物馆接轨、国内领先的发展目标。而数字技术在展示的应用，可以极大地解决传统博物馆受展示空间和时间等的限制问题，彻底地改变以前的展示手段，极大地提高博物馆展示的效率和展示方式，使博物馆展示内容灵活多样，信息量更丰富。博物馆数字化的目的是使博物馆展示越来越突出入性化、智能化等特征，为观众提供人性化、便捷灵活的博物馆展示服务。

第三节 可移动文物数字化处理案例分析

文化遗产是中华五千年悠久历史的重要载体，是传承文化的特殊资源，也是连接过去现在与未来的重要途径，在我国政治、经济、文化、社会中的作用日益凸显。由于传统保护方式的局限性，其面临着巨大的挑战：

1.记录手段单一，传统文物保护手段主要采用拍摄及线画图的方式进行文物相关信息的记录，信息多样性较差；

2.发掘现场坍塌碎片成堆，手工复原的周期长，且易对文物造成二次破坏；

3.传统的展陈方式受时空限制较大；

4.手工绘图纸质管理效率低、占用空间大且不易检索和查找。传统的实体保护仅能延缓本体消亡时间，然而，数字化文物保护技术（记载、修复、展示、管理）却能有效重现文物的生命力，计算机图形图像处理、计算机视觉、人工智能及虚拟现实等信息学科前沿新技术能够提供新的思路、技术和方法，助力文化遗产数字化保护领域的研究工作并推动相关技术的应用和落地。

兵马俑是中华文物最典型代表，具有2300多年的历史，举世无双的世界八大奇迹之一。其规模宏大，具有陶俑15000多个，均高185 cm，个重约160kg，类型众多，个性鲜明，世界上绝无仅有的雕塑艺术品。因此，兵马俑的保护具有巨大的挑战性：

（1）打磨粘接实体试拼合，易造成二次损坏；

（2）人工修复周期长、误差大。以秦兵马俑为例：一号坑最早发现修复40年人工修复1000余件，仅占发现俑数8 000余件的1/8。因此，利用数字化手段对其进行修复和复原，具有重大的意义。

针对上述需求，西北大学可视化技术研究所项目组经过多年研究，在古人面貌虚拟复原、复杂外观文物数字化、考古遗址场景建模与展示、考古过程记录与应用、破损破碎文物虚拟修复、文物碎片自动分类、文化遗产的数字展示传播这 7 个方面取得了系列成果。

一、秦陵文物数字化及虚拟复原研究

1.古人面貌虚拟复原

颅面形态学研究创建了世界上样本量最大、类型最全、精度最高的蒙古人种颅面数据库。同时，结合法医人类学知识，建立了颅骨面貌复原知识模型，并与公安部物证鉴定中心合作，颁布实施了颅面复原国家行业标准。

（1）基于最小二乘回归的颅骨面貌复原方法

本项目组提出一种基于最小二乘回归的颅骨面貌复原方法，该方法基于现代人颅面数据库，首先，分别为颅骨和面皮建立统计形状模型，然后，在形状参数空间中训练最小二乘回归模型。对于未知颅骨，将其投影到颅骨形状参数空间，使用最小二乘回归模型重建其相应的面貌。该方法能很好地反映随机变量的真实分布规律，有效提取颅骨和面貌的内在关系，使得复原结果准确性更高，科学性更强。可应用于历史人物的面貌复原和刑事案件中遗骸的身份确定。

（2）结合改进卷积神经网络和最小二乘法的颅骨性别鉴定

传统颅骨性别鉴定方法大多需要专家参与，导致鉴定结果依赖人工标定的准确度及主观性等问题，本项目组提出了结合改进卷积神经网络和最小二乘法的颅骨性别鉴定方法。首先，计算给定颅骨模型的多视图，并利用改进的 CNN（卷积神经网络）估计每个视图属于男性和女性的概率；然后将概率均值作为特征，基于最小二乘法获得每幅视图属于不同性别的权重；最后，利用上述步骤得到的最优参数构造决策函数，由决策值确定颅骨的性别。所提方法无需手动标定和测量，针对完整颅骨性别鉴定的准确率能够达到 94.4%，针对不完整颅骨的性别鉴定准确率可以达到87.5%。

2.复杂外观文物数字化及模板库构建

为了高效管理和展示出土文物，需要对文物进行数字化建模。在建模过程中，要解决的关键科学问题主要是：文物表面纹饰的高精度表示；文物几何形态的建模与可视化；文物数字化模型格式优化。

针对这些关键科学问题，本项目组开展了系列研究，构建了近万件出土文物的表面和几何形态的高精度数字化模型及记录。

（1）基于八叉树和三维 K-D 树混合索引的点云文物数据表示方法

针对点云的无序性和海量性这两个特点，同时避免降维过程中引起的信息损失，为了将点云模型转化为能直接在深度网络中处理的形式，本项目组提出基于八叉树和三维 K-D 树的混合索引的点云文物数据表示方法。首先，将点云体素化，然后，生成该体系化模型的八叉树，在对八叉树进行编码时，逐层索引构建八叉树。为了克服八叉树结点搜索效率低的问题，同时构建 K-D 树索引对单个三维空间点进行检索。算法的具体步骤如下：

1）将无组织的点云转换成体素空间；

2）在体素空间中对点云模型进行八叉树空间剖分，区分并标记空节点和非空节点，统计非空节点的总数；

3）根据八叉树叶节点的数量，为每个叶节点开辟存储空间，对八叉树编码；

4）从第 0 层起，自顶向下逐层构建节点间的关系，每次只处理一层，对每层节点并行处理。

（2）文物三维扫描与网格生成

针对三维有限元网格的生成速度较慢并且网格质量不高的问题，提出了一种基于约束波前法的三维有限元网格生成算法。算法的主要思想是用背景网格提高网格单元的可控性，避免网格单元生成时验证有效性的计算量，从而快速生成高质量的三维有限元网格。方法的具体步骤如下：

1）借助八叉树方法生成背景网格；

2）利用背景网格的密度对模型表面进行三角剖分得到初始波前；

3）依据背景网格的特征生成实体网格单元；

4）采用网格光顺的方法对得到的结果进行优化。结合了八叉树和推进波前法的三维网格生成算法降低了波前法的时间复杂度，将其效率提高了 20%，而且能得到更高质量的网格。

（3）兵马俑甲胄模板库构建

秦俑甲胄模型表面一般会存在着具有一定规律性和重复性的纹饰，如能将这部分特征提取，就能实现对甲胄模型的自动识别分类，可系统化管理和智能化复原。模板的建立可有效减少文物模型识别分类中数据集的规模，提高分类和修复的工作效率。兵马俑甲胄模板库的构建约束具体为：

1）局部特征中形状较完整的模型可直接存入样本库，局部特征具有微小瑕疵的利用交互式方法进行修正，若局部特征可以通过库中已有模板的刚体变换得到，那么这类模型不入库；

2）利用已入库的模型的特征，检索相似性较高的匹配模型并入库；

3）对每个模板的匹配结果进行统计分析，将匹配次数极少（少于给定阈值）的样本从库中删除，由此对模板库进行动态调整。根据以上模板库构建约束，可以实现兵马俑甲胄模板库的构建，

246

并进一步支撑甲胄碎片模型的识别和检索。

（4）构建部位特征样本库

从相关历史文献中可知，秦俑在制作过程中，其尺寸和结构均按照真人比例仿制，即所谓"千人千面"。由于其按照真人比例仿制，那么秦俑碎块通常只会属于人体的某一特定部位：

1）头部；

2）身体躯干，主要包括肩膀、胸腹、腰及背部等，这类碎片通常由战袍、铠甲等组成；

3）手臂；

4）裙摆；

5）腿、脚部及踏板。

通过对模型进行一致性分割，可以按部位建立样本库，具体步骤如下四：首先，利用特征提取算法分别对碎片模型进行特征提取，特征可包括几何特征、颜色特征和纹理特征等；然后使用上述中描述的甲胄模板库的构建约束构建部位样本库。值得注意的是，已建立的甲胄模板库可直接作为身体躯干部位样本库。

3.考古遗址场景建模与展示

相较于单个文物，遗址遗存数字化中的难点主要表现在：遗址遗存的体积较大，利用三维扫描仪无法直接获取遗址的整体数字化模型；扫描获取的数字化模型占用内存大，使得处理的计算复杂度提升。

（1）基于区域分割的低覆盖点云配准算法

针对低覆盖点云配准的时间复杂度高、收敛速度缓慢以及对应点匹配易错等问题，提出一种基于区域分割的点云配准算法。首先，利用体积积分不变量计算点云上点的凹凸性，并提取凹凸特征点集；然后，采用基于混合流形谱聚类的分割算法对特征点集进行区域分割，并采用基于奇异值分解（SVD）的迭代最近点（ICP）算法对区域进行配准，从而实现点云的精确配准。

（2）基于变分水平集的三维模型复杂孔洞修复

针对遗址三维模型扫描及重建后存在大量复杂孔洞的问题，提出一种孔洞修补算法。首先，构造符号距离函数，孔洞所在曲面用静态符号距离函数的零水平集表达，另一动态符号距离函数表示初始曲面；然后，借助隐式曲面上的变分水平集，通过设计全局的凸优化函数模型，并对其极小化优化，将提取孔洞边缘的问题转换为维体上隐式曲面的演化过程；最后，以提取到的孔洞边缘曲面作为初始观察面，通过卷积和合成两个交替的步骤进行体素扩散完成孔洞修补。实验表明该算法能够有效恢复复杂孔洞区域的显著几何特征，且适用于含有网格较多模型的孔洞修复。

（3）一种特征感知的三维点云简化算法

提出一种特征感知的三维点云简化方法。通过构造八叉树搜索每个点的 k 近邻点，并计算每个点的法向量，以此检测并保留边缘点；使用期望最大化算法对点云进行聚类，并确定高曲率的点；使用边缘感知的有向 Hausdorf 距离方法进行点云精简，合并前述点云并删除重复点，实现模型简化。该方法适用于不同曲率变化的模型，并且能够在保留尖锐特征的同时显示模型整体轮廓。

4.考古过程记录与应用

本项目组为首家将虚拟拼接的基础理论方法应用于考古过程记录的研究团队，主要应用为：

（1）秦俑一号坑三次发掘；

（2）秦陵 K9901 坑数字化建模保护全过程。

在考古过程中，考古人员可以根据挖掘现场碎片的位置信息初步确定碎片的邻接关系，同时根据邻接关系进行碎片其他信息的分析和存储等。基于该需求，项目组提出一种在 VR 环境下的碎片拼接方法，通过对文物三维模型进行数字化处理简化模型后输入到 VR 环境中，采用三角网格化识别文物孔洞的方式对残缺的文物进行文物孔洞识别，计算每个文物孔洞的重心位置，以重心到文物孔洞最远点的距离作为半径，构建文物孔洞碰撞球体。同理，构建文物碎片碰撞球体，当两者发生相交时，自动调用拼接算法，提取文物孔洞的边界主轮廓线、文物碎片外表面与断裂面相交的次轮廓线，利用单位三元组的曲线匹配方法匹配刚体变换矩阵，再通过 SACHA 算法进行粗匹配。最后，调用 ICP 算法对文物碎片与文物孔洞进行精确匹配，实现 VR 环境下的碎片拼接。该方法不仅运算速度快，而且可以辅助文物工作者在虚拟环境下对碎片进行拼接，与现实中的众多碎片进行查询拼接，进而加快兵马俑复原速度，解决了文物碎片复原难度大和速度慢的问题。

5.破损破碎文物虚拟修复

自 2009 年开始，文物数字化保护已和传统保护方式并轨实施，所有数字化建模的出土陶俑均采用自底向上和自顶向下两种拼接方法实现修复。

（1）基于轮廓线双向距离场的文物碎片拼接算法

文物碎片断裂部位往往最容易受损，导致受损断裂面的几何特征不完整，造成传统基于几何特征驱动的拼接方法失效等问题。为此，项目组提出一种基于断裂部位轮廓线双向距离场的文物碎片自动拼接算法。首先，提取文物碎片模型表面的显示脊线，将该脊线作为碎片的几何纹理；然后，采用最小逼近误差法识别表面几何纹理中的显著特征点；接着，获取断裂面上的特征点，从而构建碎片断裂面轮廓线至表面特征点和断裂面特征点的双向距离场；最后，在构建双向距离场的基础_上，利用欧式距离的一致性和凹凸互补性两个条件约束构造特征描述子，并引入特征描述子的匹配度函数，从而确定匹配特征点对，实现碎片邻接关系的计算。

（2）基于形状骨架图匹配的文物碎片自动重组方法

兵马俑碎片表面的几何纹理信息能够有效支撑碎片邻接关系的计算，为了解决断裂部位受损碎片的自动拼接问题，项目组提出一种基于形状骨架图匹配的文物碎片自动重组方法，将碎片匹配问题转化为碎片表面纹饰中非完整纹元的互补匹配问题。首先，提取文物碎片表面的特征线，该特征线构成兵马俑碎片表面的几何纹理；然后，根据几何纹理中完整纹元的形状等信息，设计非完整纹元互补匹配约束，并利用视觉骨架剪枝法计算位于断裂边缘的非完整纹元的形状骨架图，基于形状骨架图语法及匹配约束确定非完整纹元互补匹配对；最后，基于带剪枝深度优先搜索方法搜索匹配碎片，实现文物碎片邻接关系的计算。

（3）基于 Morse-Smale 拓扑特征的文物碎片拼接算法

针对计算机辅助文物虚拟复原中由于破损文物断裂部位边缘受损而引起的轮廓线不能充分表示断裂面几何特征的问题，项目组提出了一种基于断裂面拓扑特征的破碎文物自动拼接算法。方法具体步骤如下：

1）定义顶点显著度度量函数，提取断裂面特征点，针对断裂面，依据 Morse-Smale 复形理论构建几何拓扑图；

2）定义基准点与 0 值面，并计算目标点的高度差值，然后利用构建的几何拓扑图中的四边形曲面构造特征描述符，该特征描述符能完整描述断裂面的几何形状特征；

3）根据凹凸互补性计算初始特征四边形匹配集并搜索最优匹配集，得到碎片的邻接关系；

4）采用四元组方法计算刚体变换矩阵并完成碎片的拼合。

（4）基于表面邻接约束的交互式文物碎片重组

当断裂部位严重受损时，特征的完整度就会低于有效阈值，此时，基于特征匹配的方法就会失效，因此，项目组提出一种基于文物模型表面纹饰几何特征的交互式破损文物重组方法。首先，提取文物碎片的显示脊线，并用该脊线作为碎片表面的几何结构和主动轮廓线；然后，领域专家根据碎片表面几何结构的连贯性，确定碎片的邻接关系，并基于区域生长法计算表面邻接约束点的最终位置；接着，以表面邻接约束点为中心获取初始匹配点集，利用线段约束得到最优匹配点对；最后，计算刚体变换，实现碎片拼合。

6.文物碎片自动分类

出土文物碎块数量庞大，且不同年代、不同颜色、不同质地、不同纹饰的文物碎块混杂一起，产生巨大的搜索空间和极高的计算复杂度，极大地限制了虚拟复原技术的落地及其在文物修复与保护单位的应用和普及。因此，需要研究智能分类技术，代替传统人工分类，将碎块的搜索空间缩小在有效范围内，支撑后续实体复原，促进现有虚拟复原技术的进一步落地和普及。项目组针对文物碎片的自动分类，开展了系列研究。

（1）基于 C 均值聚类和图转导的半监督分类算法

针对传统图转导（GT）算法计算量大并且准确率不高的问题，项目组提出一个基于 C 均值聚类和图转导的半监督分类算法。首先，采用模糊 C 均值（FCM）聚类算法，先对未标记样本预选取，缩小图转导算法构图数据集的范围；然后，构建 k 近邻稀疏图，减少相似度矩阵的虚假连接，进而缩减了构图的时间，通过标记传播的方式得出初选未标记样本的标记信息；最后，结合半监督流形假设模型利用扩充的标记数据集以及剩余未标记数据集进行分类器的训练，进而得出最终的分类结果。

（2）基于多特征和 SVM 的兵马俑碎片分类

融合多特征能有效提高分类的准确率，因此，项目组提出了一种基于多特征和支持向量机（SVM）的文物碎片分类方法 4。首先，利用尺度不变特征变换（SIFT）算法提取碎片纹理特征，在此基础上构建每幅碎片图像的词袋模型（BoW）。其次，利用 Hu 不变矩提取碎片形状特征；最后，将纹理特征和形状特征结合并通过支撑向量机进行训练，得到相应的文物碎片分类模型。利用该方法进行文物碎片分类，可以显著提高分类的准确率，在此以兵马俑残片图像为实验对象，共计 527 幅残缺兵马俑图像，其中，350 幅作为 SVM 训练样本集，其余 177 幅作为分类模型验证样本集。根据分类要求，实验将采集到的兵马俑和马匹碎片图像分为 5 类：W_1 代表兵马俑的头部；W_2 代表兵马俑的躯干；W_3 代表兵马俑的裙子；W_4 代表兵马俑腿和踏板部件；W_5 代表兵马俑手臂部分。结合采集到的兵马俑三维模型和二维图像，利用 LibSVM 对基于显著几何特征的方法和上述提出的方法进行实验。

（3）基于深度学习和模板引导的三维兵马俑碎片分类

项目组结合深度学习技术，提出了一种基于深度学习网络并结合模板指导的自动方法，对兵马俑的 3D 片段进行分类。该方法由以下 3 个步骤组成：首先，为了解决片段的样本大小不足的问题，通过蒙特卡洛采样执行数据增强；其次，根据其身体部位标记兵马俑的片段，将这些片段的点云数据直接送入 PointNet 训练模型并进行分类；最后，通过确定兵马俑"模板"与片段之间的对应关系，对分类错误的片段进行第二次分类。

7.文化遗产数字展示传播与应用

针对考古遗址和场景的展示和推广需求，项目组研制了文化遗产增强现实展示系统，实现考古遗址和文物的沉浸式多通道虚拟展示。

（1）智慧博物馆

由于博物馆展品种类杂、数量大，2002 年西北大学搭建了利用数字化手段管理展品和虚拟现实技术展示展品的数字化博物馆，为国内其他数字博物馆的开发建设提供了技术支撑。针对海量的文物文化资源难以完成人工标注的问题，智慧博物馆提出基于深度学习的文物文化自动标注技术，构建人工标识训练集及文物文化的深度标识模型，实现文物文化资源（文本、音频及视频）异构数据关联和聚类。针对文物文化资源数据不能与现实世界的事件直接关联，带来文物文化资源不利传播等问题，采用媒体大数据驱动的文物文化智能推送技术，构建文物文化知识库，支撑文物文化语义检索和标识管理，实现切合当前热点的文物文化个性化推荐。针对用户由于各种局限不能到博物馆实地参观的问题，提出文物文化三维数据服务与虚拟展示方法，基于人工智能技术，支撑交互拼接、虚拟修复，实现历史遗物与虚拟文物混合展示与交互，基于 Web 和移动 APP 平台实现创新的文物数字化虚实展示体验技术。智慧博物馆实现文物文化的数字传播与民众普及宣传，提升博物馆服务能力和服务水平，消除数字鸿沟，全方位保存和展示非遗文化和藏品信息，以供参观者、研究者随时访问，补充实地观展的不足，满足人民群众不断增长的精神文化需求。

（2）兵马俑增强现实展示

数字博物馆和互联网上的文物信息都仅以传播文物知识和欣赏历史文物为目的。但是其展示方式缺乏多样性，也无法让人们，尤其是文物爱好者体验到互动的乐趣。因此，开发和设计更具互动性的历史文物展示渠道和传播历史文化的方式是必要的。目前，随着技术的不断革新，增强现实（augmented reality，AR）技术可以为展示文物提供逼真的、多功能的交互。使用增强现实展示应用时可以体验真实感，可以让兵马俑模型以三维立体的方式呈现在人们的眼前，然后，添加缩放旋转等功能，让人们可以了解到文物的方方面面。

为了让兵马俑模型出现在恰当的位置（地面上）与用户合影留念，因此，项目组使用了一个通过自适应单目惯性 SLAM 设计优化的实时增强现实系统，并在这个基础上，对稀有的 3D 点云也进行了深度信息稠密化和平面识别检测。实现模型可以自动识别地面并达到展示的目的。

二、贵州省博物馆文物数字化保护

贵州省博物馆高度重视文物保护工作，近年来在文物保护热潮和国家政策支持的时代背景下，在文物数字化保护方面进行了一些探索和尝试，但整体而言，文物保护仍以对文物本体的保护和对文物进行温湿度监测调控的预防性保护为主。博物馆为实际到馆参观或网络参观的观众提供的文化、教育、审美、艺术等方面的信息服务极为有限，博物馆文化的传播仍处于被动服务阶段。现阶段贵州省博物馆文物数字化保护主要存在以下几方面问题：

第一，文物数字化采集方面。

按第一次全国可移动文物普查工作的相关安排和要求，贵州省博物馆对馆藏文物基本信息进行了采集和录入。由于时间紧迫、人力不足、经费有限等原因，目前录入的仅有文物的基本信息和二维图像，基本没有文物的三维数据，极不利于文物后续保护利用工作的开展。

第二，文物数字化展示方面。

在现代化背景下，贵州省博物馆采用了一些数字化手段来进行展陈，但数量和应用都较少。从新馆正式开馆至今四年多时间，共举办了二十余个临时展览，仅两个展览采用数字化展陈技术制成虚拟展厅。虽然基本陈列展厅已使用视频、音频数字化手段及数字化设备配合展览，但与藏品相关的信息在本体展示中未能实现相互关联，观众无法对文物进行深入了解。此外，目前博物馆展陈的文物虽已达上千件，但更多的文物仍在库房保存，博物馆现有的海量文物信息未能通过现有技术手段与公众分享。

第三，文物数字化教育与宣传方面。

贵州省博物馆虽已通过门户网站、微信、微博等途径进行宣传教育，但由于受前期文物数字化采集、展示不足等影响，文物数字化教育与宣传在平台、内容等方面存在问题。首先，各宣传平台相互独立，平台内容的更新时间与内容并不相同，要获取全部信息需要各自浏览才能实现。其次，各平台是信息发布平台，这导致了互动性、趣味性不足；受各种因素影响，缺少数字化内容支撑，发布的信息量较少。

第四，文物数字化管理方面。

文物数字化管理涉及文物的数据采集、加工、存储、管理、展示应用等。贵州省博物馆参照国家相关法律法规开展工作，但数字化保护处于起步阶段，文物数字化管理不仅缺少数据系统的技术支撑，还缺少相关标准、规范的指导支撑。目前虽对文物进行了一定的数据库采集，如尺寸、照片等数据信息，但采集的数据仅靠硬盘的形式储存，不仅安全性上存在风险，使用起来也不方便。

文物的数字化保护既是不可再生性文物保护的需要，也是网络时代背景下文化传播的需求。在新时代背景和国家层面的重视下，牢固树立"创新、协调、绿色、开放、共享"理念，推进文物信息资源开放共享，把新技术、新方法运用到文物保护中去，保护历史瑰宝，让文物活起来。

第四节 可移动文物数字化的发展趋势

文物也称物质文化遗产，是先人们遗留或流传下来的具有历史、艺术、科学价值的遗物和遗迹，是历史的实物见证。作为文物保护工作者，我们要承担历史的职责，通过技术手段尽可能地让文物"延年益寿"，让子孙后代能继承优秀的文化遗产。但是，也要知道文物的构成物质属于自然界，它们也遵守自然规律，必定会走向消亡。

就可移动文物而言，无机质类文物是从自然界矿产中通过各种物理化学反应等提炼、组合、合成和转化而成，有机质文物是从各种动植物生命体中提取纤维、蛋白等有机物质组成。根据热力学第二定律，所有的自然过程总是朝着分子热运动无序度增加的方向进行，或者所有的自然物质都朝着无序度（混乱度）增加的方向进行。人类创造的世间的一切，从一定意义上说则是"逆规律"行事。比如人类从地球上已经稳定存在短则数千万年长则数亿年的铜矿中（孔雀石、蓝铜矿等）提取出了单质铜，辅以铅、锡，浇铸为青铜器。青铜器亦称吉金，浇铸制成时金光闪闪，纹饰或有红色填涂，成为贵族阶层的使用器或礼器。然经历千年后，青铜器表面大多覆盖绿色（部分蓝色）的锈蚀，将这些锈蚀进行科学分析，绿色锈蚀为孔雀石，蓝色锈蚀为蓝铜矿。其腐蚀过程就反映出青铜器遵守了热力学定律，它在回归本源，回归它所构成的物质最稳定的状态。其他文物也是如此，自诞生之日起，受自然规律支配，自然地朝无序的方向发展，构成文物的物质不断转化，不断趋向更稳定的自然态，也就是我们所说的"老化"。最终结果就是文物的形态结构将被掩盖、混淆和崩塌，人为添加给文物的珍贵历史艺术科学信息将消失殆尽。

现在我们可以采取涂刷防腐和封护材料等技术保护修复手段，还可以提供恒温恒湿、隔绝氧气的存放环境等预防性保护手段，来尽可能地减少外界因素对文物的伤害，从而维持它们材质和外观结构的稳定，延长寿命。除了客观规律的老化，各种风险因素也严重影响文物安全，比如盗窃、自然灾害等。近几年文物安全事故频现，2018 年，巴西国家博物馆火灾，馆藏 2000 万件文物90%"丧身火海"，损失巨大。所以，文物保护工作是紧迫的，需要多管齐下，采取更多的技术手段把文物保护好，起码要把文物所携带的珍贵信息尽可能地长久保留下来，目前有效的手段就是文物数字化保护。

1.工作内容

文物数字化保护工作内容相当丰富，具体可参见《国家文物局办公室关于加强可移动文物预防性保护和数字化保护利用工作的通知》。该文件明确了数字化保护工作内容，对文物数字化保护研究和实践具有很高的指导意义。概括来说，可分为采集、管理和利用三个内容维度。

（1）采集是基础

具体来说是把文物所携带的珍贵信息进行数字化转化，转化成计算机信息技术可处理、储存和利用的数据资源。具体手段有文物摄影、高清三维扫描、仪器分析检测等，这些手段可深入探究和有效保护文物信息，弥补一般观察的不足。对于文物摄影，光线的运用至关重要，合理地利用光线可以更好地反映出文物的时代特征和艺术美感。为了弥补普通光源摄影的局限性，还可以采用红外、X射线等进行摄影。红外摄影对于简牍、烟熏壁画等方面文字画面等信息提取有奇特效果。X射线照相又称X射线探伤，可穿透金属等文物内部，对研究文物结构、制作工艺、病害分布、纹饰等方面有很大补充作用。三维扫描技术则脱胎于机械设计，现在普遍运用于各质地文物、古建筑、古遗址信息的提取方面。三维扫描通过光的反射，对点云数据进行处理、建模、贴图，得到的计算机模型在造型、尺寸等方面与真实文物保存一致，纹饰、病害等可以1∶1高精度还原。而仪器分析检测是为了获取与文物产地、制作年代、制作工艺、腐蚀老化等相关的物理、化学信息，并在文物保护修复新材料、新工艺效果评价的实验研究上起重要作用。对于文物实践工作，优先选择无损检测、微损检测，并采取各种不同分析方法联用。

采集是当前急需工作，尤其针对濒危文物而言，尽早把它们所携带的历史、艺术和科学信息进行深入完整提取是非常有必要且有重大意义的。另外，文物本身安装RFID（无线射频识别技术）制作文物电子身份证，也属于文物数字化采集范畴，为下一步搭建数字化信息管理系统打好基础。

（2）管理是保证

文物工作的信息化管理，包括展厅、库房、藏品、考古现场、文物交接运输以及成果数据等文物管理各工作场景要素的信息化管理。利用计算机技术进行规范化管理、大数据分析、科学统筹和风险感知预警控制，最终实现万物互联的智慧文博。

信息化管理，一是充分利用信息系统和大数据分析，科学统计文物数据和整合文物档案信息；二是推进绿色低碳办公，实现标准化流程，减少人为因素对文物工作的不利干扰。随着我国现代信息技术和装备制造的快速发展，当前推进文物工作信息化管理恰逢其时。通过实现文物的信息化管理，达到文物管理的科学化、制度化、数字化，让资源共享，也是落实要求加强治理体系和治理能力现代化建设的基本要求。

（3）利用是目的

将采集的数据、搭建的信息系统进行有效的使用，是我们文物数字化保护工作的最终目的。对于文博单位内部，可辅助文物保护修复和研究工作，比如可以实现虚拟修复复原、辅助修复、无损检测分析、3D打印、数字化拓片、仿真书画复制等。对于社会外部，可以利用触摸屏等方式实现文物多维度信息展示，AR、VR 技术及全景漫游等虚拟现实展示，以及博物馆新媒体传播、移动终端传播导览、数字化文化创意产品开发等创新工作，提高展览体验和传播效果。另外在群众服务上如智慧讲解、文创产品等方面进行大数据分析和信息化管理，不断提高服务质量，也可以采用文物知识动漫与益智游戏、"互联网+云服务"（数字化流动博物馆），增加传播维度。

2.发展脉络

文物数字化保护的概念是谁最先提出的、在什么时间提出的或许很难查证。在国内范围，使用知网引擎搜索"文物数字化保护"主题，采用计量可视化分析来看，自 2009~2021 年共发表 139 项相关成果（2021 年为预测量）。2009 年德国巴伐利亚州文物保护局与秦始皇兵马俑博物馆首先联合发文《虚拟现实-秦兵马俑遗址与文物的数字化保护与展示》，测试了虚拟现实技术用于秦始皇兵马俑坑和兵马俑文物的数字化展示。总体来说，发布机构以大学、文博单位为主，应用研究、技术研究占比大，开发研究相对较少。

2014 年相关研究工作成果爆发，发表 8 篇论文，这与国家文物局等文物行业主管部门对于文物数字化保护工作的重视和资金扶持关系重大。2011 年，国家文物局批复了武汉大学承担的"考古工地的数字化管理及重要遗迹数字信息采集系统研究"，并列入 2011 年度文化遗产保护科学和技术研究课题计划。2012 年，国家文物局批复了《麦积山石窟数字化线描图制作方案》，并建议先从部分洞窟入手进行实践，待成果进行有效评估后再全面展开。到了 2013 年，数字化保护工作在全国迅速普及。大运河成果数字化应用与展示、重庆市馆藏文物数字化保护方案、崇福寺彩塑壁画数字化勘察记录等 20 项文物数字化保护相关项目立项或方案获得批复。

2019 年，财政部、国家文物局联合发布关于印发《国家文物保护专项资金管理办法》的通知，规范国家文物保护专项资金管理，对于可移动文物保护，明确提出资金扶持范围包括国有文物收藏单位馆藏一、二、三级珍贵文物的预防性保护、技术保护（含文物本体修复）和数字化保护等。国家层级的专项资金及各省市专项资金的扶持，极大促进了文物数字化保护工作的开展。2021 年山东省通过了省内 38 项数字化保护方案立项审批，可见数字化保护热度正旺。

从文物数字化保护的工作内容来看，文物摄影、文物分析检测工作本身就是传统文物保护工作的流程内容，而像三维扫描、虚拟现实展示、智慧导览、大数据共享等内容则是近年来随着信息技术的不断发展而引入的。在需求切合、交流碰撞、研究实践中，这些新的信息技术创新点不断取得可喜成果，得到了业内认同。文物数字化保护工作范畴不断明晰，概念不断强化，应用范围也不断扩大。截至目前，数字化保护涵盖可移动文物、古建筑石窟寺等不可移动文物、考古发掘现场和非物质文化遗产等文化类工作对象。国内在文物数字化保护工作方面做得较好的文博单位有敦煌研究院、秦始皇帝陵博物院和故宫博物院等，大学研究机构有浙江大学、武汉大学等。从 1997 年开始，浙江大学潘云鹤等就对敦煌石窟及壁画文物数字化工作开展探索研究，其中有壁画色彩虚拟还原以及以三维和交互式的方式设计虚拟洞窟场景漫游等。敦煌研究院与浙江大学、武汉大学等经过 10 多年合作，总结出一套壁画文物数字化流程、工作规范和实施标准，并取得丰硕成果。2006 年敦煌研究院成立数字中心，成功实现数字化成果的转化利用。如今，游客可在数字中心的 3D 虚拟环境中，观赏高清还原的敦煌壁画和彩塑，观看到普通游赏无法观看的细节。20 世纪 90 年代末，秦始皇帝陵博物院就与日本合作使用 CGI、VR 和多媒体来研究在出土兵马俑的颜色恢复，通过计算机重建对象，并恢复表面颜色和纹理。2018 年，秦始皇帝陵博物院与西北大学联合共建虚拟考古实验室，集中开展秦始皇陵大遗址的数字化、基于数字化资源的秦始皇陵考古研究、兵马俑虚拟修复、虚拟现实展示项目等示范应用工作。

近几年，腾讯、华为等互联网头部企业也积极涉足文博行业，在数字化采集整合、虚拟现实、大数据分析、人工智能等技术领域进行实验。腾讯与敦煌研究院合作，利用微信小程序推广传播敦煌文化，用 AI 技术助力文物修复，建立数字化藏经洞等。腾讯与故宫博物院合作，通过数字化、云计算和 AI 技术，在文物数字化采集与文化研究等领域深入助力"数字故宫"建设。华为与敦煌研究院合作，联合成立文化遗产人工智能和数据保护联合创新实验室，探索双方在文化遗产领域关于人工智能和数据保护技术应用与推广模式，孵化新的应用场景。在大数据中心建设、联合创新、专业人才培养等领域，推进科技与艺术融合的深入研究和实践，共同探索文物保护创新之路。

3.未来展望

文物数字化保护方兴未艾，十多年来取得不少成绩，但也暴露了不少问题：一是数字化保护工作核心内容认识不清。文物工作者往往缺乏现代信息技术知识，将媒体平台传播、数字化与"互联网+"、智慧博物馆、大数据、云计算等概念混成一团，在开展工作时分不清主次。其实文物数字化从狭义讲就是利用数字技术手段对可移动文物的相关信息进行全方位采集。二是缺乏有效的利用手段。现实中，一些单位重采集轻管理使用，投入大量人力物力大张旗鼓搞文物信息采集，之后便存在电脑中无人问津，这样的数字化和沉睡在库房里的文物无异。三是缺乏自己的数字信息化人才。往往是请企业公司来做数字化保护方案，不清楚当前技术能实现多少功能，缺乏数字化保护工作规划和解决方案，无法根据自身实力、资源、受众等进行精准设计和实施。同时企业公司缺乏对各个博物馆的深入了解，或为节省成本，存在使用一个解决方案套用到 N 家博物馆的情况，在数字化保护工作方面形成新的"千馆一面"的现象。要解决这些问题，我们还有不少工作要做。

在提高认识方面：我们要坚持文物数字化保护工作不放松。像巴黎圣母院火灾，不幸中万幸的是十多年前法国曾发起一个项目，对众多法国哥特建筑进行数字化保存，在其网站仍可看到完好无损的巴黎圣母院全景图、细节图以及建筑机构剖面图等，且今后想要修复损毁建筑，这份数字化图集便是可供依靠的原始资料。

在具体实践方面：一是不断加强数字化保护研究开发。从成果对比来看，同样使用知网引擎搜索"文物修复""文物分析研究""文物预防性保护"主题，学术成果数量分别为2946、961、272项。这个结果也反映了文物保护行业各个门类的发展状况，文物数字化保护成果较少，但也具备较大的发展潜力。随着新技术、新设备的加入，采集技术不断提升，技术难度不断下沉，可进一步提高采集数据的精度。随着传感器、屏幕、VI、AI、机器视觉、人工智能算法等信息技术软硬件的不断提升，尤其是作为"互联网的未来"和"人类数字化生存的高级形态"的元宇宙概念的提出，文物数字化保护利用工作会迎来越来越大的发展空间。二是加强文物数字化保护专业知识普及和人才培养。只有这样各大博物馆才有能力，根据自身特点选择适合自身的数字化保护利用解决方案，建立短期和长期发展建设思路和规划。三是加强数字化采集成果的管理和利用。加强数字化信息的安全存储和备份，同时要把数据交给上级文物部门，方便建立大的云平台，统一调配使用。四是拓宽传播渠道，除了加强博物馆自身展览形式的优化、云化、人工智能化外，不断拓宽在其他行业人群的推广普及，比如教育行业已经有了有益的尝试和探索。

在行业管理方面：一是加强行业管理，要着手文物数字化保护标准体系及关键标准研究，建立行业标准，规范行业行为、淘汰落后技术，扶持鼓励创新。二是拓宽资金渠道。目前除了故宫博物院、敦煌研究院等具备显著优势的单位能获得社会资金和力量支持外，其他文博单位则基本依靠政府专项文物保护资金。应解放思想，优化改革事业单位创新机制，吸引社会资本积极广泛地介入文物数字化保护利用行业，通过文物知识产权、各类文创开发等形式，用市场的手段解决大众文化需求才是可持续发展之路。三是行业发展方向上，要坚持走群众路线。目前数字化成果利用手段五花八门，各种技术设备层出不穷。对数字化保护开发者来说，应认清文物数字化保护的核心内容，加强文物数字化保护相关技术和装备研发。数字化成果最大受众就是广大人民群众，人们需要什么，人们想从中学到什么，我们就去提供什么。最贵的技术和设备不一定是最好的，群众想学、爱学和能学会的历史优秀文化信息内容才是关键。切合保护、传承优秀传统文化主旨，打造广大人民群众喜闻乐见的数字化保护利用新愿景是我们的追求目标。

第十三章　信息技术在文物保护与博物馆中的应用

以网络化、虚拟化、数字化为主要特色的数字博物馆，交互性、生动性展示效果明显，有效延伸了博物馆展示的时间与空间。数字资源是数字博物馆的关键，采集、加工、传播与展示数字资源是重点内容，虚拟化、网络化、数字化是主要手段，积极为人类社会发展提供优质服务。智慧博物馆是数字博物馆的发展趋势，其更注重"以人为本"。基于此，本章主要介绍了信息技术在文物保护与博物馆中的应用。

第一节　博物馆数字化科普平台建设

《国家科学和技术发展规划》提出"加快推动现代服务业科技创新"，作为其重点领域的数字文化要加强科技与文化融合，开展文化资源数字化加工与数据库建设，数字内容、数字版权交易、演艺文化传播、数字博物馆、文化旅游、艺术品交易应用示范等。数字文化主要任务之一是研究数字文化资源公益服务与商业运营并行互惠的运行模式，研究突破文化资源数字化关键技术，研发贯通各类文化机构数字化资源的系统化集成解决方案和管理及服务平台，通过应用示范，建立贯通各类文化机构的分布式、可扩展、互操作的数字化文化资源管理与服务平台，开展全媒体手段的数字化资源服务。

目前，我国博物馆的数字化工作正在有序展开，但建设的深度与广度仍显不足。例如，在文物信息采集方面，因受制于采集系统价格、成熟度、效率等因素，众多文物尚未得到数字化保护。有些文物尚未进行数字化信息采集，就因各种原因损毁了。同时，受限于文博单位的展陈能力，大量的藏品没有机会展出，深藏馆中无人知晓。由于实体博物馆只能在工作时段提供现场服务，在非工作时段、面对异地观众时则不具备信息服务能力。此外，也因为博物馆内文物展陈手段的缺乏，许多观众在观赏过程中，由于不了解展品丰富的文化内涵，对本该驻足欣赏、细细品味的珍贵文物往往是走马观花、视而不见，造成了博物馆资源的极大浪费，其文化遗产的教育、传播价值未能得以应有的发挥。自进入 20 世纪以来，教育便成为当代博物馆功能的核心和灵魂，作为学校和家庭教育的辅助和延伸，其特殊的形式发挥着不可替代的作用。目前，越来越多的博物馆成为当地中小学的"第二课堂"、大学生实习场所以及进行"爱国主义教育"的基地，逐步成为青少年教育机构的重要组成部分。因此，建设博物馆数字化的科普平台，对加强馆藏文物的保护能力，促进博物馆的历史文化教育、传播功能，具有重大的现实意义和深远的历史意义。

一、研究现状

随着现代科技的快速发展，文化与科技的联系日益紧密，"数字博物馆"便是文化与科技充分融合的经典实例。"数字博物馆"已成为博物馆发展新趋势，其信息能以文字、符号、图像等形式，记录、描述、复制、加工在数字载体上，借助虚拟现实、三维图像、声音、超文本链接等途径来弥补文物实体因受到条件限制而不能经常更换或展出的缺陷。目前，国内许多博物馆的数字化建设以及"智慧博物馆"建设正如火如荼地进行中，博物馆已走向文化和科技融合之路。

四川省博物院建立了多媒体导教可视化系统，多媒体导教可视化系统是面向观众个人所设计的可移动导教可视化终端系统，它在四川博物院数字化移动应用所提供的馆内文物、藏品多媒体信息展示、查询等基本功能的基础上，基于互动视频、定位导教技术、观众行为分析技术，结合数字化终端中的方向感应器、重力感应器、陀螺仪、加速度感应器等多种传感器和 GPS，提供针对观众个体的个性化、智能化、具备多种互动方式的数字化展陈展示。系统提供青少年版和标准版两个版本。

金沙遗址博物馆作为"国家一级博物馆"、四川省和成都市的爱国主义教育基地以及科普教育基地，一直注重于青少年教育职能的发挥。建馆至今在青少年教育方面。该馆已研发出一系列形式新颖、富含金沙特色的青少年教育线下活动，同时不断建设线上项目配合线下项目的开展，并于 2015 年"中国文化遗产日"正式启用以古蜀金沙文化为主题的"青少年教育体验区"。2014年 3 月，金沙遗址博物馆作为国家文物局智慧博物馆试点单位之一，重点研发建设青少年教育的线上项目，完成的工作有：观众数字化服务系统金沙社教活动版块、"古蜀金沙"青少年教育课程视频动画短片、"古蜀金沙"文化教育游戏、网站升级版本之青教版、金沙网站青教版之数据呈现等。

甘肃省博物馆使用了新技术手段，目标在于最大限度、更大范围地吸引公众走进博物馆，让全社会了解、认识博物馆在社会发展中的价值、地位和作用。在新媒体时代，甘肃省博物馆利用"互联网+"思维和相关技术，更好地亲近大众、激发大众的兴趣、寓教于乐，以富有趣味的方式介绍甘肃省博物馆的藏品，增进大众与博物馆的互动。

首都博物馆 2015 年底推出了"读城-追寻历史上的北京城池"展（简称"读城"展），展览运用和囊括了纸艺展陈、视频短片、幻影成像、各式体验活动等展示和互动手段，几乎将北京城池的所有信息"收入"馆中。该展最大的亮点在于邀请了中小学生参与展览的策划设计，深受同学们的喜爱。目前首都博物馆已开始"读城"展的数字化工作，计划将其打造成永不落幕的展览。

二、数字化信息采集技术

文化遗产、文物古迹是古代人类社会流传下来的蕴含整个社会形态及其发展脉络的活化石，是国家身份的象征、民族历史的见证，具有极高的历史、科学文化和艺术价值，是不可再生的文化资源。全面地从信息源头上获取珍贵文物影像资料，尽可能延续其寿命，是文物保护科技领域十分迫切、艰巨而长期的任务，具有重要的现实意义。下面将以博物馆内外景和众多重点文物为信息采集对象，介绍文物数字化采集技术及系统开发的相关内容。

1.高清、超高清图像采集技术

高清、超高清图像采集技术包括二维数字化采集技术、三维全景数字化采集技术。为满足公众通过互联网欣赏博物馆文物细节的需求，需要为公众提供清晰度更高的平面与立体视觉信息。二维数字化采集技术主要针对古籍、画稿、图册、平面纹理等二维文物对象提出的。目前的二维数字化方法一般采用摄影技术对文物对象进行拍照。应用二维数字化技术的典型项目包括：英国国家图书馆、中国国家图书馆等多个文化机构合作的"国际敦煌"项目，其目标是对敦煌文献进行数字化，并将所有敦煌手稿编目到数据库中；浙江大学与敦煌研究院开展合作，研制了壁画图像的自动获取设备并应用于敦煌壁画的数字化工程中；浙江大学还开发了大幅面书画自动拍摄设备，并在宋画全集、中国绘画大系等古字画出版工程中得到应用。但是这些书画、壁画扫描设备在分辨率和速度上还不能适应文化遗产快速数字化的应用要求，分组面阵扫描的高分辨率自动二维信息采集与拼接技术将是未来二维数字化技术的发展方向。在三维全景数字化采集方面，需要能够高效率、高清晰度、高自动化地实施全景三维信息采集的系统。以往全景拍摄技术清晰度不够高，可在该技术上集成基于自动云台、光场拍摄技术的全景采集系统，提升全景影像的清晰度，逐步突破十亿乃至一百亿像素。

2.三维数字化采集/重建技术

三维扫描技术是文物数字化的重要手段，它能以无接触、无损害、全方位完全数字化的方式准确、有效地记录文物真实信息，重建后的三维模型可用增强现实、虚拟现实技术进行互动展示，这对于文物数据留存、数据共享，扩展文物展示空间，展示悠久的历史文化资源具有重要的现实意义。馆藏珍贵文物的三维数字化可提高文物的保护，研究、展示及合理利用，发挥文物的社会功能。由于文物的真实和不可再生等特性，对那些容易损毁的文物，应尽量减少提取、触摸。三维扫描技术是利用三维扫描仪获取目标物表面各点的三维空间坐标以及颜色信息，并由获取的测量数据构造出目标物三维模型的一种全自动测量技术。这是目前博物馆应用较多的三维数据获取方式，其优点是准确性高，易于操作，并能达到较为理想的文物三维数据记录效果。因馆藏文物种类众多、复杂多样、质地不一、尺寸大小不一一对于不同文物需要不同的1描仪设备完成整体及细节部分的数据采集工作。目前国内馆藏文物三维数据的采集方式主要有三维结构光扫描、三维激光扫描以及近景摄影三维扫描技术。无论哪种方式，扫描设备与文物本体都保持一定距离，不直接接触文物本体进行扫描，确保了文物的安全。每种方式在扫描不同材质、不同尺寸的文物时各有优势。博物馆应该根据本馆经济状况、文物类型、材质、体量等特征做适当的选择。后期需要对数据进行拼接、修补、纹理映射等处理，并最终形成完整的三维数据模型。目前，国内博物馆在文物三维数字化采集方面的工作正逐步展开。内蒙古博物院已经完成六百余件（套）馆藏文物三维数据采集，并建立了三维文物数据管理系统。甘肃省博物馆对丝绸之路珍贵文物、彩陶类珍贵文物、嘉峪关壁画幕进行三维数字化采集，并进行全方位多种形式展示、互动等。使展览、展陈的交互可视化得到全面提升，满足观众的多种要求。

3.其他数字化采集新技术

非物质文化遗产（以下简称"非遗"）数字化是随着技术进步而产生和发展的，通过数字化方式，实现对非遗的记录、保存和传播，其重要意义不言而喻。传统的数字化采集方法以非遗资源作为记录对象，通过录入、扫描、摄影、摄像等方式生成数字资源。随着新技术的发展和使用，对非遗的数字化记录方式也可通过手势识别和体感动作捕捉技术来实现。手势部分的数字化记录，如针织的织法记录、刺绣的针法记录、艺术创作绘画和雕刻的运笔习惯和着力点的记录。体感动作捕捉技术主要针对记录传统舞蹈、传统动作或者运动的动作和着力点记录，为未来的训练、模拟和仿制提供最基础的数字化记录。利用手势识别及动作捕捉数字化技术，可以将文物古迹背后的历史背景、宗教文化、传统制作工艺等文化内涵传达给观众。并利用增加现实和虚拟现实技术，将这些文化内涵形象化、具体化，并配合动画、解说等后期效果，带给观众超越视觉感受的文化体验。

三、增强现实与虚拟现实技术

当前在博物馆文物展示方面存在两个尚未完全解决的问题：一方面，博物馆陈列的众多展品常常具有丰富的历史文化内涵，需要采用更好的展示技术向观众呈现其丰富的历史文化信息，从最传统的以静态陈列物件、面板图片、影片播放的方式，到强调动手操作，观众参与，进入到数字多媒体、人机互动等，这方面的探索一直在进行，目前增强现实与虚拟现实技术已经在博物馆文物展示方面显示了其巨大的应用潜力，不仅可以展示文物细节、将文物历史文化内涵形象化，同时也给观众提供了强烈的在场感和参与感；另外一方面，博物馆受时间距离、相关条例和展陈能力的限制常常只能在某一特定地点展出其部分藏品，而增强现实与虚拟现实技术为打破这种时空限制提供了新的解决方案。下面将介绍这两种技术的内容和特点，及其在博物馆藏品展示方面的实现方法。

1.增强现实展示技术

增强现实展示技术能够实时地计算摄像机位置和角度并识别图像内容，在图像特定区域添加虚拟三维模型或者显示相应多媒体信息。一套增强现实系统包括视频获取、图像识别、三维注册（即摄像机跟踪技术）、虚实融合显示等模块，其中图像识别和三维注册是增强现实技术的核心问题之一。图像识别是计算机对图像进行处理、分析和理解，以识别各种不同模式的目标和对象的技术；识别过程包括图像预处理、图像分割、特征提取和判断匹配。精准的图像识别是一个需要大量数据和计算的过程，在增强现实技术中，常常需要识别特定图像并结合相机跟踪数据以完成虚拟物体的注册过程。三维注册即结合跟踪设备的数据来分析虚拟场景和真实场景的相对位置，注册技术的好坏直接决定了虚拟物体在真实场景中位置的准确性。理想情况下，一个好的注册技术能够实时准确地返回摄像机当前的位置，从而能够通过渲染技术将虚拟物体放在正确的位置上。根据使用设备的不同可以将三维注册方法分为基于硬件设备、基于视觉和基于混合跟踪的三维注册方法。在早期博物馆增强现实应用中限于视觉方法的不完善，大多使用基于硬件设备的三维注册方法，使用超声波跟踪器、电磁跟踪器等分析摄像机位置，这些方法需要在博物馆内安装众多基础设施，而且用户需要使用特定的显示设备，现在由于智能手机的普及和视觉跟踪方法的发展，很多博物馆增强现实应用使用了混合跟踪的三维注册方法，利用手机或者平板电脑内置的摄像头、陀螺仪和加速度计等设备实现三维注册过程。

在博物馆数字化应用场景下，目前使用增强现实的方式有增强现实卡片、文化遗址还原、展品虚拟互动、展品相关多媒体信息展示等。增强现实卡片是一种使用增强现实技术开发博物馆周边文创产品的方式，用户使用移动终端的特定应用扫描卡片就可以看到相关文物的三维模型和介绍信息。文化遗址还原是在古迹现场或者针对曾经修整过的建筑，使用增强现实技术展示古迹或者建筑物的原貌；展品虚拟互动应用中观众可以和虚拟的古代生物交互或者体验虚拟文物的使用方式。展品相关多媒体信息展示指利用增强现实技术自动识别相应展品并将附加的多媒体信息在显示器中展品特定部位上显示出来，帮助观众理解展品的历史文化内涵。

博物馆在开发相关增强现实应用时，结合自身条件可以选择自主开发，也可以使用一些已有的增强现实软件开发工具包，它们大多提供了图像识别、三维注册等增强现实技术的基础功能。由于在博物馆应用场景具有其自己的环境特点：光照较暗、无 GPS 信号等；博物馆藏品也包含不同类型：文化遗址、古代器物、古生物化石、古代书画等，在增强现实相关技术方案选型中应结合博物馆自身的展馆环境和展品特点选择不同的实现技术。

2.虚拟现实展示技术

虚拟现实技术是一种可以创建和体验虚拟世界的计算机仿真系统，它是一项涉及人工智能、计算机技术、多媒体技术、计算机图像学、人机交互理论等多种学科的综合技术。在博物馆应用场景下，虚拟现实技术可以跨越时间和空间，展现虚拟博物馆、古代遗址、考古现场和文物细节等，为观众提供高沉浸感和交互感的参观体验。

虚拟现实展示技术的主要类型有四种：桌面式、沉浸式、增强式和分布式。桌面式虚拟现实系统以显示器作为观众的体验窗口来实现系统的交互；沉浸式增强现实系统通过佩戴头盔、立体耳机等硬件设备将观众与现实世界隔离，使其完全沉浸在虚拟环境中；增强式虚拟现实系统即前面所述的增强现实展示技术；分布式虚拟现实系统通过网络将位于不同地理位置的多个用户同时加入一个虚拟现实环境中。即支持多人同时在线体验的虚拟场馆。

虚拟现实技术系统主要包括：

（1）输入输出设备，如头藏式显示器、立体耳机、头部跟踪系统以及数字手套；

（2）虚拟环境及其软件，用以描述具体的虚拟环境等动态特性、结构以及交互规则等；

（3）计算机系统以及图形、声音合成设备等外部设备三个主要部分，具体来说，虚拟现实系统的软件、硬件主要由开发平台、交互传感设备、演示显示设备、三维模型库等构成。应用开发平台是整个系统的核心。负责场景的开发、运算和生成是系统最基本的物理平台，同时还链接、协调相关子系统的工作与运转，与这些子系统共同组成完整的系统。交互系统中通常会借助一些面向特定应用的虚拟外设，主要是自由度虚拟交互系统，如三维空间跟踪定位器、数字手套、数据衣以及触觉反馈系统等。显示系统是虚拟现实系统的重要组成部分，主要的功能就是三维图形的显示输出，其核心部分是显示三维立体的高亮度投影设备及相关组件，它将开发平台生成的场景以大幅立体投影的方式显示出来，将三维虚拟世界高度逼真地展现在参与者眼前，可以方便多人参与。

在目前，较多的博物馆虚拟现实应用使用桌面式虚拟现实技术来展示虚拟博物馆，支持在线的远程浏览；使用沉浸式虚拟现实技术实现馆内文化遗址、考古现场的虚拟参观。如首都博物馆在其官网页面设置了网上体验馆，利用桌面式虚拟现实技术在线展示虚拟场馆，在其馆内妇好墓展览处设置了虚拟现实体验区，使用虚拟现实眼镜可以全方位体验妇好墓的不同发掘层。网上体验馆和虚拟现实体验馆为不能亲自到达博物馆和考古现场的观众提供了新的参观体验，虚拟现实展示技术增加了观众欣赏博物馆珍品的渠道，拉近了展品与观众的距离，同时增加了对文物和遗迹的历史文化内涵的诠释手段，但是目前虚拟现实展示技术在虚拟场景的画质和交互性能方面还有较大的提升空间。

四、智能导览技术

文博展馆是人们陶冶爱国主义情操、享受高品位文化生活的极好场所。随着精神文化生活质量的提高，人们已不满足简单地观赏奇珍异宝，更想了解展品丰富的历史文化内涵。这就需要文博展馆为观众提供规范、详尽的图文解说。此外，博物馆展厅数量较多、面积较大，对参观者来说，往往由于无法自我定位而容易迷失方向，也为寻找下一目的地的行走路线耗费大量宝贵时间。为此，以实体博物馆为对象，研究智能导览技术来代替传统的标牌式信息服务，将移动终端、二维码/电子标签、博物馆信息数据库以及嵌入式 GIS 系统结合在一起，为参观者提供智能化音视频讲解、展馆定位引导服务及其他信息服务。

该系统的博物馆导览软件可在观众通过入口的通信设备（蓝牙、WLAN 等）或博物馆网站来下载、安装在参观者导览终端后使用。参观者在进入展馆后可利用该自助导览系统在感兴趣的展台或需要自我定位的标志物前，用其终端摄像头拍摄相应的二维码或感应电子标签，由此可自动识别相应位置 ID 并显示、播放相应展台或标志物位置的图文、音视频信息，此外也可进一步查询相关服务信息。

二维码/电子标签读取识别系统的主要功能即对场馆内各展台及主要标志物的二维码/电子标签进行读取与识别，由此获得相应位置的 ID 号码。数据库信息查询系统可为参观者的移动终端提供相应的位置引导及服务信息的查询等服务。嵌入式 GIS 展馆信息系统为参观者提供所在位置及路线引导的电子地图功能。定位引导系统是根据二维码/电子标签所获取的 ID 号码，经数据库自动查询所获得的对应相关 ID 的位置及路线引导信息，并以电子地图的形式为参观者提供其所在位置及相应的路线计算结果。

博物馆智能导览系统，通过以上的技术方法可涵盖展前、展中、展后各个阶段的包含馆内外服务的展馆服务。通过预安装 APP、关注微信等形式，在展览前选择适合自己的参观路线和相关知识的普及；在展览中凭借 AR/VR 等数字技术更有趣味性地立体展示展览内容；在展后提供线上交流平台，建立博物馆爱好者的聚落。并且通过将馆内和馆外进行连接，扩展博物馆的服务范围。在馆内通过智能移动进行现场定位和路线引导以及现场互动游戏。在馆外提供精品展项的数字展示、探索式的科普知识表现以及虚拟展馆展示。

五、4D 动感影厅工程系统设计技术

4D 动感影厅工程系统集 4D 特效设备、声光电技术、各种环境特效设备以及精心构思制作的立体影片为一体，使游客完全沉浸在逼真的模拟环境当中，在体验强烈的临场感和视觉冲击震撼的同时，感受高科技产品带来的新奇乐趣。4D 动感影厅是近年来在规划馆、科技馆、展示馆和博物馆等场所备受青睐的特殊展演形式，它相比较于其他类型影院或大型展演系统，具有主题突出、科技含量高、效果逼真、娱乐性强等特点和优势。

4D 动感影厅系统是一个高度科技化的集成系统，也是一个全自动的工程系统。它由放映系统、银幕系统、音响系统、特效系统与控制系统、操作监控一体化等子系统构成，各个子系统协同作用，构成一个整体，共同刺激体验者的视觉听觉、触觉、感觉等各个感官，再现影片主题所涉及环境内的各种细节，以及体验者在特定环境内的遭遇等，营造出身临其境的整体效果。

博物馆 4D 动感影厅系统的主要构成如下：

1.放映系统

采用多台放映设备组成一个画面成像机群，实现完美的立体视觉效果以及超大数字放映效果，并可兼容播放各种高清分辨率立体影片的要求。

2.银幕系统

采用专业金属银幕，还音系统采用国际影院专用扬声器。声源以行业标准六声道形式供应给硬盘播放机，分立的音响声道以及影院扬声器群使声音遍布影院各个地方。

3.座椅系统

采用三自由度液压 4D 动感座椅，除能实现传统的三自由度气动动感座椅的上下、左右、前后三个自由度运动特点外，在运动的柔缓性、动感模拟的精确性都要远远优于气动动感座椅，比电动动感座椅运行更加稳定。动感座椅还具备触须扫腿、喷气、喷水、震动、耳音、捅背、滚珠、香味等特效功能。

4.特效系统

包括电闪雷鸣模拟设备、刮风模拟设备、降雪模拟设备、水雾喷洒设备、触须效果模拟设备、气泡效果模拟设备、烟雾效果模拟设备等，它们或安置在影院环境中，或安置在座椅前方、下方，配合影片的情节发展，再现画面上的情境，全方位调动观众的各种感官活动，使观众全身心融入到影片中去。

5.总控制系统

采用自主研发的影厅控制系统，该系统能够使系统内的各个部件有机、有序地发挥自己的作用，协同作用于观众。程序工程师根据影片的内容，在准确的时间点设定命令，用以控制放映系统、特效座椅、特效设备、音响系统等的开关，使整个影院系统构成一个有机的整体，为观众提供全方位的感官体验。该系统采用简便易行的可视化操作界面，实现一键开关机和立体放映方式与普通放映方式的切换选择。

为普通观众提供基于移动终端和专用设备的文化遗产多媒体信息服务平台，提高了博物馆的科普技术手段和技术水平。将 3D、4D 技术和数字化信息融合在一起，打通文化遗产数字化公共服务的产业链条，构建服务新模式，推动文化遗产公共服务新兴业态的发展。平台的推广不仅可以增加特色文化游览，还为文化遗产地、博物馆周边地区带来持续经济效益。不仅凸显了博物馆的科普教育功能，为周边教育体系提供生动的教学标本，增强人们对历史文化的深入了解和认识，同时也促进了地方文化旅游产业的可持续发展，带动和促进周边地区的社会经济发展。

第二节 物联网技术在博物馆藏品管理中的应用

以秦始皇帝陵博物院为例。

中国作为一个有着五千多年悠久历史的文明古国，蕴含着大量宝贵的文化遗产，人们也正是从中感受到了中华文明源远流长、博大精深的文化底蕴和历史发展的壮阔历程。面对如此丰富的文化遗产，首要任务就是对其进行更好地保护和管理，使其流传千古。博物馆作为文物收藏、展览机构，决定了其工作性质就是要做好这些珍贵文物的管理、保护和收藏工作。因此博物馆藏品管理工作是博物馆的核心工作之一，也是博物馆生存的基本条件。要高效地开展藏品管理工作，必须利用先进的科技手段，实现藏品的数字化、信息化管理。

秦始皇帝陵博物院一直重视数字化、网络化技术在博物馆中的应用。1993 年开发了文物数据库管理系统，录入了近三千件文物卡片档案以及修复保护资料，为博物馆文物研究工作提供广泛的资料服务。2006 年，"GIS 在文化遗产资源管理中的应用"项目的开展，将地理信息技术引入文化资源管理工作中来，为馆藏文物管理，尤其是遗址中文物的管理带来了新的科学手段。2007 年，激光三维扫描技术在二号坑遗址及相关文物中的应用，获取了真实、准确的文物遗址三维信息，使文物信息内涵更加丰富。近年来，"秦俑坑文物监测系统"的建立，对俑坑内的文物进行即时监测，及时了解出土文物保存微环境的变化，为考古工作的有效开展提供了重要信息。

随着高科技的发展，全球信息化进程逐渐从"数字化"阶段向"智能化"阶段迈进。物联网技术将物理基础设施和 IT 基础设施整合为一体，并凭借其高效、准确、灵活和自动化等特点，已在很多领域成功应用，这为博物馆文物管理工作提供了新思路、新手段。

一、物联网技术概述

"物联网"指的是将各种信息传感设备，如射频识别（RFID）装置、红外感应器、全球定位系统、激光扫描器等装置与互联网结合起来而形成的一个巨大网络，其目的是让所有的物品都与网络连接在一起，方便识别和管理。

物联网主要包括三大部分：首先是感知层，承担信息的采集，可以应用的技术包括智能卡、RFID 电子标签、识别码、传感器等；其次是网络层，承担信息的传输，借用现有的无线网、移动网、固网、互联网、广电网等即可实现；第三是应用层，实现物与物之间，人与物之间的识别与感知，发挥智能作用。

目前，物联网技术已经广泛应用到城市基础设施、医疗、交通、制造、能源、环境监测、自动化生产系统以及各种物流管理和安防系统等领域。随着物联网技术的蓬勃发展，利用这一技术来解决文化遗产保护与利用领域所面临的文物或遗址信息的实时采集、文物管理、环境监测，安全防卫、人员管理、观众服务等问题已成为可能。从大型的文化遗产地、文物发掘现场到博物馆的展厅或文物保护修复场地和文物库房，这一新兴技术都有着广阔的发展空间。例如深圳博物馆新馆在馆内的 18 处重要场点分布了信息服务 RFID 智能标签，观众可通过办理智能卡，在参观时通过电子邮件、网上查询以及手机短信等方式查询获取信息。敦煌研究院和浙江大学联合开发的敦煌莫高窟环境监测预警系统，可以随时监测莫高窟 10 个开放洞窟的温湿度及 4 个洞窟的二氧化碳浓度变化。2010 年上海世博会，秦始皇帝陵博物院的"铜车马"展厅采用了无线传感网络技术与现代移动通信技术，实现了展厅环境远程实时监测，使远在陕西的文保工作者可以随时随地跟踪到中国馆"铜车马"展厅的环境变化。国外如马来西亚的一些博物馆应用 RFID 系统，实现了有效识别和追踪管理文物和艺术品的目的。但是在国内，利用物联网技术实现藏品管理工作的依然屈指可数。本研究结合秦始皇帝陵博物院物联网的建设使用状况，就物联网技术在藏品管理中的应用加以分析。

二、秦始皇帝陵博物院藏品管理现状及需求分析

藏品管理工作是博物馆工作的核心业务，其管理对象为所有馆藏文物。藏品管理包括藏品资料管理和藏品实物管理两个方面，藏品管理的过程实际上是通过建立藏品的相关资料体系来实现对藏品实物的管理。根据藏品实物的实时状况来更新藏品的相关资料。最终达到管理好文物藏品的目的。

1.秦始皇帝陵博物院藏品管理现状分析

秦始皇帝陵博物院的藏品主要来自秦始皇帝陵园内出土的各类文物，同时包括博物院通过各种征集方式获得的春秋战国时期以及秦代的相关文物。作为遗址博物馆，博物院藏品中有一部分文物是放置在原址进行陈列展示。因此博物院藏品管理的对象是保存在展厅遗址以及文物库房中的文物。

秦始皇帝陵博物院已完成对所有馆藏文物的编目工作，并建立了文物总登记账和分类账，对三级以上文物建立了藏品档案，同时建立了馆藏文物数据库管理系统，完成了馆藏文物资料的数字化工作。藏品基本资料的建立，实现了工作人员对藏品的统计、查询等功能。

目前秦始皇帝陵博物院对藏品实物的管理主要通过人工清点的方式，定期对藏品的状况及数量进行核查、统计，并做好相应记录。然而，这些以兵马俑为代表的秦代珍贵文物，是研究、展示、宣传中华优秀传统文化的重要实物资料，常常会因为展示、研究、观摩、保护修复等原因导致必要的藏品变动，而藏品的每次变动都会产生一系列文档资料。因此需时刻加强对藏品的实时动态管理。

藏品保存环境的监测也是文物管理的一项重要内容。环境是文化遗产赖以存在与传承的基础，也是影响文化遗产长期保存的先决条件，因此秦始皇帝陵博物院对此项工作非常重视。目前博物

院的藏品保存环境主要包括库房和展厅，凡是存放文物的地方都配有专用的温度、湿度表，对于不同质地的文物，有着相应不同的温度、湿度要求，博物院会根据不同质地的藏品需要来保证藏品存放的最佳环境状态。

除此之外，重点区域的人员出入管理，如同文物的出入库管理一样，需要产生大量的记录，以便于管理者了解工作情况，出现问题时，作为区分责任的重要依据。目前秦始皇帝陵博物院所有文物库房已安装门禁系统，工作人员进出库房需进行读卡操作，同时详细记录持卡人出入库信息。

2.在藏品管理工作中引入物联网技术的重要性

藏品管理工作要求对藏品存放的位置、藏品信息、藏品的保存状况及保存环境因素进行实时记录，对于出入库的文物能够实时掌握其基本资料、提取（归还）人、出入库的目的等信息，准确掌握文物的流动信息。有效控制文物的流动。

秦始皇帝陵博物院虽然已经完成了馆藏文物信息的数字化采集工作，建立了藏品管理系统。但是由于遗址博物馆的特殊性。大量的文物存放在遗址中，且存放密度非常大，工作人员难以靠近文物来核对文物本体信息与数据库中的信息。同时，由于经常参加展览，使库房中存放的文物出入频繁，产生大量的人员、文物的出入库操作记录，而这些记录目前依靠手工记录来完成，不仅记录的信息不完整，而且查询统计不便。此外，藏品的保存环境情况也是依靠人工在出入库时检查并登记，无法掌握保存环境的实时状况。因此利用物联网技术，实现文物信息远程、非接触式的获取，实时便捷地记录各种文物动态信息及存放环境状况，是当前文物管理工作中的迫切需求。

三、物联网技术在藏品管理工作中的应用

目前，秦始皇帝陵博物院已在部分库房及展厅实现了基于物联网技术的藏品管理方法。将物联网的 RFID 技术、传感器技术、视频图像技术及网络技术等应用于藏品管理工作中，建立文物、装具、RFID 标签的密切关联，为每件文物建立唯一的身份凭证。由于藏品管理工作的对象是文物，因此在 RFID 标签的选取及无线监测网络参数的选择都很重要。首先，选用的 RFID 标签是不固定在文物上的有源 RFID 卡，目的是不对文物造成任何损害，此外有源型 RFID 卡能够在较远距离与 RFID 读卡器进行通信，且其内存容量较大，除文物基本信息外，还能够记录登记文物图像等其他重要信息。其次，由于博物馆是相对封闭的环境，特别是秦俑一、二、三号坑监测节点通常布置

于坑底，且游客量大，为保障信息的传输效果，无线监测网络参数的选取也很重要。本次无线传感器监测节点采用的是衍射性较好的 433 MHz 频率进行通信，不但降低了节点功耗，还延长了网络寿命，同时也加强了网络的通信能力。

将物联网相关技术与文物数据库相结合后，使管理人员能够实时获取具体文物的详细信息（包括文物基本信息、多媒体信息、位置信息、保存环境信息等），同时 RFID 门禁系统的自动侦测，可详细、实时记录文物及人员出入库信息，为文物管理提供有效的管理依据和手段，具体可以实现以下功能。

1.文物信息的快速读取和写入

由于被监测的文物上都附有一个 RFID 标签，RFID 标签是由耦合元件及芯片组成，具有唯一的电子编码，从而便可建立起 RFID 标签和文物信息的唯一对应关系。RFID 读写器会发射一定频率的无线电波，当带有 RFID 标签的文物通过固定读写器或手持式读写器时，标签被读写器激活并通过无线电波将标签芯片中携带的信息传送到中央管理系统进行数据处理，从而便可实现读取 RFID 标签中存储的文物信息。或将文物动态变化信息写入 RFID 标签，为文物建立资料库，便于动态跟踪及资产盘点。工作人员通过手持 RFID 阅读器，可以得知有效距离内的所有文物，能够快速地查询、清点、统计文物，提高工作效率。

2.文物存放位置和状态的实时监测

设置并建立文物 RFID 标签与位置 RFID 标签的对应关系。通过读写器将信息传送到文物信息管理系统，工作人员根据系统数据可迅速掌握文物存放的相对位置以及位置的变化情况，起到及时信息定位的效果。对展厅大型陶俑状态的监测，利用视频监控技术，固定角度持续采集被监测陶俑的影像并通过网络传入分析系统，利用系统软件可对持续采集的影像进行对比分析，及时发现陶俑发生的微小变化。并对其状态变化情况及时进行记录，对非授权移动进行报警并跟踪其运行轨迹。

所有加装电子标签的文物在做完登记后，就自动在数据库里建立起了电子标签和文物的唯一对应关系。当文物需要办理出库手续时，把文物放置在读写器上，系统自动读出文物编号，把出库记录写入数据库，同时把出库信息写入文物的电子标签内。当文物没有办理出库手续被携带出库房时，门禁系统会自动检测出未办理出库手续的文物，并发出报警信号，从而加强了文物的安全管理。通过对文物出入库登记，可以有效地跟踪所有文物的去向。当文物入库时，工作人员只需再次阅读文物标签，便可以快速得知文物原有的摆放位置，大大减少人员的工作量，并显著提高文物摆放的准确度。

3.文物存放环境的监测

利用布置在文物周围的各种传感器来自动采集目标区域内的监测数据，如温度、湿度、颗粒物、有害气体等环境要素信息，并将数据通过网络传输至监控中心。监控中心对数据进行计算分析并以图表形式呈现，实现了对文物存放现场环境要素的实时监测功能，这对各环境影响因素之间的关系及变化规律研究提供了辅助支撑。通过长期的监测数据积累，利用系统提供的数据分析处理功能，能够支持博物馆对文物保存环境展开科研。通过科研探索，进一步深入了解文物保存环境变化对文物损害的机理，最终实现对文物保存环境的智能控制，实现文物的预防性保护。

4.出入库人员的管理

利用 RFID 技术、门禁系统，通过配发嵌入 RFID 标签的工作证或身份标志。将电子标签与人员的相关信息和权限绑定，可以实现人-电子标签-人员信息的完全匹配，从而实现对人员信息的动态管理。文物工作人员在通过安装有 RFID 门禁装置的文物库房出入口时，人员信息会被读卡器读入人员管理系统，系统会根据事先设置好的人员出入管理规则，使具有出入权限的工作人员可通过门禁，同时记录时间、行为等信息。而没有证件或证件不合法的人通过时，系统可以通过红外探测等方式检测出来，并传出报警信息，从而有效提高安全管理机制。

四、使用物联网技术进行藏品管理的优势

物联网是现代信息技术发展到一定阶段后出现的一种聚合性应用与技术提升，将各种感知技术、现代网络技术和人工智能与自动化技术聚合与集成应用，使人与物智慧对话，创造一个智慧的世界。利用物联网技术进行藏品的智能化管理，不仅是现代科技发展的趋势，也是今后工作不可缺少的一部分。其优势具体表现为以下四个方面。

1.使用物联网技术，在文物上附加 RFID 标签。可以实时地将文物的位置信息和数据库的文物编目信息进行关联，无需在现场逐一进行清点工作，只需查数据库便可操作完成，大大提高了工作效率。

2.由于 RFID 标签对水、油和化学药品等物质具有很强的抵抗性，基于 RFID 技术开发的辨识器可以在确保 RFID 标签正常的前提下以非常高的准确率从标签中获取信息，可确保藏品管理信息的准确性。

3.RFID 读卡器能够准确扫描带有 RFID 标签的资产，通过在文物库房出入口设置 RFID 读卡器，就可以实时掌握文物的出入库信息，实现文物出入库的实时动态管理。

4.使用物联网技术对藏品的基本信息及实时动态信息进行快速登记和处理，不仅缩短了信息查询和人工登记的时间，还能通过去除繁杂的中间环节，真正实现资产管理工作的无纸化，达到节约人力、物力及财力等办公成本的目的。

秦始皇帝陵博物院正在使用物联网技术进行文物管理工作，虽然现阶段有些方面还有待改进，例如，RFID 标签不允许固定在文物上，可能会造成标签与文物的张冠李戴；一旦停电或设备出现故障，会影响工作的正常进行。但是物联网技术的使用，为藏品管理工作提供了一套智能化、网络化的实时监测手段，使藏品信息的感知更加快捷、准确，实现了文物的实时动态管理、文物清点、查询、环境监测及出入库人员管理等功能，有效提升了文化遗产综合管理水平。今后秦始皇帝陵博物院还将在遗址监测、观众导览、观众服务、观众行为分析等领域引入物联网技术，为博物馆事业的发展起到强大的推动作用。

第三节 智能导览系统在博物馆的应用

随着科技的发展和人们对文化生活品质的追求，越来越多的博物馆通过新技术和新媒体优化陈列展览与公众服务。为满足观众对展品多方位了解的需求，使观众了解"文物背后的故事"，各种形式的数字化导览系统得到广泛的应用。智能导览系统的实现目前有两种类型：专用导览系统和通用导览系统。

专用导览系统主要是指大部分博物馆都配备了供游客租赁的语音导览设备，这是一种软硬件定制的系统，观众可根据语言选择中文、英文、法文等，能够自动感应、自动讲解，参观者携带导览设备进入博物馆后，使用无线射频技术来自动感应，获取文物和遗址的语音讲解信息，也可以通过输入编号的方式自助参观。而通用导览系统以软件形式存在，一般在观众的移动智能终端上使用、参观过程中使用 GPS、WiFi 等定位技术进行信息推送，或通过扫描二维码等手段获得讲解信息。包括微博、微信、掌上客户端等形式。

随着网络时代和移动互联网时代的到来，手机已成为人们生活中必不可少的重要角色，智能手机的应用软件种类繁多，其功能几乎涵盖了人们生活的方方面面，当各类手机应用软件给使用者带来便利的同时，它也将在博物馆宣传教育、陈列展览、馆藏文物、场馆管理中大有作为。

一、iBeacon 蓝牙信标技术原理及应用实例

2013 年 6 月，苹果公司在其全球开发者大会（Worldwide Developers Conference，WWDC）上

首次发布了 iBeacon 技术。这是结合蓝牙超低功耗无线技术（Bluetooth LowEnergy，也就是通常所说的 BLE 4.0 或者 Bluctooth Smart）所开发的一套开放性协议，它利用蓝牙技术创建信号区域，当支持蓝牙的手机进入该区域，相关应用可以进行信息推送或者近场定位导航，还可以和基站进行通信以及数据交换。由于蓝牙模块是移动互联网设备的标准配置，所以这种室内定位系统具备强大的潜在用户基础。

在定位过程中，室内定位 APP 通过 BLE4.0 协议与 iBeacon 建立连接，iBeacon 定时广播自己的接收信号强度指示（RSSI 数值）。APP 获取数值之后经过客户端的实时信号滤波过程，APP 会查询当前环境下所训练的传播参数模型因子，之后会再去 iBeacon 中读取当前 iBeacon 坐标，通过坐标以及 RSSI 建模之后的距离。便可通过定位引擎获得当前坐标值。

而在实际应用中，当用户持有打开蓝牙的设备进入信号区域时，设备上的 APP 会自动检测和接收 iBeacon 定时发送的广播数据，通过分析 RSSI 值测算接收设备与发射设备之间的相对距离。当距离小于设定阈值时，iBeacon APP 会触发响应事件。

2013 年 12 月，苹果开始在全美 254 家零售店使用 iBeacon 技术，草果整合的这项技术能根据当前用户所在的零售店，给用户提供关于产品的通知、活动以及其他信息。2014 年美国梅西百货公司、星巴克等商家使用 iBeacon 技术，通过定位顾客的位置，推送对应的促销信息。

由于 iBeacon 的室内定位具有低功耗、高精度、易部署的优点。通过 2013 年的推广以及近几年的迅速发展，现阶段各国已经开始逐步实现了一些基于 iBeacon 定位技术的人性化服务。例如：博物馆的文物信息自动讲解、电子展览、会场入场签到、移动支付、智能家居等一系列真正的物联网技术。在国内以 Sensoro 带领的 iBeacon 制造商已经与微信摇一摇相结合，通过 iBeacon 技术实现了物物相连的概念。

博物馆的智能导览系统使用 iBeacon 作为感应节点，将 iBeacon 部署到需要的展厅位置，当移动互联网设备感应到特定的 iBeacon 节点时就会自动播放导航信息和讲解，不仅适用于室外景点导航，尤其适用于 GPS 无法涉及的室内景点导航。为了部署完整的智能导览系统，需要设计 iBeacon 和移动互联网设备客户端软件。

二、成都金沙太阳节智能导览系统的实现

"成都金沙太阳节"是春节期间在成都金沙遗址博物馆举办的以主题灯会、特色演艺、多彩花市、金沙巡游、互动游戏、美食休闲为载体的新春文化盛会。主题灯会不仅展示着深厚的古蜀

文化底蕴，每年还根据不同的主题体现成都历史、文化交融等特点。为了让公众能更多地了解灯组文化背景与相关信息，2015年太阳节期间（2015年2月17日~3月8日）博物馆专门针对灯组开发了智能导览系统，吸引游客在游玩之时参与互动。太阳节智能导览系统使用iBeacon作为感应节点，并与微信"摇一摇"结合，开发了相关APP应用程序。观众游览时手持打开蓝牙的移动互联网设备，并进入微信"摇一摇"。即可感应到特定的iBeacon定时自动播放的广播数据，当"摇一摇"界面出现"周边"图标时，轻轻一摇。并点击摇出的结果，即可参与互动抽奖，并获得灯组图、文、声讲解，观赏彩灯360度全景及创意故事等内容，还能下载相关APP程序。

观众参观灯展时，可以根据每个灯组旁边的灯箱提示文字，使用导览系统。以其中一个灯组"活力非洲"为例，观众打开手机蓝牙，进入微信"摇一摇"，待左下角出现"周边"，轻轻一摇，出现灯组名称"活力非洲"标签，点击标签可先参与"互动抽奖"，然后再点击"继续赏灯"。获得灯组图、文信息及更多的拓展知识，并能欣赏该地点往届太阳节的灯组，配有背景音乐，以HTMLS5的形式推送。在浏览灯组信息之后。可点击"返回首页"。回到导览系统首页，通过首页直接进入其他板块或者下载完整的手机APP，将金沙太阳节"带回家"。

APP应用程序内容分为导览、虚拟参观、魔幻明信片和今日活动四大板块，进入每个灯组的详情页可获得灯组的图片、文字、语音和全景，同时与微信"摇一摇"导览系统相连接，可欣赏灯组拓展知识和往届灯组。如若观众想了解太阳节的更多内容，可通过提示下载完整的金沙太阳节APP应用程序也可以进入金沙遗址博物馆微信服务号下载。太阳节期间共针对博物馆园区21组灯展点位及金沙花市布设iBeacon，主要分布在博物馆南门、主干道、乌木林及东门区域。

本次使用的iBeacon规格尺寸为56×30.5×20 mm，每个iBeacon使用两节7号干电池，由于设备功耗较低，电池有效使用时间为1年以上。在每个灯组的中心区域布设iBeacon，安装程序简单，用防水胶带贴在灯组隐蔽位置，并用防潮袋隔离。安装好后批量设置iBeacon的信号发射距离、信号发送时间间隔等数值。

为了实现太阳节导览系统的普及应用，博物馆实现了免费WiFi覆盖，这是金沙遗址博物馆智慧化建设与公众服务的基础。目前博物馆共布设AP点位81个，覆盖遗迹馆、陈列馆和园林区大部分区域，互联网接入带宽为1G，可承载约两千人同时使用。

三、金沙太阳节导览系统使用情况分析

精准的定位技术与信息推送在博物馆领域的应用已逐渐普及。这主要表现在三个方面：

1.通过定位推送实现博物馆的智能导览；

2.实现博物馆与参观者信息的交互；

3.通过对参观者信息的分析实现定向的信息推送与宣传营销。

太阳节导览系统通过 iBeacon 定位装置，与微信结合，并开发 APP 应用，走到不同位置的灯组前，即可收到相关信息，丰富了参观体验。灯组信息采用活泼的表现手法，图文并茂，并配有音乐，使游客在赏灯游玩的同时"播"出有趣的背景小知识，还能将绚丽的灯组带回家，获得了观众的好评，也取得了一定的效果。

为吸引游客参与"摇一摇"，使用太阳节导览系统，每个灯组"摇"出后均进入抽奖页面，活动期间共发送出奖品六千余份。因此只要"播"出一个灯组的观众大部分都会参与其他灯组的"摇一摇"，互动抽奖迎合了春节喜庆的氛围。

智能导览系统应用于太阳节，对于博物馆来说，实现了灯组信息的智能推送，节省了人力物力，丰富了博物馆的导览服务，建立了博物馆的精确场馆地图；通过定位系统和观众行为数据系统的搭建，建立了参观者的行为数据库，为下一步观众行为数据分析奠定了基础。对于参观者来说，在人流大的情况下，能便捷地获得多样化的灯组信息提升了参观质量；丰富多样、互动性强的"沉浸式"体验改善了参观体验；个人移动设备的使用使参观者在博物馆面前成为主体，能将博物馆的展览信息保存下来，建立持久的学习和参观习惯；同时，信息反馈系统使得观众能与博物馆进行对话。

太阳节智能导览系统在实践中取得了良好的效果，提升了公众服务水平。然而即使在 2015 年春节晚会"摇红包"活动的推动下，"摇一摇"导览系统的参与人数与太阳节总体参观人数相比，只占到一小部分，综合分析可能有以下四点原因。

（1）"摇一摇周边"对手机系统要求较高，Android 系统需要 4.3 以上，IOS 系统需要 7.0 以上，很多观众手机不满足要求，识别不了"周边"。

（2）开启手机蓝牙、进入微信、打开"摇一摇"、识别"周边"再摇，程序过于繁琐，普通观众认为打开蓝牙耗费电量，不愿意参与。

（3）太阳节导览系统属于博物馆智慧服务设施，操作流程复杂，受众多为年轻人，而不是所有太阳节的观众。

（4）iBeacon 定位精度问题。定位距离并未达到预想的效果。虽然大部分灯组分布在主游线较为集中的区域，但任意相邻灯组的间距至少在 5 米，也出现了信号交叉和干扰，有些灯组信号无法识别，观众无法参与。

除上述原因外，互动抽奖奖品吸引力不大，宣传力度不够，太阳节期间人流量过大，园区内WiFi超负荷无法满足需求也影响了参与的人数。

四、对博物馆智能导览系统的思考

1.基于 iBeacon 的智能导览系统仍可改进，并扩展应用

在试点工作中，导览系统还存在一些问题，比如 iBeacon 应用不能覆盖所有手机用户的系统版本；与微信"摇一摇"结合，虽然促进了与观众的互动性，但也增加了体验流程的复杂度，不能被大部分观众接受，且"摇一摇"与文物展厅的参观氛围不协调；定位精度不够，iBeacon 的信号发射区域和频率有重叠，定位效果不稳定。在园区尚且如此。更不适宜用于文物陈列密集的展厅；蓝牙信号系统本身的稳定性差，受噪声信号干扰大的缺点，导致部分信息推送未能实现。这些都是基于 iBeacon 的智能导览系统需要改进的地方。

线下实体和线下服务是 iBeacon 导览系统应着力解决的问题，在服务前、中、后三个环节全面深化与观众的互动关系，才能扩展 iBeacon 在博物馆的更多应用。如服务前根据受众特点进行精准推送，服务中营造情景化交互体验，服务后提高观众黏着度。

定位技术和实时推送在博物馆中可以转换为观众数据采集，当观众携带安装了 iBeacon APP 的移动设备并打开蓝牙功能进入博物馆后，APP 会自动检测馆内的 iBeacon 发射信号，并持续将 iBeacon 位置信息和观众身份信息传回服务器，包括观众位置，停留时间等，并逐一记录在数据库。这是博物馆深化服务的基础，在观众许可的情况下，这些数据积累起来将构成观众行为数据库，博物馆可对观众行为、参观行为进行挖掘和研究，为博物馆策展和各类活动提供数据支持。如广东省博物馆。在智慧博物馆二期建设中，将采用 RFID 和 iBeacon 技术，精确记录每位观众的参观行为和参观轨迹，分析这些行为的原因。这些数据和分析结果将作为他们后期提升服务、优化管理以及展览调整的决策依据。

情景化交互体验提倡博物馆不再是静态的、固定的文物展示场所，而是以观众的参观情景为核心。实时构建起动态的服务链条，使服务具有更佳的适用性。文物信息推送是 iBeacon 最基本的功能，自动讲解使观众对文物有更加全面深入地了解；iBeacon 还可赋予文物感知与被感知的能力，营造文物拟人化和生动活泼的形象。使文物和观众对话，让文物真正"活"起来；另外精细化的信息推送是 iBeacon 服务升级的方向。包括针对不同的群体和不同的场合推送不同的资源信息。

服务推广的核心是让观众体验到服务的价值，保持服务与观众的黏着度。首先需要利用

iBeacon 的技术特性，将服务推广融入观众的使用情景中去，而不是观众被动的接收。博物馆还要充分分析观众行为特性，为不同场景中的不同群体，挑选最有特色最有价值的服务进行精细化的推送。提供最贴心最有价值的服务。在博物馆内，可策划以文物为中心，寻宝为情节的行进时互动游戏，吸引游客使用各项智慧服务。此外，博物馆进社区、进学校，各大公共场所的博物馆宣传推广都可嵌入相应的信息推送。

2.预研试点太阳节导览系统对金沙遗址博物馆智能导览系统建设的借鉴作用

在实践中我们可以看到科技的发展使人们的生活发生了诸多变化，移动终端的普及、互联网服务的广泛应用、移动应用商店的崛起、基于移动的社交圈不断扩大等新兴服务在不断发挥作用。人们通过"成为用户-定位-基于地理位置搜寻感兴趣的信息"的方式获得服务已成为可能。但目前定位技术多种多样，除基于 iBeacon 蓝牙信标定位之外，还有 WiFi、RFID，GPS 以及多种定位方式相结合的技术，重点区域的定位精度可达到 1 米以内。而金沙遗址博物馆也就不同的定位技术进行了试验，在 1.5 米的区域内可准确掌握观众的行动轨迹及所处的实时位置。

对于基本服务方式来说，观众能获得实时推送的信息。而这些信息更多的是依赖于博物馆专业人员的解读和研究，所展示的内容不是教科书式的灌输，而是通过交互式的导览提供给观众一种多角度、全方位、立体式的交互参观过程，并运用动漫、"沉浸式"虚拟现实技术等形式为观众创造一个多感官的博物馆导览体验环境。智慧博物馆的建设不应被新技术主导，而应该坚持核心业务需求导向，新技术的应用和选择要服务于博物馆与参观者同时，在基本服务之外，发现与自己有同样兴趣的人群进行交流，将自己的经验通过社交平台与好友分享，获得符合自己需求的活动信息等扩展服务将使用户得到更为完美的参观体验。这构成了博物馆日益成熟的智慧服务框架，并形成了智慧博物馆体系的四个阶段：发现博物馆、预览博物馆、体验博物馆和分享博物馆。通过应用这一系列的服务，参观者可以根据自身需求获取更多信息，从而得到更为丰富有趣的观展感受；博物馆也能在第一时间获得参观者的信息反馈，积极做出调整。借助于物联网、大数据等信息化技术，博物馆将以此为基础逐渐建立智慧博物馆"物、人、数据"三者之间的双向多元信息交互通道和"以人为中心"的信息传递模式，并完善由角色、对象、活动和数据四个维度组成的 ROAD 模型。实现对博物馆服务、保护和管理的智能化自适应控制与优化，使公众与博物馆藏品达到高度完美融合。

智能导览系统旨在为用户提供更为全面的服务，深化观众与博物馆的互动关系，为观众提供更人性化的服务，同时也为博物馆及时了解观众需求，不断改进提供了可靠数据。智能导览定位系统的应用，为观众搭建了一个全新的了解博物馆，与博物馆沟通交流的平台。在智慧导览的引导下。新媒体平台如微博、微信的观众互动会更加频繁，以往博物馆与观众单方面联系的状况将改变为观众横向联系优势，加强观众在博物馆体系中的力量和作用，促进博物馆的宣传和文化推广。iBeacon 应用因其易用、易部署、感应范围广而成为智能导览实现的一种载体，为博物馆智能导览系统建设提供了参考和经验，更多新技术的应用拓展与博物馆导览体系的结合将对提升观众服务水平和自身的发展起到积极的辅助作用。

第四节 RFID 技术在博物馆观众行为研究中的应用

随着当代博物馆关注焦点从物到人的转变，观众同藏品、陈列一样成为博物馆构成的基本要素。因此，开展观众研究、了解观众需求已经成为博物馆研究中的一项重要内容。在博物馆观众研究的诸多方向中，观众参观时间和行为特征是非常受到重视的研究内容，因为参观时间直接反映出观众对于陈列展览的喜爱程度以及展览对于观众可能的学习影响，而行为特征则能够客观地反映观众的内在需求。传统的观众研究方法，包括问卷法、访谈法，都需要研究者与观众进行直接的交流；使用观察法则需要研究者尾随观众进行近距离观察，所以传统的研究方法往往都会带给观众一定的心理压力。进而对观众行为产生影响。RFID 技术作为一种非接触式的自动识别技术，能够自动侦测、记录入员与对象流动信息，而不会对对象产生影响，因此博物馆的观众研究希望通过新科技来降低研究活动对观众参观行为的影响。

一、RFID 技术概述

RFID 即射频识别技术的简称。它通过射频信号自动识别目标对象并获取相关数据，识别工作无需人工干预。RFID 技术可识别高速运动物体并可同时识别多个标签，操作快捷方便，主要用于控制、检测和跟踪物体。系统一般由阅读器、电子标签、RFID 中间件（可选）以及应用软件系统几部分组成。

作为 21 世纪最具发展前景的信息技术之一 RFID 技术已经在交通、物流、仓储、安防、零售、医疗、旅游等多个领域得到了广泛应用。典型应用包括：动物跟踪、门禁控制、文档追踪管理、包裹追踪识别、畜牧业、资产管理、移动商务、产品防伪、运动计时、票证管理、汽车防盗、停车场管制、车辆管理、人员管理、生产线自动化、物流管理等。

RFID 技术在博物馆界的应用也是日益普及。在复旦大学博物馆，秦始皇帝陵博物院 RFID 系统已被应用在博物馆的藏品管理、展示清点、出入库管理等方面；台北故宫博物院、台湾科学工艺博物馆也在门禁管理、自动导览、文物管理、出版发行管理等方面的 RFID 应用开展了大量的实践：深圳博物馆认为通过 RFID 系统的导引，观众可以获得定位，按照指示寻找目的地，索取展品介绍电子资料、进行个性化预约服务等增值服务；兰州大学通过对博物馆文物管理现状及问题的分析，提出了基于 RFID 技术的解决方案，认为 RFID 能适用于各种环境，不需要与标签接触即可获取相关信息，反应速度快，可大大降低博物馆安全风险和提高管理的电子化，确保文物的安全；在观众研究方面。中国台湾科学工艺博物馆、美国加州技术创新博物馆开展了 RFID 技术应用的初步研究。

总的来看，RFID 技术目前在博物馆中的应用多体现在门禁管理、导览、文物管理、人员管理等方面，在博物馆观众研究方面。还处在探索阶段。尤其在国内博物馆界，这方面研究工作还有待开展。

基于秦始皇帝陵博物院在文物资产管理，以及人员管理方面 RFID 技术的应用经验。我们尝试开发一套基于 RFID 技术的应用软件系统，对博物馆观众参观行为进行科学的统计分析，探索 RFID 技术支撑下的博物馆观众行为研究方法。

二、系统设计

1.系统概述

本系统是通过在观众身上佩戴电子标签，在展示区域内覆盖识别网络，再通过后台软件进行实时监测，实现对观众行动轨迹、停留时间等信息的采集；采用真实场馆实时跟踪数据采集和观众个性化反馈数据相结合的方式，通过系统软件数据挖掘和综合分析技术全面剖析观众的参观行为，对观众的参观行为做出科学的判断，为博物馆的服务和展示的改进提供数据支撑。由于观众的参观行为是在参观过程中多种因素不断互动的过程与结果，影响观众参观行为的因素可能包含观众个人因素，展示与环境的因素以及观众所处的社会背景因素等，所以本系统选择观众类型、展品类型与参观行为作为分析的重点。

2.系统部署

系统主要设备包括：采集设备（RFID 标签、读写器、增益天线）、交换机和服务器。采用 B/S 与 C/S 相结合的架构，单台服务器支持多点采集。一台服务器连接各个采集器，采集数据每秒写进数据服务器数据库中，服务器通过互联网展示参观时的信息给用户，用户根据自己的实际情况和当时参观时的信息对数据进行调整，从而更精确地得到用户对博物馆展品的喜好和需求。

系统采用了 915 MHz 的超高频无源 RFID 标签和读写器。考虑到无源 RFID 标签在数据采集时会受方向遮挡等因素的影响，系统采取每秒读取一次 RFID 标签信息，同一读写器连续多次读取了同一标签信息时，统计间隔时间的方式，记录佩戴 RFID 标签的观众的参观数据。系统采用的 RFID 读写器的理论读取距离最远可达 10 米，经现场测试实际可达 6 米左右，因此在设备安装时，使读写器天线覆盖采集点前约 9 平方米的范围。同时相邻两台读写器的天线之间的中心间距大于 3 米，以避免误读或重复读取的现象。

3.系统功能设计

系统分为数据采集、分析研究与互动两个部分。

（1）数据采集

在展厅中布设 RFID 读写器，当观众所佩戴的 RFID 标签进入读写器范围时，读取器读取标签编号，通过网络将数据传输至后台管理系统，系统统计标签在读写器范围内的停留时间，数据库记录标签在每个读写器范围内的停留时间，以及每个标签经过的读写器的顺序，从而获取观众在不同展示点的停留时间，以及参观轨迹，进而了解观众的关注内容和行为习惯。

时间数据主要关注观众在每个采集点停留的时间，同时统计观众在整个参观过程中所花费的时间。据此分析观众对展览，以及展览中不同展示内容的兴趣和关注程度。路线数据主要采集观众经过采集点的顺序和数量。与展厅中展品位置相结合，分析展品陈列位置是否符合观众的参观习惯，以及预设的主要展示内容是否受到观众关注。

（2）分析研究与互动

分析研究与互动是通过建设观众调查网站，开展网上观众调查，为观众建立个性化的展示页面和交流平台，同时建立博物馆临时展览资料库。观众可以在参观后回访网站，回顾参观内容，并获得延伸信息，参与观众调查，同时也可浏览博物馆以往展览的资料。

1）个性化的内容服务

根据观众在每个采集点的停留时间，系统推测观众对不同展区的关注度进行排序，并把排序后的展区内容推送给观众。观众在登录系统后，即可看到排序后的页面，同时由观众根据自己的兴趣自定义内容。研究人员根据自定义内容与推送内容的差异，可评价系统对观众关注内容分析的有效性。提供延伸阅读内容，便于观众深入了解关注的信息。提供相关论文、专著的查阅或下载。通过延伸阅读的点击情况以及相关文献检索与下载的情况，分析观众对文物背景信息的需求。

2）个人信息

设置个人信息表，在自愿的前提下采集观众的个人相关背景信息。

3）网上观众调查

依据展览内容设计调查表，了解观众参观效果以及对展览内容、形式以及展览设施、服务等方面的意见。系统实时统计并呈现调查结果，以便于研究人员在调查过程中进行分析研究。调查工作完成后，研究人员可将网上调查结果与采集数据的客观分析结果相结合，深入分析观众个人信息、观众行为、展览内容和形式等因素的相关性，全面对展览效果进行评估。

三、系统应用情况

本系统以秦始皇帝陵博物院《"丽山园"遗珍-秦始皇陵出土文物精华展》为应用场所开展系统测试工作，测试时间约为两个月。

1.展览介绍

《"丽山园"遗珍-秦始皇陵出土文物精华展》是秦陵博物院为迎接开馆30周年，兵马俑发现35周年所做的献礼性的展览，是大型的文物专题陈列展览。旨在向观众介绍近半个世纪以来秦始皇陵的重大考古发现，展示秦始皇陵区内出土的精美文物，使观众体会秦帝国短暂的辉煌，感受秦文化的博大和雄浑。在总面积为996平方米的展示空间，展示了122件（组）文物、2组复原场景、17块灯箱、32件照片和图板、3处雕塑、6台影像，表现了秦始皇陵园宏大的规模和严谨的布局及其蕴含的特有的文化魅力。

在与展览设计人员充分沟通的基础上，将展览划分为十六个展区，类型包括文物展示、多媒体展示、互动展示、复原场景、辅助展品等。根据展区分布，共设置十六个读写器。

2.系统工作流程

在RFID标签上标记标签编号、默认密码、回访网站地址等信息。以便观众在参观后，登录调查网站，完善个人信息并与标签建立关联。

在展览入口向观众随机发放观众调查卡。通过RFID读写器、系统采集观众在某一展区的进入时间、离开时间、停留时间以及经过展区的顺序和数量等信息。采集到的数据，通过网络传输至服务器作为统计资料。

系统根据观众停留时间推测观众的关注内容，由观众修改、确认后生成个性化的展品网页。参观结束后观众登录观众调查系统可以填写调查问卷、完善个人信息、浏览展览相关资料及个性化展示网页、发表日志与他人分享参观体验。

数据采集结束后，研究人员将数据输出，并利用专业统计分析软件进行观众行为分析研究。

3.初步分析结果

系统测试期间。共采集观众 RFID 标签数据一千二百多个，其中 213 人回访了调查网站并参与了网上调查。根据数据统计的初步分析可得出如下结论。

（1）观众类型分析

参与网站回访调查对象年龄段主要集中在 16~35 岁，占比 75%。学历主要为本科或大专，占比 80% 以上。由于本次调查的观众为随机选择的结果，是否接受 RFID 标签参与调查，以及参观后回访网站完全是观众个人意愿的体现，因此表明年轻人群中，有较高学历的人群更愿意参与这种体验性和互动性较强的调查。

（2）时间数据分析

样本在展厅总用时 878 462 秒，单个样本的展厅用时在 6 693 秒以内。平均用时为 748 秒（约 12 分钟）。

单个采集点处记录到的样本最低参观时间记录为 0 秒，最长为 491 秒，般为 100~200 秒。铜钟雕塑处的参观时间较突出，达 479 秒。其次则为触摸屏、多媒体展示秦兵马俑坑遗址、石料加工厂遗址，均在 200~300 秒。石铠甲坑遗址、马厩坑遗址处均不到 100 秒。样本在石铠甲处所花时间最多达 60589 秒，平均 51.6 秒；其次为铜钟雕塑、宫殿遗址、陶窑遗址、马厩坑遗址在 5000~600000 秒；石料加工厂遗址、秦兵马俑坑遗址、多媒体展示、修陵人墓地处样本所花时间在 45000~50000 秒；青铜水禽坑遗址、园寺吏舍遗址在 25000~30000 秒；余下鱼池建筑遗址、青铜戟遗迹、上焦村陪葬墓、百戏俑坑遗址、触摸屏最少，在 20 0000 秒以下，其中触摸屏最少，为 6178 秒，平均 5.3 秒。

触摸屏、百戏俑坑遗址、上焦村陪葬墓、青铜戟遗迹四处平均参观时间最短（16.3~24.1 秒）。观众在触摸屏处的平均时间最短，为 16.3 秒。因为触摸屏处采集点为一个比较单纯的展示区域，范围内没有其他展示吸引观众，所以可以当做观众使用单一展示装置时间的参考。这儿处展示共同特点是展示内容不突出。上焦村陪葬墓重点展示是一件头骨，其余并不突出。青铜戟遗迹也一样。而百戏俑坑遗址则因为主要展品外出参展，导致内容缺失。宫殿遗址（当中有一处视频播放）、石铠甲坑遗址处平均时间较高。

两处带视频播放的采集点、秦兵马俑坑遗址及石料加工厂遗址两处大场景，修陵人墓地是观众花费时间最长的区域。尤其是第二处电视机，达到采集点中的最高值 72.7 秒。推测其原因为电视节目能够吸引人较长时间观看；修陵人墓地的展品组合较丰富，尤其刻符瓦片较多，吸引观众仔细观察辨认。

（3）路线数据分析

样本在 16 处采集点内产生的 0 记录次数达 5929 次，总体 0 记录率占比为 31.6%。我们将采集点处为 0 的时间记录当做是对该采集点范围内展示的忽略，入口大厅触摸屏被忽略最多，达 794 次，忽略率为 67.6%，可能因为触摸屏处灯光较暗，易被人忽略。其次为多媒体展示，占比达 40%~50%。百戏俑坑遗址、青铜水禽坑遗址、秦兵马俑坑遗址、青铜戟遗迹、上焦村陪葬墓、修陵人墓地、石料加工厂遗址、鱼池建筑遗址这八处对称分布的展示忽略率相近，在 37%~42%。而从单个样本的数据来看，许多观众会在对称分布的展区参观时，忽略其中一个，这可能与观众沿主通道一侧行走的习惯有关。入口处的铜钟雕塑最不被忽略，仅占 2.1%。另出口处陶窑遗址展示以及主通道处的石铠甲坑遗址与马厩坑遗址处被忽略率也相对最少，占比均在 6.0% 以下。

通过本次实验，我们认为 RFID 技术应用于博物馆观众研究工作是可行的，是博物馆观众研究的又一有力工具，同时具有以下优势。

1）数据采集的便捷性

传统的博物馆观众研究中，研究人员手工填写观众记录数据表，包括观众开始参观的时间停留的展示单元、停留时间、参观结束时间以及参观顺序等。然后再将这些数据录入计算机生成电子数据文档，最后利用统计分析软件进行分析。本系统利用 RFID 技术进行观众参观行为数据的采集工具，将观众参观行为数据直接传输至数据库进行结构存储，大幅减少研究人员在数据采集阶段的工作量，提高了工作效率。

2）数据采集的准确性

研究人员手工进行数据采集时，需记录大量的时间数据和位置数据，而这些数据都是以数字的形式呈现。受人员工作能力、注意力、疲劳度以及责任心等因素的影响，往往会出现漏记或误记的情况。而利用 RFID 技术，系统会准确地记录相关数据，避免前述错误的发生。

3）系统运行的可靠性

随着 RFID 技术在各个领域的广泛应用，各种 RFID 应用系统日渐成熟。在博物馆观众研究领域的 RFID 技术应用虽然还处在研究探索阶段，但经历了最初的硬件部署和软件调试工作后，在两个月的测试期间内，整体系统运行流畅，表现出 RFID 系统较高的可靠性。

四、思考与讨论

1.在系统采集的数据中，有相当数量的标签数据为未知标签。即这些标签不是博物馆向观众发放的标签，而是观众自身携带的某种标签。目前 RFID 技术的应用已经深入社会的各个层面，在人们生活中经常会使用到各种类型的 RFID 标签。随着未来 RFID 技术应用的进一步深化，RFID 标签可能会成为每个人随身必备之物，这将为观众行为研究带来巨大的便利条件。

2.本次研究是在已开放的展览中临时布设网络、部署设备来开展工作。随着展览的拆除，网络部分也随之而拆除，无法再次利用。因此从经济角度考虑，应在展览设计、布展施工时统一对展厅网络、RFID 设备部署进行规划，保证设施的重复利用，降低工作成本，提高使用效率。

3.由于本次研究工作使用的 RFID 标签均不回收，因此选择了价格低廉的卡片式无源标签。但无源标签在数据采集时会受标签角度、方向、佩戴方式等因素影响，在实际应用过程中卡片式标签的缺陷尤为明显，因此设计标签外观时应考虑这些因素，使标签形状更适合数据读取，提高数据采集率。

4.本研究实验期间共发放 1 200 个 RFID 标签，但仅有 213 名观众主动参与网上观众调查，参与率仅占到 18%。由于本研究的实验性质，未能建立相关的长效激励机制和手段。在不考虑观众自身因素的情况下，缺少相应的激励机制也是造成参与率低的一个重要因素。建议在以后的工作中，将回访观众、注册观众与博物馆会员制度相关联，提供一定的激励手段，吸引更多的观众主动参与到博物馆观众调查工作中来。

5.数据挖掘功能还需完善。本次调查中，系统仅提供了简单的数据统计与呈现功能，更多的分析工作必须等到调查完成后才可以进行。数据分析工作相对滞后，使分析工作难以和展厅实际场景结合起来。因此，在后续工作中还需进一步完善数据分析功能，增加数据实时分析工具，使研究人员在调查过程就能够及时开展数据分析工作，将数据与实际场景有效地结合。

6.尽管 RFID 技术应用于博物馆观众行为研究方面有其优越性，但仍然存在着局限性。如观众与展品之间的互动行为、观众在展厅中停留的实际状态等因素都不能利用 RFID 技术来获取相应数据。因此在实际工作中，应与其他研究手段结合使用。

结语

综上所述，我国是一个有着悠久历史和灿烂文化的文明古国，文化遗产是我们祖先留下的价值不可估量的珍贵财富，是观察和了解历史发展的窗口和媒介，有助于我们和子孙后代更好地应对未来。通过文物数字化保护的创新发展，不断增强的数字化保护利用手段，会让中华悠久且优秀的历史真正"照进"现实。要加强文化化人，用优秀的传统文化熏陶人、教育人、感染人、提升人，通过多种手段和方式，让人民群众在文化的熏陶中成长。作为文物保护工作者，我们要主动承担起神圣职责，加强文物保护利用工作，任重而道远。

对于任何一个国家来说，文物的存在不仅是其历史发展的见证，更是文化传承的一大主要载体。作为做好文物保护工作的基础，强化基层文物管理保护工作是重中之重。在目前进行的基层文物保护工作中，仍存在许多问题且需要解决，文物相关管理部门要结合实际情况，在实践中总结经验，以解决现实问题，努力使文物保护工作变得更好，让经历了历史洪流依然传承下来的历史文物继续散发光芒。

文物的积淀凝聚着深厚丰富的文化内涵，成为反映人类过去生存状态、人类的创造力以及人与环境关系的有力物证，成为城市文明的纪念碑。实践已经证明并将继续证明，对于文物来说，继承是最好的保护，发展是最深刻的弘扬！

参考文献

[1]徐圆圆.文物保护理论与方法研究[M].延吉：延边大学出版社,2023.03.

[2]孟令谦作；山东省古建筑保护研究院编.山东省古建筑保护研究院石质文物保护研究系列泰安岱庙石质文物预防性保护研究[M].北京：科学出版社,2023.03.

[3]清源视野（北京）文化.平武报恩寺文物修缮保护工程实录[M].北京：文物出版社,2023.01.

[4]任初轩编.文化自信自强丛书怎样让文物活起来[M].北京：人民日报出版社,2023.02.

[5]张文革，周勇，吴婧姝，张涛编.文物建筑检测鉴定评估指南[M].北京：中国建材工业出版社,2023.02.

[6]朱秀梅著.博物馆建设发展与文物保护研究[M].长春：吉林人民出版社,2022.05.

[7]张立乾编.文物保护技术[M].北京：文物出版社,2022.04.

[8]靳花娜.文物保护管理及其技术研究[M].长春：吉林出版集团有限责任公司,2022.07.

[9]武仙竹.科技考古与文物保护技术第4辑[M].北京：科学出版社,2022.10.

[10]许凡王晶著.黄石矿冶工业文化遗产突出普遍价值及保护利用研究(2022年)/文物保护工程与规划系列[M].北京：文物出版社,2022.04.

[11]岳洪彬，梁法伟，苗霞，岳占伟，王浩天编.辉县汉墓群出土铜镜修复保护与研究河南省南水北调中线工程文物保护研究项目[M].北京：文物出版社,2022.01.

[12]容波，赵静作.陶质彩绘文物保护修复材料性能及应用效果评价[M].北京：科学出版社,2022.10.

[13]马瑞文，张玉静，黄瀚东作；山东博物馆，邹平市博物馆编.风华再现邹平市博物馆藏文物保护修复与研究[M].济南：齐鲁书社,2022.09.

[14]穆克山著.故宫文物保护工程体系构建与实施基础设施建设[M].天津：天津大学出版社,2022.05.

[15]何凌编.湖北文物保护系列图书文物保护专项资金绩效管理探索与实践以湖北省为例[M].北京：科学出版社,2022.04.

[16]朱祥德，李奇编.修和集粹湖北省文物交流信息中心陶瓷文物保护修复研究与实践汇编[M].武汉：武汉出版社,2022.08.

[17]蒋廷瑜，林强编.广西文物保护与考古研究所学术丛书八桂遗珍广西出土文物概览[M].南宁：广西科学技术出版社,2022.12.

[18]张晓峥编；张立方总主编.南水北调中线一期工程文物保护项目河北省考古发掘报告磁县南营

遗址墓地考古发掘报告[M].北京：中国社会科学出版社,2022.01.

[19]文良编；左耘,韩琼总主编.文物保护技术专业系列丛书书画装裱技艺镜片装裱与单色立轴装裱[M].北京：中国财政经济出版社,2022.06.

[20]白广珍,王笑,秦杰著.沉船遗珍菏泽元代古船出土文物保护修复与研究[M].济南：山东齐鲁书社出版有限公司,2022.04.

[21]王永波,王守功编.时代的脉动与文明的记忆南水北调东线一期工程山东段文物保护卷[M].北京：文物出版社,2022.08.

[22]张建勋,董旭作.河北省文物保护单位数字化信息建设的探索与实践[M].北京：科学出版社,2022.11.

[23]刘勇编.广西文物保护与考古研究所学术丛书桂林摩崖造像[M].上海：上海古籍出版社,2022.10.

[24]钟博超.平遥县清虚观藏纱阁戏人文物保护修复研究[M].合肥：中国科学技术大学出版社,2022.03.

[25]张涛作.文物建筑保护实践与理论系列丛书北京地区风化石质文物保护关键技术研究[M].北京：学苑出版社,2022.04.

[26]史宁昌.故宫文物保护修复文集[M].北京：故宫出版社,2021.06.

[27]姜玲,张晓波.文物保护工程专业人员资格考试备考指南 1[M].北京：东方出版社,2021.07.

[28]孔健,徐艳著.博物馆文物陈列与文物保护研究[M].长春：吉林大学出版社,2021.08.

[29]李承先作.中国文物艺术品的鉴定与保护[M].北京：新华出版社,2021.08.

[30]冯楠著.千石永载潮湿环境下砖石质文物风化机理与保护方法研究[M].上海：上海古籍出版社,2021.12.

[31]罗玉芬作.唐家湾文物保护利用笔记[M].广州：广东人民出版社,2021.10.

[32]刘艳.文物保护工程专业人员资格考试备考指南 2[M].北京：东方出版社,2021.07.

[33]许言主编中国文化遗产研究院编.中国国际合作援外文物保护研究文集工程卷[M].北京：文物出版社,2021.

[34]李飞.市场、观念与国家近代中国文物保护制度的形成 1840-1934[M].北京：科学出版社,2021.09.